南京稀见文献丛刊

新京备乘

（民国）陈迺勋　杜福堃　编

王明发　点校

南京出版社
南京出版传媒集团

图书在版编目(CIP)数据

新京备乘 / 陈迺勋，杜福堃编. --南京 : 南京出版社，2014.7

(南京稀见文献丛刊)

ISBN 978-7-5533-0491-5

Ⅰ. ①新… Ⅱ. ①陈… ②杜… Ⅲ. ①南京市—地方史 Ⅳ. ①K295.31

中国版本图书馆 CIP 数据核字(2014)第 055607 号

丛 书 名：南京稀见文献丛刊
书 名：新京备乘
作 者：(民国)陈迺勋 杜福堃
出版发行：南京出版社

社址：南京市太平门街 53 号 邮编：210016
网址：http://www.njcbs.com 淘宝网店：http://njpress.taobao.com
电子信箱：njcbs1988@163.com
联系电话：025—83283871、83283864(营销) 025-83112257(编务)

出 版 人：朱同芳
责任编辑：严行健 杨传兵
装帧设计：杨晓岗
责任印刷：杨福彬

排 版：南京新华丰制版有限公司
印 刷：南京工大印务有限公司
开 本：890 毫米×1240 毫米 1/32
印 张：10
字 数：192 千字
版 次：2014 年 7 月第 1 版
印 次：2014 年 7 月第 1 次印刷
书 号：ISBN 978-7-5533-0491-5
定 价：48.00 元

营销分类：古籍 方志

总　序

南京是我国著名的七大古都之一，又是国务院首批公布的24座历史文化名城之一。有将近2 500年的建城史，约450年的建都史，号称“六朝古都”、“十朝故都”。南京的地方文献是中华历史文化资源的一个重要组成部分，是研究我国政治、经济、军事、文化和民风民俗的重要资料。按照南京市委、市政府以科学发展观统领全局的要求，配合经济发展与城市建设，深度挖掘历史文化资源，做好历史文献整理出版工作，不仅有利于传承、弘扬南京历史文化，提升南京品位，扩大南京知名度，也有利于当前的物质文明、精神文明、政治文明和社会文明建设。

长期以来，南京地方文献还没有系统地整理出版过，大量的南京珍贵文献散落在全国各地的图书馆和民间。许多珍贵的南京文献被束之高阁，无人问津，有的随着岁月的流逝而湮没无闻。广大读者想要查找阅读这些散见的地方文献，费时费力，十分不便。为开发和利用好这一祖先留给我们的文化瑰宝，充分发挥其资治、存史、教化、育人功能，南京出版传媒集团·南京出版社组织了一批专家和相关人员，致力于搜集整理出版南京历史上稀有的、珍贵的经典文献，并把《南京稀见文献丛刊》精心打造成古都南京的文化品牌和特色名片。为此，我们在内容定位上是全方位、多视角地展示南京文化的深层内涵和丰富魅力；在读者定位上是广大知识分子、各级党政干部以及具有中等以上文化程度的人；在价值定位上，丛书兼顾学术研究、知识普及这两者的价值。这套丛书的版本力求是国内最早最好的版本，点校者力求是南京地方文化方面的专家学者，在装帧设计印刷上也力求高质量。

总之，我们力图通过这套丛书的出版，扩大稀见文献的流传范围，让更多的读者能够阅读到这些文献；增加稀见文献的存世数量，保存稀见文献；提升稀见文献的地位，突显稀见文献所具有的正史史料所没有的价值。

《南京稀见文献丛刊》编委会

导 读

《新京备乘》三卷，陈迺勋、杜福堃编，有北平清秘阁南京分店民国二十一年(1932)初版本和民国二十三年(1934)再版本传世，其中再版本由陈含光校正。

陈迺勋，字述庐，湖南长沙人，其生卒年不详。据该书自序中称："中华民国十有八年夏四月，迺勋授代江苏第三专税局务，年六十矣。"民国十八年为1929年，如此算来，陈氏约出生于1869年。其幼年即侍父随宦金陵，壮年以还，一直服官兹土。陈氏客居南京多年，"雅好征访，每至一处，必向书肆搜寻方志以为快。故苏省方志，已获十之八九"，是个热心地方文献的税务官员，有《述庐丛刊》《述庐印存》传世。

杜福堃，字霭篛，北京大兴人，其生卒年亦不详，北京京师大学堂师范科毕业，稊园诗词社(清溪诗社时期)成员，曾任江苏省第一商品陈列所所长、南汇县知事等职。1924年以甲等第二名的考试成绩入职江苏省政治研究所。陈、杜二家为姻亲，又比邻而居，两人晨夕过从，常以谈论金陵胜迹、遗闻为快。民国十八年(1929)，陈迺勋将自己多年撰述、搜集的与金陵一地相关的札记稿本示以杜氏，嘱为整理并补缀。杜福堃接手后，发其旧藏相与考订，裒然成帙，编定为三卷。书稿甫成，即为书商索去排印，此为1932年初印本。书成后，“其中有未加详审者”，迺勋深以为憾，遂“继续搜罗，增加田赋、军政两门，并将不在上、江两县范围以内之掌故悉数删去，另加新京若干条，商承陈含光先生校正”。

陈含光(1879—1957)，江苏扬州人，光绪举人，曾以学识渊博进入清史馆纂修《清史稿》，诗书画并称三绝，1948年随子迁台北，至病逝。陈含光校正的《新京备乘》，即为1934年出版的再版本。我们在比较了两个版本的优劣后，决定采用第二版作为本次点校所用的母本。

柳诒徵先生在本书的序言中说：“客或问曰：‘书名新京，何也?’答曰：‘书专纪故上元、江宁两邑之事，党军既至，建为首都故也。’”杜福堃在本书的序言中说：“颜曰《新京备乘》，盖冀夫他日修都邑志者，或有所取裁云。”《新京备乘》全书共24门，分上、中、下三卷。卷上收城治(故城附)、山水、古迹、名胜、园第、祠宇、寺观、陵墓、公廨、街坊(桥附)、井泉11门共178则；卷中收田赋(表二附)、军政(武备、江防、要塞、兵事附)、建置、政闻(官制附)、掌故、人物6门共94则；卷下收艺文、金石、名人轶事、风俗(游观附)、灾劫、物产、杂摭7门共115则，全书共387则，10余万字。本书仿《建康实录》《日下旧闻考》体裁，以金陵一地为限，其事例隶旧上元、江宁两县治者，均在甄录之列。除历史记述外，上限基本起于明清之交，下限迄民国十九年(1930)，于清代咸丰、同治以降收录较详。该书例言中说“本书比附野史，未敢抗衡志乘”，所载“博采群书，言皆有本。其转录他书，必标明原著。或有不著所出者，则以荟萃群言，未能尽详本籍故也”。为此，该书专门列出了所采书目。这部专记南京一地的都邑志，承上启下，对研究晚清和民国初年的南京史地颇具参考价值。

本书有以下几大特点：一是该书为我国最早出现的专记城市的志书之一。历代修志分一统志和省、府、县志等，只有民国时期才有城市志的出现。《新京备乘》首次出版发行于民国二十一年(1932)，比出版发行于民国二十四年(1935)的《首都志》早了三年。该书对南京晚清至民国年间城市风貌多有涉及，如丰润门、海陵门、武定门之开辟及命名的由来，东水关下水券开合的原委及利弊，江宁铁路的由来及运营情况，毗卢寺的兴建轶闻以及附录刘湘煃的《城内沟渠考》等等，均为难得的珍贵史料。二是该书的两位辑述编纂者均为客居南京多年的贤达，且该书的出版，完全是个人行为，而非官方组织，所以，该书的行文特色以及独特的视角和取舍，为一般官方志书所不及。如编者对太平天国的看法和评价，以及书中所选择和征用的《太平天国建都天京始末》《祭明太祖寝陵文》《太平天国政教一斑》《石达开复曾国藩书》《李秀成招降赵景贤文》等太平天国史料多则，对中国近代史及太平天国史的研究颇多裨益。三是该书编校者认真严谨的态度和追求完美的精神，令人钦佩。书中所记不乏亲历亲见，所引必标明出处，使得本书可信可读。本书的再版和初版相隔时间不到两年，不仅新增了“田赋”和“军政”两门，还增加了与“新京”相关的一些条目；删除了与上元、江宁没有关系的条目，仅“掌故”一门中，“王锡侯《字贯》案”相关的资料就删除了10则近万字；部分条目进行了校订和充实。初版中的“黄武贞公祠”，再版改为“黄文贞公祠”；初版中的“三公祠”著录为“不知建之何时”，再版时修订为“光绪初左文襄建”等等，均为可圈可点。

中华民国时期是中国近代史上前所未有的风云变幻、起伏跌宕的历史时期，这一时期的大量出版物，越来越受到中国近代史和民国史研究者的关注。然而，由于印刷技术和印刷载体的原因，民国年间的出版物留存至今的，大多面临着发焦、变脆乃至无法触读的境地。以《新京备乘》为例，南京图书馆虽存三册，却没有一册是足本；南京博物院图书馆和金陵图书馆各存一册，其保存状况也不容乐观。此次南京出版社将《新京备乘》列入“南京稀见文献丛刊”予以点校出版，实属抢救性的明智之举。今日不予以重视，假之他日，恐已难窥全豹了！

原书有句读，此次出版，由本人点校，卢海鸣先生进行了审校。

王明发

序

予尝欲搜集稗官野史，钩稽成编，以补吾国历史之阙。诚以吾国历史出于史官，大都迫于时、劫于势，萦其号、利其禄，忌者讳之，媚者谀之。扬雄美新，陈寿抑蜀，曲笔一时，疑案千载。间有草莱隐居、抱道持正之士，私记见闻，深得当时政治社会之真状。如元秘史、明野记之类，又往往为拘守皇宬实录者所摈弃，取材既隘，翔实自难。尽信书不如无书，岂徒《武成》一篇为然乎？夫历史者，人群进化之迹也。必循其迹，乃达其的。“十世可知”知以此，“百世可知”知以此，即所谓继往开来之圣，亦莫不以此。远者无论矣，中山先生，非今日所称为开创民国之伟人乎？孰为之先，不有所谓太平天国乎？天国之政令文教，固多暗合于三民主义也。环顾今日，记载多阙。意者清室最忌汉族，汲汲使人民忘汉，蕞尔文字，尚屡兴狱，洪氏称号十三年之久，据地十余省之多，于其亡也，当然力暴其短，深泯其长，使在历史上曾不得比于西楚、南越。然亦何益乎？有涉、广乃有汉高，有陈、张乃有明祖，自然之理也。故予以为不考太平天国兴亡之迹，不能彰中山先生功德之大也。金陵在四十年前，洪氏奠都焉。轶事传闻，应不随清兵一炬以尽。原隰周咨，或道其详；碎金散珠，可录必多。此有志信史者之责，而予则虚抱此志焉。今夏议法之暇，遇久侨金陵之杜同学霭簃，出所订之《新京备乘》见示，自言书为陈君述庐初稿，已则寝馈于斯以修补之。予详读一过，见其凡例中，首言注意咸同以降，次言注意于太平天国逸事。复按其条文，颇能符其意趣。是真予求之不得，而今始得者。弥历史之阙，明进化之迹，党国将有资焉。岂仅山川人物、闾里琐细、助谈料、广异闻而已乎？盖二君之用心，固大异于《板桥杂志》《白下琐闻》诸书也，其为修史者所重视无疑也。孔子曰："礼失则求诸野。"速付梓人，以应求者。予重二君之志，因序而归之。时为民国十九年冬至前五日，猗氏刘盥训。

金陵为八代王者之都，江山雄秀，土膏地腴，人物昌明，风俗醇美。历代纪载，昭昭可睹，正非偻数能终。顾说者谓江南于中古为蛮夷域，自泰伯、仲雍始开吴国，文王肇兴；而金陵建自楚威王时，乃为繁雄都会。余则谓有不然。三代以上，惟唐虞疆域最广，方制万里，民物繁阜，五载一狩，远涉江淮，且逾岭表。考诸经传，金陵之为大都会，盖一盛于唐虞夏后氏之际，再盛于殷末周初之际，三盛于春秋吴越之际，至乎楚汉之交，而金陵形势，已稍稍衰矣。何以言之？《禹贡》淮海为扬州，《左传》涂山之会，执玉帛者万国。所谓三江，即今日长江；所谓震泽，即今日太湖；所谓厥土惟涂泥，即今江、镇、苏、常沮洳下湿之地皆是。而《贡》有惟金三品，为金陵名所由起。昔人云，涂山有会稽之别名，而秣陵号会稽之绾毂。遐想其时，万邦共球，恒萃斯通，六龙巡幸，尝道是都。故余谓《禹贡》所载扬州贡赋、山川、物产、运道，实今日方志之嚆矢。如果蛮夷视之，何能典文备具如是耶？而金陵之盛于唐虞夏后时一可征矣。周官职方氏，九州之次，始乎扬州。山镇会稽，泽薮具区，其他三江五湖，皆与今之南京，连壤接畛。金陵居会稽管内，具区尤一外水可杭，其利金锡竹箭，其民二男三女，其谷宜稻，今金陵之民俗物产，亦曾不出乎此数者。当时文王化及江汉，必亦人物殷阗，而后始有后舞前歌之乐。即武王众诸侯，岂有以无土地人民之吴越，而授之宗亲帝裔者哉？夫煌煌九宇，独首扬州，使非素为重镇繁区，周公制礼命官，又乌能以江介蛮方，置之皇舆开始？而金陵之盛于殷末周初时，二可征矣。迨春秋之世，楚庄盟吴越而还，其势自骎骎莫遏，《公羊传》遂有"许夷狄者不一而足"之说。黄池之会，两霸并书。吴既争长中原，越亦以琅琊为建都之地，其时金陵在吴为长岸地，在越为越城地，见诸方舆纪载，确然无疑。尔日会盟征伐，此邦尤居首冲，而金陵之盛于春秋吴越时，三可征矣。若夫以项王雄略，不都金陵而都彭城；以汉祖长虑，不都金陵，而都洛阳、都关中，岂非天下之事局日开，有非长江天堑能为限制者。金陵形势，自楚汉之交而稍衰，殆亦天时人事，有不得不然者欤？在昔虎踞龙蟠，诸葛武侯推为帝王之宅；王茂弘亦谓经营四方，必以金陵为根本。今之建都于此者，固不得不深服其宏识远略，庸讵知三代而上，金陵已沃衍蕃昌，久为雄要都会。于以扶景运、展丕图，征隆古控驭之宏谟，昭然而重光。彼六朝人之诩江南为佳丽地者，岂非浅之乎视金陵哉！余友陈述猷大令，本政事才，深于掌故之学，顷以与其姻家杜君霭簃，合著《新京备乘》一书见示。分卷三，为类念四，采摭繁富，纪述精详，体裁兼《建康实录》及《白下旧闻考》二书，尤于阐微幽显、革故鼎新，三致意焉，非拘拘于历代史乘者可比。余知此书之出，将驾《建康录》《旧闻考》而上之，海内风行，无待蓍龟矣。谨为略述著书大指，并举金陵之为盛域，自皇古而已然，知载籍之有征，庶几经邦考古者，两有取焉。民国二十有一年十月下浣，三原王典章幼农甫谨序。

长沙陈述庐先生，以与杜君同辑之《新京备乘》，属为校字既毕。客或问曰："书名新京，何也？"答曰："书专纪故上元、江宁两邑之事，党军既至，建为首都故也。曰书名新京矣。""而所载详于近代，至咸同之际，尤不厌言之；而党国之事转略焉，何也？"曰："党国草创，其事固应付诸后人；而太平天国者，党国所以托始也。太平天国，立十三年而后亡，则其政教规模，宜必有可述者。其于党国，或同或异，或名同而实异，或名异而实同，殷鉴所资，恶得而略也。若夫详于近代，则荀子法后王之意云尔。"曰："如子说，太平天国，既为党国所托始矣，彼湘军者，实手覆太平天国者也。而是书于曾文正之绩，纪之尤详，何也？”曰：“嗟乎！陈先生，匝湘人也。其先德又身贵于水师，欲使先生抹杀湘军之绩，毁灭文正之名，是固不可。且吾闻今之处高位者，其于文正尤心悦而诚服之，乃至书法之微，亦必仿效焉。则推许文正者，非先生一人之意，实天下所同然也。孔子曰：‘道并行不相悖。’班固曰：‘物相反而成。’先生之意，殆亦如此乎？夫事实者，可征者也，故是书遍搜今古而列载之。是非者，无定者也，故是书并举两端而按而弗断焉。”既以答客，遂书其说于书之上方，先生其以为然乎？其曰：“此子一家之言。吾之书，初不如是乎！请以俟后之读者。”癸酉长至节，真州陈延韡序。

曩阅坊肆《新京备乘》，颇采及鄙文，意近贤留心掌故者所为，惜其甄集未尽也。春初，述庐先生过山馆，畅论文艺，并视先德碑传，因忆往年曾为题《瞻麓图》，盖未觌面，而已缔文字因缘矣。一昨先生复来盋山，督文序补正备乘，述杜君合纂颠末，又近得史料綦富，补葺如干卷，将再版问世。诒徵居金陵三十年，先生之侨寄，视诒徵尤久。顾诒徵性疏懒，日夕埋身故纸堆中，不暇造请贤士大夫有闻声，阅数十稔，未尝通一刺札者。先生不鄙弃陋，不介而过存，抵掌论世事，欢然如旧相识，其因缘之待时而翕耶。诒徵阅江宁各志，颇病其不备。故书雅记，宜钩稽排纂者猥多，即咸同以来，署局案牍，尘封山馆者，一一梳栉而扬榷之，于近世学校、财赋、师船、营垒、祠祀、道路诸大政，因革兴替之迹，始灿然可睹。先生勤于撰著，补葺是编，已具基干。其能从我发蟫虫之秘，而腾龙虎之辉乎？是尤私心所幸企也。甲戌夏四月，镇江柳诒徵。

陈君述庐亲翁，幼侍振威公随宦金陵，壮年以往，服官兹土，游迹遍江南北，博闻强记，于江苏地理、政教、人文、风俗，夙所究心。每逢当道有所咨询，辄慷慨而谈，若指掌、若罗胸、若左右逢源，原原而本本，况金陵其所托处，见闻尤稔者耶。曩尝出其关于金陵故事、札记稿本见视，嘱为整理而补缀之。复发其所旧藏书，相与考订。初亦第拟诸《白下余谈》及《琐言》之例耳，积以岁月，搜罗倍勤，范图式廓，参伍错综，部居类别，久而后定。以是知著述者，必先兢兢于体例也。颜曰《新京备乘》，盖冀夫他日修都邑志者，或有所取裁云。至若编辑旨趣，具详例言，不复述。是编多出于述庐亲历，故其言较信而可据。夫造屋者必基之固，而后宏结构；治水者必源之清，而后利疏浚。然则兹书之得所凭藉而成，岂非余之所深幸耶！中华民国二十一年五月，杜福堃识于首都。

迺勋门承兰锜，代袭芸香，生三湘词赋之区，比六郡良家之子，一沿官牒，遂至金陵。逾星纪于三周，违乡关于千里。淯惊棋局，吴语全谙；调鼓云和，湘弦渐冷。共和二九之岁，鳏生六十之年。初辞征税于彨门，十八年夏交卸江苏第三专税局务。旋卜敝居于湫溢。始治延龄巷宅。作寻常之百姓，敢齿乌衣；完帘阁之三间，粗同白傅。居诸不与，齿发行衰。长为土断之民，转有斐然之志。若夫某山某水，少尹记其曾经；所见所闻，公羊断以为世。山川满目，尽思古之幽情；谣俗盈前，亦当今之故实。况金陵者，昔元胜地，今号新都，幸遭周公卜食之辰，宜有杜笃论都之作，庶几辉华文物，斧藻江山。然而自赤乌兴霸之年，逮红羊劫灰而后，六朝三国，早经浪打于前朝；百帝千王，只剩淮边之旧月。远之则龙骧木柹，近之则燕子春灯；前则有青丝白马之祥，后则有红帕锦缠之异。官书私史，已苦栋充；往事前闻，无难户晓。若复班纱马史，郭窃向书，则庾仲初之赋，谢公必讥以叠床；左记室之文，陆机或待其覆瓮。何劳数典，再事操觚。尔乃荀卿论治，必法后王；孔氏删书，不存邃古。事近者可鉴，代接者易知。定哀无取乎微词，秦楚可编为月表。爰起明清之际，下逮民国之十九年，编录为书目，曰《新京备乘》。地限于前代上、江两邑，事详于清室咸、同以还。都十万言，区念四类。上卷察乎地理，备九能辨说之才；中卷观乎人文，昭百世兴衰之镜；下卷则黄车小说，青史外编，谈助可资，谀闻不弃。大旨详前人所未及，略往籍所已详。群言固在所折衷，微见亦申其蠡管。沂获麟而托始，愧祭獭以徒劳。书成以呈杜霭簃姻家，借助他山，共商疑义，遂使《诗》传大序，毛公专子夏之名；纸贵新文，皇甫益太冲之誉。顾惭菲薄，岂曰当仁？窃惟身本羁孤，家非土著，说他人之食，饱腹无从；吟吴会之云，畏人曷极。庾开府之寄怀枯树，屈灵均之临睨旧乡。梦回岳麓峰边，身老江南春里。是则披黄图于三辅，纵极长安陆海之观；而勒金匮于一家，犹是太史周南之感也夫！述庐陈迺勋自序于南京瞻麓堂。

例　言

一　新京旧沿明代，称为南京。古名金陵，本书专以金陵为限，其事例隶旧上、江两县治者，均在甄录之列。

一　本书除历史的纪述外，约起自明清之交，迄民国十九年止。于咸、同以降较详，流风未远，足资殷鉴。

一　本书略分上、中、下三卷。上卷十一门：城治（故城附）、山水、古迹、名胜、园第、祠宇、寺观、陵墓、公廨、街坊（桥附）、井泉。中卷六门：田赋、军政、建置、政闻（官制附）、掌故、人物。下卷七门：艺文、金石、名人轶事、风俗（游观附）、灾劫、物产、杂摭。

一　本书上卷，博采志乘，参取前人撰述诸书。其有关考据者，必详加考核，折衷群言，间或参附管见。中卷以下，除文献足征者，其见闻所及，亦著之篇章，冀备野史之选。

一　金陵，伊古帝王建都，群雄争战，夙称形胜。本书所志山水，第列名山巨渎、古迹名胜，亦就著闻习知者，别择著录。更仆难终，恐滋繁冗，其他园第、街坊诸门，率多仿此。

一　祠祀，古隆崇报，而新令废黜者多。本书祠宇一门，无论存废与否，第就志乘所载，习俗供奉者存录，以详沿革；其在近代忠义节烈、先贤名臣，并为撮录，用忘景仰。

一　六朝尊崇释教，梵宇如林，故唐诗有云“南朝四百八十寺”。近可园陈氏有《南朝梵刹志》，博综典籍，考证详核。本书寺观，仅就古寺灵光、近代丛林，识录十一，藉观兴废。如欲繁征博引，请证陈书。

一　田赋，关系于国计民生甚大。民国以还，其税一仍旧制，而征收手续，则与以前迥异。用将沿革录入，以供众览。

一　金陵，为历来争战之场，载在史乘。近日江海防务并重，则军事研究，尤属要图。特辑录以飨有志军事学者参考。

一　本书比附野史，未敢抗衡志乘。故凡有纪事，习知不必求备，阙文在所必详。又封疆大政，时局所关，逊清末季，老成谋国。事有可征，率加采录，藉资鉴法。

一　本书掌故一门，多由故宫博物院文献馆所刊《掌故丛编》，撮其与南京有关者，上溯弘光，下讫太平天国，辑录而成。此皆清廷秘笈，外史未详。又太平天国，建国十有三年，奠都天京，亦越十载，制度文物，有闻必先。惟逊清悬为禁史，丛编仅有遗文，一代规模，扫地以尽。近人于国内海外，间有搜集太平天国史料，多属抄本，尚匙刊行。兹编特就《太平天国野史》《野史》于典章文物特详，所根据为《洪杨纪事》《史学杂志》，谓与《洪杨类纂史略》，皆为张德坚所著《贼情汇纂》之变名汇纂，仅抄本未刊。《太平天国志》《太平天国外纪》各书，撮录政教一斑，以昭创业而导先河。世有同情，愿共欣赏。

一　征文考献，私家所难。金陵文物大邦，不乏名山巨著。近江宁蒋氏刊有《金陵丛书》，桑梓艺文，足资探访。本书首录南监史谈，继述志乘沿革、艺林渊薮、文化源流，藉供考证，大抵于斯邦事变兴替之际，三致意焉。

一　本书博采群书，言皆有本。其转录他书，必标明原著。或有不著所出者，则以荟萃群言，未能尽详本籍故也。兹将参采各书，另写目录，以重导源，而资参证。其他报章选录、官书报告，在所广征，不及备举。

一　客中故籍凋残，成书仓猝，遗漏舛误，在所不免。大雅鸿哲，幸赐纠绳，他山之攻，削简以竣。

本书参采各书目录

《六朝事迹编类》　宋　张敦颐

《蕉馆纪谈》　明　孔迩修

《七修类稿》　明　郎瑛

《长安客话》　明　蒋一葵

《悬笥琐谈》　明　刘昌

《寄园寄所寄》

《天禄识余》　高士奇

《板桥杂记》　余澹心

《缄庵忆说》　王嘉言

《西石城风土记》　陈庆年

《金陵岁时记》　潘宗鼎

《金陵胜迹志》　胡祥翰

《拙尊园丛稿》　黎庶昌

《秣陵集》　陈文述

《金陵闻见录》　陈直方

《金陵待徵录》　金鳌

《金陵琐事》　周晖

《蕉窗随笔》

《客座赘语》 顾起元

《白下余谈》 刘旂锡

《白下琐言》 甘熙

《金陵琐志五种》 《运渎志》《凤麓小志》《东城志略》《金陵物产风土志》《南朝梵刹志》陈作霖 附《钟南淮北区域志》陈稻孙

《炳烛里谈》 陈作霖

《湘军志》 王闿运

《湘军记》 王定安

《史外》 汪有典

《鉴撮》 旷敏本

《国朝先正事略》 李元度

《冶西杂咏》 王孝煃

《履园丛话》 钱泳

《郎潜纪闻》 陈康祺

《广阳杂记》 刘献廷

《茶余客话》 阮葵生

《旧闻随笔》 姚永朴

《重刊江宁府志》 吕燕昭

《续纂江宁府志》 赵佑宸

《同治上江两县志》 莫祥芝 甘绍盘

《太平天国野史》 凌善清

《太平天国志》 李法章

《太平天国外纪》 英人林利著 孟宪承译

《太平天国文钞》 罗邕 沈祖基

《中国铁路史》 曾鲲化

《靖江阁集》

《栖霞山志》

《江表忠略》 陈澹然

《江宁金石记》 严观

《续碑传集》 缪荃孙

《明一统志》

《洪武京城图志》

《黄文贞公集》 明 黄观

《顾亭林先生遗书》 顾炎武

《因寄轩文集》 管同

《金陵文钞》 陈作霖

《元宁乡土志》 陈作霖

《寿藻堂杂存》 陈作霖

《金陵通纪》 陈作霖

《金陵通传》 陈作霖

《可园文集》 陈作霖

《可园诗话》 陈作霖

《梦园丛说》 方濬颐

《劲草堂笔记》 姜继襄

《清代轶事》

《南洋劝业会游览志》

《金陵图书馆善本目录》

《南京古物保存所古物说明书》　杨鹿鸣

《史学杂志》　南京中国史学会

《掌故丛编》　故宫博物院文献馆

《总理奉安实录》　奉安委员会

《刘忠诚公集》　刘坤一

《随园诗话》　袁枚

《松窗随笔》

《荷香馆琐言》

《帝里人文略》

《粉槩录》

《八指头陀诗集》　释敬安

总　目

卷　上

卷　中

卷　下

① 杂撮:应为“杂摭”。

卷上分类目录

卷上

城治 故城附

首都沿革

首都，在《禹贡》时为扬州。春秋时代属吴，有冶城，相传为吴王夫差冶铸之地。今朝天宫，即其遗址。及越，有长干城。周元王四年，越王勾践用范蠡谋图楚，筑城于长干里。今南门外报恩寺，即其旧址。在战国时属楚，置金陵邑，埋金以镇王气。周显王三十六年，楚威王灭越。尽并其地，置金陵邑于石头，今清凉山、龙蟠里、乌龙潭一带，即其遗址。及秦始皇二十五年灭楚，三十六年改名秣陵县，隶属鄣郡，即诸葛亮所谓“钟山龙蟠，石城虎踞”者是。今出南门六十里，有秣陵镇，又名秣陵关，即其遗址，为南京南方之要地。此次国民革命军攻南京时，亦由此路进攻。及汉灭秦，改丹阳郡。建安十三年，孙权领丹阳郡，还治建业，今秦淮河以南，自武定桥东，以迄东南城角内外，如今之复成桥一带，即其旧址。及孙吴黄龙元年，徙都城于建业，城在淮水北五里，前止秦淮，后带玄武，今鼓楼、鸡鸣寺一带即是。东晋元帝南渡，避愍帝讳，改建业为建康。武帝作新宫，别立东府、西州二城，一在今古物保存所，一在清凉山一带。洎乎东晋既亡，宋、齐、梁、陈，相继以此为国都。及隋文帝开皇九年，遣韩擒虎等平陈，建康城邑，遂废为田。因于石头置蒋州，旋又改为丹阳郡，今清凉山一带，即其遗址。唐至德间，命名江宁。及武德三年，更江宁为归化；七年，复蒋州；八年，复名金陵；九年，更金陵曰白下。乾元二年，改为昇州。五代杨吴之将徐温领昇州，改筑金陵府城，跨淮建城自此始。南唐改金陵府为江宁府，以为都城。宋灭南唐，复昇州，寻改为江宁府。绍兴三年，高宗南渡，驻跸于此。元灭宋，至至元十二年，以建康府为行省，改名集庆路。明太祖灭元，改集庆路为应天府，旋下诏以应天府为南京，大梁为北京。清顺治二年，清兵陷南京，改为江宁府，府附郭辖江宁、上元两县，中正街以北属上元，南则属江宁。民国元年，先总理在南京就临时大总统职，废江宁府及元、宁两县，设南京府。民国二年，南京府废，设江宁县，隶金陵道。民国十六年四月，国民革命军北伐渡江后，党国要人本先总理遗嘱，奠都南京，建国民政府于此，定为首都。

上元、江宁二县沿革

金陵在六朝时，城中设秣陵、建业二县分治，又分秣陵为临江县，又更临江为江宁县，而江宁县在江宁镇。隋并为江宁一县。唐初改江宁县为归化，又更归化为金陵。八年移江宁于白下村，曰白下，嗣移白下县于冶城东，复名江宁。至肃宗，废江宁为上元。杨吴时，析上元南十九乡、当涂北二乡为江宁县，二县附郭，实始于此。南唐改为江宁府治，自是上元、江宁二县不废，迄于清末，而江宁之名较古于上元也。民国初元，废首县，改江宁府为南京府；二年，废府设江宁县。十六年，南京建为首都，设南京市，直隶国府，方议市县分治，而江宁迁治于郭外之说，甚嚣尘上矣。

上元、江宁两县之迁徙历史

上元署凡八徙。初在石头城，今定淮、清江二门间；次故治村；三冶城东，在朝天宫东，本江宁署也；四白下城，在今钟阜、金川门间；五凤台山，在今凤凰台；六大司会府，在今通济门内中正街东头；七中正街昇平桥西；八明太祖丙申徙治淳化镇，明年还旧治，清仍之。民初并入江宁，而以此署改为贫儿院矣。

江宁署凡七徙。初曰秣陵，在今城东南六十里秣陵关；其次，泰康元年，分秣陵立临江，在今江宁镇；其三，唐之江宁，在今朝天宫东；上元二年，以其地改为上元县。其四，南唐保大二年，割上元十九乡、当涂二乡，置江宁县，始分治郭下而不详其署址所在；其五，宋建炎二年，徙治城北，与今北门桥近；有朱子书"冰清玉洁"匾。其六，元至元十四年，改治南城外越城侧；其七，明洪武元年始徙治银作坊，宋东南佳丽楼旧址，古赏心楼也。前清因之。

首都地理常识

（一）经纬度：首都位于东经一百一十八度四十六分三十三秒，北纬三十二度三分三十八秒。（二）地平线：地面平均高出海面五五·六三公尺。（三）城墙圈：城垣系多边形，周围共长九十八里。（四）全面积计四七七八·四五方公里。（五）江岸线沿江长度计五二〇〇八尺。（六）户口数：民国十九年一月份调查，计户数一〇二八九五，口数男三二四七〇六，女一二四六三七，共计五三九三四三人。平均每方公里为一千一百二十八人。据《南京市政府报告》。

金陵建都历史

孙吴建都四世，共五十九年。始黄武元年壬寅，终天纪四年庚子。东晋十一世，一百〇三年。始元帝建武元年丁丑，终恭帝元熙年己未。宋建都八世，共五十八年。始武帝永初元年庚申，终顺帝昇明二年戊午。齐建都七世，共二十三年。始高帝建元元年己未，终和帝中兴元年辛巳。梁建都四世，共五十五年。始武帝天监元年壬午，终太平元年丙子。陈建都五世，共三十三年。始武帝永定元年丁丑，终后主祯明三年己酉。南唐建都三世，共三十九年。始李昪昪元元年丁酉，终后主十五年乙亥。以上金陵为都，皆偏安也。南宋虽号金陵为行都，其实高宗仅再驻跸，兹不列入。至明太祖定鼎于兹，始称一统，在位三十一年，始洪武元年戊申，终三十一年戊寅。建文在位四年，始元年己卯，终四年壬午。成祖在南京十八年。始元年癸未，十八年庚子十一月戊辰以迁都告天下。清咸丰癸丑，太平天国建都金陵十二年。始癸丑，终甲子。民国肇兴元年，即宣统三年辛亥。就旧督署改国民临时政府。十六年，革命成功，即以南京为首都，从事建设，为共和万万年祝。

上元、江宁两县乡镇

上元所辖之乡，凡十有七，而四镇即错于其间。龙都镇，为泉乡；秦城岗，为道德乡；红杨树，为静洁乡；湖熟镇，有植莲湖，昭明遗迹也。明怀远侯常延龄国变后隐此，有湖熟种菜园。为丹阳乡；南北侯村、时庄，为清化乡；淳化镇、旧有广惠庙，俗所谓高庙也。旧门石阈根右门神像，左右各一，甚奇古，傍识淳熙年月，盖南宋时物。又有宋人李仲春题名。咸田、宋墅，为凤城乡；高桥门，为仪政乡；沧波门，为兴贤乡；麒麟铺，为开林乡；土山、解溪、上下蒲塘，为崇礼乡；汤水，为神泉乡；平家冈、东流、西流等村，为宣义乡；石步镇，为长林乡；姚坊门，为清风乡；神策库、周家山、阳明塘，为慈仁乡；旗手卫、临山桥、小复成桥，为金陵乡；旧有金城，即前琅琊城。《世说》桓公经金城，见前为琅琊郡时所种柳，即此。仙鹤门，为北城乡。此皆东北附郭之地，统计积地二千三百四十一方里，合一万八千顷云。

江宁乡镇，旧分四路。在东路有陈墟桥，为太白、新亭二乡；有殷巷，为随车、万善二乡；有秣陵镇，秦旧县。为驯翟、太南二乡；有禄口镇，为葛仙乡；有周干圩，为永丰乡；有砂子冈，为凤东乡。在中路有东善桥，亦太南乡；有元山镇、陶吴镇，陶贞白所生之地，又有吴姓与陶姓世居于此，故名。为朱门、处真二乡；有横水桥，为山北乡；有小丹阳，为山南乡。在西南路有六塘桥，为铜山乡；有铜井、牧龙亭，亦处直乡；有朱门镇，亦朱门乡；有江宁镇，为惠化乡。在西北路，有安德门，为安德乡；有凤台门、西善桥，前明造玻璃瓦在西善桥一带，谓之琉璃洼。为凤西乡；有盘龙庙、板桥，为光泽乡；有谷里村，为建业、归善二乡。其西南附郭地，有双桥门之菜园务，为开元乡；有上新河沙洲乡；合之为二十二乡，彼四郊仳离之地，则不在此数。统计积地三千四百一十四方里，合一万六千四百余顷云。

南京水陆诸路

金陵绾毂南北，控制江淮。由北而至者，其路三：陆从滁阳、浦口截江而抵上河，一也；水从邗沟、瓜洲溯江而抵龙潭，二也；从銮江、瓜埠溯江而抵龙江关，三也。由中原而至者，其路三：从寿阳、濡须截江而抵采石，一也；从灵璧、盱眙而抵乌江，二也；从皖之黄口截江而抵李阳河，三也。由上江而至者，其路三：陆从采石、江宁镇而抵板桥，一也；从姑孰、小丹阳而抵金陵镇，二也；水从荻港、三山顺流而抵大胜港，或径抵上新河，三也。由下江而至者，其路五：陆从云阳走句曲而抵淳化镇，一也；京口起陆过龙潭而抵朝阳门，二也；舟至栖霞浦走花林而抵姚方门，三也；水从京口溯江而抵龙江关，四也；又陆从湖州、广德、溧水而抵秣陵镇，五也。

按：清季江宁城守协，兼辖左右奇、溧、浦、溧（溧阳兼防高、溧、句）、瓜、青七营。迺勋幼时随侍先君，即闻此协，责任甚重。驻城虽有左右两营，其防地不仅在江宁一城，所辖之奇兵、浦口、青山、瓜州，当江北之水陆之冲，溧阳为浙皖入苏要道。

知前人设备缜密，确有远识。观上所述水陆各路，与南京军事上大有关系，故并录之，以供参考。

南京城

金陵旧城，宋元因杨吴所筑，跨秦淮南北，周回二十里，南近聚宝山。明初建都，升为应天府，乃益扩而大之。东连钟山，西据石头，南阻长干，北带后湖，内则皇城名内城奠焉。有门十三，建于洪武二年九月，成于六年八月。惟南门、水西、旱西三门，因宋元之旧，更其名，曰聚宝、三山、石城。自旧东门处，截濠为城，沿淮水北开拓八里，增建南出门二：曰通济，旁为东水关，秦淮水入城处也。曰正阳。一名洪武。自正阳以东而北，建东出门一，曰朝阳。自钟山之麓，由龙广山围绕而抵覆舟山，建北出门一，曰太平。又西据覆舟山、鸡鸣山即鸡笼山，缘湖水以北至直渎山而西八里，建北出门二：曰神策，其间为北水关，以铜管引玄武湖水入青溪。曰金川。西北括卢龙山于内，雉堞相向，建门二：曰钟阜，曰仪凤。仪凤外滨江浒，要津也。其西而迤南，建门二：曰定淮，曰清凉，即清江。遂与旧西二门接，石城门南有铁窗棂，运渎之水所由以泄者，古之棚寨门也。西水关，伏三山门下，秦淮水穿以出城者也。凡周九十六里。清初改应天府为江宁府，因明外城为府城，惟闭清凉、钟阜、定淮、金川四门，而洪武、三山等门无改。又因明旧皇城为驻防城，仅于西一面重造，起太平门，沿旧皇城墙基至通济门止，开二门以通出入，为满洲官兵屯驻之地。

按：明季金川、钟阜、仪凤门塞，清初神策、清凉门亦闭。顺治间，总兵梁化凤开神策门歼海寇，因改名得胜门，同时他将开仪凤门出。迄今二门开，金川、钟阜、清凉仍塞。定淮门，道光中塞。光绪末，端匋斋制府建宁省铁路，轨线由下关贯金川门，直达中正街，故金川复开。

又案：各门今改名者，聚宝门今中华门，正阳门今光华门，朝阳门今中山门，神策门今和平门，仪凤门今兴中门，洪武门今光华门。光绪末年所开之丰润门，今改为玄武门；民初所开之海陵门，今改为挹江门。

明皇城

明太祖定都金陵，命刘基卜地于钟山之阳，在旧城东白下门二里，填前湖而筑为新城，前湖即太子湖，一名燕雀湖，梁昭明太子遗迹也。今既填塞，犹留一泓于城外。周以紫禁城。正南曰洪武门，今圮，以正阳门当之。转而向东者曰长安左门，再北曰东华门；向西者曰长安右门，再北曰西华门。东西二华门，即紫金城门也。正北曰北安门，俗称厚载门，此外围之六门也。宫门向南第一重门，曰承天门，内东太庙，西社稷坛；二重曰端门，端门北有左右阙门，古曰象魏；三重曰午门，午门以内为大内，由魏阙中分而东西者，曰左掖门、右掖门，转而向东者，曰东安门，向西者曰西安门，正北曰玄武门，此内围之六门也。午门内御河支流为金水河，石桥五，俗称内五龙桥。午门外御河，跨河亦石桥五，曰青龙、曰白虎、曰金阙、曰乌蛮、曰柏川，为外五龙桥。其在东长安门外者，曰青龙桥，在西长安门者，曰白虎桥，以象天津之横贯焉。清兵南下，命将军率八旗兵驻防于此。顺治十六年，筑满城于青溪之东，起太平门，沿旧皇城址，至通济门止，开二门以通出入，为八旗驻防兵屯扎之地，是为驻防城。粤乱焚毁殆尽，废为菜园。辛亥光复，又罹于危，旗人星散，城郭为墟，城垣砖瓦，拍卖盗取，狼籍不堪。所存者，惟午朝门、西华二处城圈而已。西华门，疑清顺治十六年重造，沿旧名之，非旧门也。

按：《荷香馆琐言》：明皇城砖，皆有窑匠某、造砖人夫某、总甲某小甲某，及某府提调通判某、某县提调县丞某等阳文。其字有甚工者，盖明初各省派官监造者，可见工程之巨矣。

都门外郭

都门既建，环以外郭。西北则据山带江，东南则阻山控野，辟十有八门。东面六：曰姚坊，今尧化。曰仙鹤，曰麒麟，曰沧波，曰高桥，曰双桥；南面六：曰上方，曰夹冈，曰凤台，曰驯象，曰大安德，曰小安德；西面二：曰石城关，曰江东；北面四：曰外金川，曰佛宁，曰上元，曰观音。《明太祖实录》：洪武二十三年四月，置京师郭十五门。无石城关、外金川二门，安德仅一门。又《明史·地志》：建门十有六，无凤台及外金川。周一百八十里，仅立标识，而未及起筑，即迁于北，至今冈阜络绎，俗呼为土城头云。

聚宝门

聚宝门，城极高，凡二层，各有七洞，与东西水关相埒。明初，富民沈万三家有古盆，贮以金宝，取之无尽藏，相传为瘗聚宝盆。后因南门城垣倾圮，屡修不举，太祖借此盆为城脚以镇之，始曰五更即还，故一名聚宝门，而俗遂传有南京不打五更之说。官厅照壁后有砖塔，上覆以小亭，相传为瘗聚宝盆处。又一说：南京地方，以城南极繁盛，所有柴米，均趸聚南门外交易，故有聚宝之名。是否待考。

汉西门

金陵石城门，《府志》旧称大西门，俗称汉西门。初疑其对水西门言，因作旱西；既而考南唐宫城遗址，内桥本名天津桥，其水自东而西，穿铁棂而出，如云汉然，谓为“汉”不误也。

丰润门　海陵门　武定门

清宣统元年，江督端匋斋，就城北建公园及筹办劝业场，特辟是门，以通后湖，人咸便之。

此门辟于匋斋，成于张人骏。张，丰润人，故以丰润命名，今改名玄武门。民国纪元二年，韩止叟任民政长，就仪凤门西偏复辟一门。韩，泰州人，泰州故海陵。故名海陵门，今改名挹江门。十八年，市政府以南门行旅辐辏，就武定桥迤东城垣，特辟一门，因名武定门。

案：明内城十三门，合续辟之丰润、海陵、武定三门，共十六门。内除钟阜、定淮、清凉三门仍塞，今开者仍为十三门。

故　城

越　城

金陵之有城，自越城始。《建康志·宫苑记》：周元王四年，越相范蠡筑，一名范蠡城。《郡国志》云：东瓯越王所立。《六朝事迹·图经》云：在秣陵县长干里。今聚宝门外江宁县丞署后，即其遗址。俗呼为越台，六朝交兵在南者，每据此为要地。《南史》：卢循率众军修治越城。

石头城

在旧上元县西。石头山，即清凉山。简称石城。亦名石首城，今俗呼鬼脸城。《建康志·江乘地记》云：山上有城，又名石城山。武侯谓"石城虎踞"，即此。又《宫苑记》云：楚威王灭越，置金陵邑，即石头城。《丹阳记》：石头城，吴时悉土坞。晋义熙初，始加砖累瓦，因山为城，因江为池，地形险固。盖江临城下，自六朝以来，倚为重镇。南北战伐，咸据此为胜负。自江渐西徙，而城基又为杨吴稍迁近南，于是山为城隐，无复虎踞之雄矣。

台　城

《江宁府志》：台城本吴后苑城，即晋建康宫城，成帝咸和中修缮，周八里。宋、齐、梁、陈皆因为宫。与鸡鸣山相接，城北倚山冈，冈外为苑，苑外为湖。今北极阁、鸡鸣寺正其北城所届。故鸡鸣寺东，犹存一段古城，城下向东有门塞，俗曰台城门，此遗迹可证者。刘宋于台城东、西开万春、千秋二门，今所称台城门，盖即万春门之故迹。明初开拓城基，因旧址而成之。

据《同治上江两县志》案：台城之址，今颇难考。《通鉴》：隋伐陈，贺若弼进至乐游苑，烧北掖门。台城北门名也。据此则乐游苑在城外可知。《寰宇记》谓台城在覆舟山南，即台城当更向南，其不得北据鸡笼可知。鸡鸣寺后之城，乃是明扩城时所遗，俗呼曰台城。观此则台城基址，似又难确定其所在矣。

冶　城

在旧上元石城门内。《世说》注引《丹阳记》曰：丹阳冶城，去宫三里，吴时鼓铸之所。或云：今朝天宫即其遗址。

《吕府志》按：六朝每有寇攻，但云守石头城。石头、冶城，始或有分，而修筑石头者，卒包冶城于其内。又据《同治上江志》：方士戴洋以王导疾久，云金火相铄不利，遂移冶城于石头东髑髅山，以其地为西园。愚按《世说》注载《丹阳记》曰：孙权筑冶城，为鼓铸之所。又据《上江志》所引冶城东移之说，是冶城明为冶官所治之一区域，因以城名，意其始本非都城。《府志》所言与石城始分终合，未免苦为分明耳。

白下城

即后琅琊城。《齐书·地志》：琅琊本治金城，即前琅琊城。永明移治白下。今旧上元县西北神策门外之石灰山，俗曰北固山，其实古白石也，亦云白下。当是其地。《舆地志》云："白下本江乘之白石垒，齐武帝以其依带江山，移琅琊郡居之。"六朝以来，屡为战争之地。晋《苏峻传》：温峤既至，乃筑垒于白石。又庾亮云：以二千人守白石垒。《齐武纪》：永明七年，驾幸琅琊城讲武，即《刘系宗传》所修治之白下城，故曰"为国家得此一城"。又白下门，即白下城之东门，白下亭即在东门。参廖访荆公诗云："白下门西山迤逦。"荆公诗："东门白下亭。"

虎口城

城在中新河。上新河之北。《方舆纪要》：俗称曰新河。明初陈友谅趣江东桥，江东门外。舟师欲出新河口路，太祖命赵得胜筑虎口城。

天保一作堡城　地保城

在钟山西峰龙广山。俗呼龙脖子。洪杨据金陵，筑坚垒于钟山，谓为天保城。又于迤西北山阴筑地保城。同治三年六月十五日，官军龙脖子地道告成，十六日日中引火，地保城崩陷二十余丈。统领朱洪章率部首先从缺口冲入，遂克复金陵。民国辛、癸两役，南北军咸据此为胜负，盖为近代剧战之要冲云。

山　水

钟　山

山在朝阳门外，周回六十里，高一百五十八丈，东连青龙山，西接青溪，南有钟浦，下入秦淮，北接雉亭山。诸葛武侯所云“钟山龙蟠”者是也。古名金陵山，吴大帝祖讳钟，以汉秣陵尉蒋子文死事于此，改名蒋山。晋又名紫金山。明嘉靖中诏改为神烈山，则孝陵在焉。双峰蔚起，上诣青冥，诚郡邑之镇也。位于孝陵、灵谷寺之间者，则有总理陵墓。详后。山椒有纪念碑，为浙籍民军辛亥阵亡而立。

龙广山

钟山西北麓曰龙尾，明筑太平门，城跨其上，半在城闽以内，历代战争之所也。今名龙广山。同治三年六月，曾忠襄公国荃用地道轰城，蚁附齐上，俗呼为“龙脖子”者是也。民国辛亥、癸丑两役，龙尾坡攻击所萃，被灾尤剧。

覆舟山

由钟山麓入城而右，曰覆舟山。在太平门内，周三里，高三十一丈。东际青溪，北临真武湖[①]，状如覆舟，因名。宋元嘉中名元武山；陈太建中，亦名龙舟山。山与钟山，形断脉连，山东麓名东陵，并为要隘。

鸡笼山

在覆舟山西二百余步，周十里，高三十丈。西接落星冈，北临栖元塘，状如鸡笼，因名。宋元嘉中，黑龙屡见玄武湖，此山正临湖上，改曰龙山。齐武帝射雉钟山，至此闻鸡鸣，故亦称鸡鸣埭。元至正元年，山椒筑观象台，置仪表；明改为钦天，故又名钦天山。仪器今在北京中央观象台。山上旧有涵虚阁、望湖亭，山半有横岫阁，俱久圮。清光绪戊子，江宁藩司奉新许公振祎重建以复旧迹。山多石骨，道光中陶文毅公澍种松万株，苍翠弥望。今无复存矣。

狮子山　旧名卢龙山

鸡笼山迤西，为卢龙山。在仪凤门内，周十二里，高三十六丈。东有水下注平陆，西临大江。晋元帝初渡江，此北尽为虏寇所有。以其山连石头，开凿为冈，以比北地卢龙，故名。明初改名狮子山。单椒孤立，石磴盘旋。太祖曾于此亲树旌麾，大破陈友谅于山下。又尝欲于山巅建阅江楼，宋濂奉敕撰记。然按太祖所制《阅江楼记序》，楼实不果作，其平砥殆故址耶？光绪初，筹办江防，就山椒筑炮垒，遂成要塞焉。

---

① 真武湖即今玄武湖。

直渎山

在观音门外城北三十五里，周二十五里，高十七丈。北滨大江，西引幕府，东连临沂、衡阳诸山。形如绣错，悬崖峭壁，洪涛骇浪，摧击其下，诚天险也。有吴甘宁墓。孙皓凿其后为直渎，山因以名。或曰岩山。俗称观音山，以门名。东北一石曰燕子矶，详名胜。山多石洞，极奇诡。天围山中，江转石底，称异境焉。

幕府山

在神策门外，周三十里，高七十丈。晋丞相王导建幕府于此，因名。山滨江，为建业门户。上有幕府寺，前有五马渡，晋元帝与彭城王渡江处。所谓五马渡江，一马化龙者也。山有五峰，其相连有石灰山，俗曰北固山，讹为白骨山，其实古白石也。亦曰白下。齐武帝以其依山带江，移琅琊郡治焉。六朝以来，屡为战争之地。今之要塞也。

摄　山

在江宁东北长宁乡，周四十里，高一百三十二丈。南接落星山，北有水注江乘入摄湖。山多产药草，能摄生，故名。以形团如盖，旧名伞山。其麓有栖霞寺，俗又名栖霞山。山有三峰，中屹立，东西拱抱。乾隆三十二年，高宗重幸，大吏在中峰之左恭建行宫，以驻清跸。有春雨山房、太古堂、武夷一曲精庐、话山亭、有凌云意、白下卷阿、夕佳楼、石梁精舍诸胜。下有摄湖，周回二十里。其东岩之下有画石山，山有石穴曰花洞，相传与句容华阳通。

方　山

在江宁东南四十五里，周二十七里，高一百一十六丈。形如方印，故名。亦名天印山。旁有东霞寺，石林青翠，杳然深沉，是山之佳胜处。山南有青堆，下有石坝，俗曰石硊，一名竹山。《舆地志》："秦始皇时，望气者云：'江东有天子气。'乃东游以厌之，又凿金陵以断其势。今方山石硊，是其断之处。淮水之流，经其下焉。"

案：《建康志》称卢龙山与马鞍山相接，气势雄包。自秦凿为二，至今沟内石骨连焉。是则经秦始皇凿分者，盖有二山矣。

牛首山

山又名牛头，在江宁城南三十里，双峰角立，取其形似。周四十七里，高一千四百余尺，海拔约四千三百八十尺，全山面积约二十方里有奇。僧法显于此开牛头宗，佛书所称"江表牛头"是也。山有双峰，正对晋宣阳门，王导指曰："此天阙也。"故又名天阙山。风景清幽，路径深邃。山上有宏觉寺，入门为金刚殿，殿后有石磴百级，曰白云梯。夹磴古松千百，干云蔽日，最称幽胜。此外又有文殊洞、辟支洞、兜律岩诸古迹。又山顶有池，四时不涸，相传即梁昭明太子饮马池也。山西峰中有石窟，不测深浅。梁武帝于下建石窟寺，世又谓仙窟山。

三　山

《待徵录》：三山有四。上三山在江宁西，李供奉诗属此；下三山在镇东，王安石诗属此。上三山在烈山东岸，一曰仙人矶；下三山一名护国山，下有矶曰三山矶，周回四里，吴津济道也。大江西来，势如建瓴，三峰鼎峙，积石森郁，诚天险也。又牛首、祖堂、花岩，亦名三山。而朱门之男山、女山、姑山，亦擅斯名焉。

大　江

大江西自安徽来，过太平，入江宁界。首受慈姥港水，今曰和尚港，东下为镰刀沟。又东过烈山港，受铜井镇溪水，又东受木龙亭水，又东北经三山矶，江宁浦水入焉。诸水皆导源朱门山。又东北受板桥浦水，俗曰人字河。案：木龙亭水、江宁浦水交萦于此成人字。又东北至新林浦，水源出牛首山至西善桥浦。今谓之大胜关港，港水受阴山西北溪涧以达江，所谓阴山河也。阴山河较诸浦为巨，诸浦广不数寻，长才十里。夏秋霪雨，劣通山货；冬春水涸，曾不容刀。自官庄铺下流分支，由毛公渡径赛工桥以通明城濠。见后。城濠水上承秦淮之支流，其北酾渠达上新河，曰所河。上新河者，沿江大埠商贾之所萃也。北分一支，自东而西入江，曰北河口。又北酾一渠，径三叉河至下关入江，昔之中新河也。今新浚通舟楫，谓之四叉河。案江水自大胜关港而下，以至于下关，凡所受上新河水、河口水、四叉河水，皆秦淮之支流也。其由下关而北径草鞋夹入上元界，古靖河水入焉。靖安河水，由张阵湖下流，历幕府、石灰诸山而来，其别支自平桥下东南流，径外金川门，历通江、临江、小复成诸桥，又流经内金川门之西，入城有闸，俗呼为北水关。其水历大市桥、狮子桥至北门桥入河。江水又东至观音门，古直渎水入焉。直渎水自迈皋桥以南，会钟山东北诸山水，由大水关傅家桥而西注于江，河道萦纡不绝，惟狭不通舟耳。江水又东北至摄山，新开河水引与通焉。新开河，一名便民港，俗呼曰倒浆河者，即此。源出于衡阳、雉亭、栖霞诸山溪涧合流而成，河径石埠桥以入江。江水又东下为黄天荡，古之至险处也。今沙洲积长，风浪亦渐平善矣。水势下趋，又东径龙潭，遂入于句容界焉。综而计之，江水为干，诸水为枝，绮交脉注，胥恃此为委输，灌田畴，通行旅，其关系于农商甚重。而炮堤战舰，扼要分屯，尤于兵政为急，则地水之义，岂不大哉！

秦淮原名

《江宁府吕志》：按江宁之水，古名淮水，自唐以前，未有呼秦淮者。唐时诗人，始以俗呼之“秦淮”入诗。李吉甫《元和郡县志》于此犹但称淮水。至其源流百余里，所谓两山之间必有一川者，正由因乎地势，岂事凿引而然哉？而《太平寰宇记》引《舆地志》云：“始皇巡会稽，凿断山阜淮水，即所凿亦名秦淮。”又引山谦之《丹阳记》：“秦始皇凿金陵，方山是其断者。”近志皆沿之，云秦掘断处在方山。按淮水两源，一自溧水，一自句容，其合流必应经方山之西，地势固然，岂关人凿？此水古但有淮名，即加秦亦当以秦凿北冈，《宋符瑞志》指《江表传》张纮所言，秦始皇掘断连冈，谓之凿北冈。导流下通此水，谓之秦淮耳。《建康实录》云：秦始皇三十七年东巡，自江乘渡江。望气者云：“五百年后金陵有天子气。”因凿钟阜，断金陵长陇以流，今呼为秦淮。如其说，只是下断陇之水曰秦淮，安得上及方山之侧，亦为秦导乎？覆按《吕志》所引“江宁之水，本名淮水，自秦始皇掘断连冈，后遂加名秦淮”，而连《建康志》“凿金陵山疏淮水”，及《建康实录》所言“凿钟阜，断金陵长陇以流”，两书证之，是始皇掘断之冈，其明明在钟山无疑。再证诸《符瑞志》所称“凿北冈”，当如《吕志》所称，其地即今上元城北，所谓北水关者近是。外此诸书所指他山凿分之迹，尽可一扫而空之。

秦淮水源

金陵山环水绕，钟阜来自东北而向西南，大江来自西南而朝东北，包罗宏括。其中分支润溢于千雉内者，以古秦淮为胜。源发自溧水、句容，环经方山，屈曲至中和桥，由通济门上水关入，即东水关。历镇淮桥萦回至三山门下水关即西水关出口。古道由江东桥入江。自江流北徙，循龙江关抵燕子矶与江流合。六朝宫城，在淮水北五里，今卢妃巷中兵马司处，即朱雀门之故地也。丹阳郡城，在淮水南二里，今聚宝东南城内外据濠之地皆是。杨溥筑金陵城，始贯淮于城中。今武定、镇淮、饮虹今名新桥、上下浮桥，皆跨其上；通济、三山、水关，水之出入处也。青溪九曲不可考，自五代为城所断，今水自竹桥入元津者，城外一曲；自旧内今之旧王府旁经淮青桥出秦淮者，城内一曲也。其自斗门桥西北经乾道、太平今笪桥诸桥，东连内桥，西连武卫今鼎新桥桥者，六朝运渎达仓城之故道也。自珍珠桥北连国学之渠，则古潮沟而梁陈之内河也。自昇平桥距于东，大市桥今羊市桥距于西，则南唐及南宋行宫外护龙河之故道也。若夫东自白下今大中桥、复成、元津今之西华门桥以北，而西至于北门，又由三山以南，而东至于长干，又东而抵通济门外与秦淮合者，杨吴以后之城濠也。自柏川而东至白虎桥入大内，今之驻防城。又东出青龙桥，皆今之御沟也。有明于通济门上水关造三瓮，瓮皆十一水门，所以广其入也；于三山门下水关止造一水门，所以防其泄也。节金公济濬《金陵水利论》。

东水关

东水关即上水关。明初于通济门建上水关，凡三十三圈，分三层，每层十一圈，惟十一圈通水，所以广纳淮流。然论者已有谓“淮流至偃水洞，皆逡巡哽咽而入”，其阻遏之弊，有如宋张孝祥所云。清康熙壬子，忽塞上水关，止通一孔，水道始壅。未几，复洞开水门，时浚河淤，并开运渎，通流宣利。道光初，以江水涨，屡有水患。己酉，大水，遂议堵塞水关，城内尽成死水。次年，时疫大作，制府陶文毅公澍命将关洞疏通，旧设闸板，重新修整，责今北捕通判专司其事，因时启闭。十万生灵，实利赖之。

青　溪

青溪为吴赤乌四年凿东渠所名。古溪水发源钟山，北通潮沟，而南流入于淮，连绵十余里，在六朝为要隘。自杨吴城金陵，其水遂分为二。其一自驻防城内穿城而西出，北转至竹桥，合于杨吴城濠之水。其一自内桥至昇平桥，与护龙河合；又过四象桥至淮清桥，与淮水合。《同治上江县志》：案青溪之流三变，自吴至唐，由钟山西南潴为前湖，溢为青溪，由小教场而流，历西华门、寿星桥、八府塘为青塘，至淮青桥入淮。自杨吴筑城掘濠，于是湖水入濠，周流东北，而城内惟存大阳沟一渠，经门楼桥等入昇平桥为宫城濠。自明填前湖，即燕雀湖。于是青溪之流，内外俱绝。仅存半山寺一渠，即大阳沟亦成无源之水矣。

杨吴城濠

唐昇州治，在秦淮以北，杨吴跨淮筑城，扩而大之。贯秦淮于中，而据石城，即今汉西、水西二门之间，俗呼鬼脸城。南接长干，即今聚宝门外。东连白下桥，即今大中桥。北限玄武桥，即今北门桥。桥所跨水，皆所凿城濠也。其水大抵引城南秦淮、城东青溪诸水，合而成河，环绕都城而北注。今北水关所引西来之水已断，土人谓之干河沿，故专以北面所受之水为濠水正干。自北门桥东流折而北，进香河之水入焉。进香河，明初所开。又东流经浮桥北，珍珠河即古潮沟之水入焉。又东迤南经竹桥，在驻防城以北。明御河水洪武初开自东来注之，又南过大中桥入于淮。

运　渎

吴赤乌三年，凿城西南，自秦淮北抵仓城，通运于苑仓，谓之运渎。首受秦淮水，北流为支河，有桥跨其上，曰斗门。自斗门桥北流至红土桥，南乾道桥俗名。再北过草桥，北乾道桥俗名。而西折焉。青溪水自内桥一名天津桥来合之，为运渎来源。西流过鸽子桥，羊市桥一名大市桥[①]之水入焉。鸽子桥桥西流至笪桥，又西流合草桥北出之水为运渎正河，至于鼎新桥。本名小新桥。自鼎新桥西流历道济桥本名崇道桥至文津桥，清同治中建。自文津桥西流至望仙桥，宋名武卫桥，即古西州桥。回龙桥之水入焉。自望仙桥迤西南流过张公桥，一名周家桥。出铁窗棂，即古栅塘故址，宋谓之栅塞门。入于外濠河。

潮　沟

潮沟，《吕志》言即陈之珍珠河也。今自太平门北水关入城，经土桥、珍珠桥至浮桥，合于杨吴城濠之水。

① 大市桥：原书误作“大布桥”。

护龙河

南唐宫在今内桥北，卢妃巷、广储仓附近等地皆是。宫城前俯内桥，旧名虹桥。后至小虹桥，今俗名虹桥，《莫志》谓即饮虹桥。东尽东虹桥，即昇平桥。西尽西虹桥。即大市桥，今名羊市桥。内及东虹、西虹二桥，所跨之水为城南濠，即护龙河也。自昇平桥经上元县左东边一带为东护龙河水道，邑志历历言之，而西者独略。今羊市桥畔，上踞屋舍，下穿沟渠，后为张府园裕民坊，皆系菜圃。其地有河身一段，长十余丈，宽二三丈，清水一泓，资以灌溉。两旁石岸尚存，乃西护龙河旧址也。

进香河

为明初所开，因十庙初成，进香者皆由此航行，故名。源自后湖铜管穴城而入，由此而西，为浴沂桥。其北即明国子监学，清武庙，今考试院。又西为土桥，稍南为进香桥。

按：城内各河河身原狭，河沿久被居民侵占，已非当日情形。虽经当轴迭次挑挖，将取出泥滓，分堆两岸，遇雨辄倾泻无遗，狭处日就湮塞。故望仙桥以至铁窗棂河道，已失所在；进香河，更无踪迹可寻也。

大阳沟

沟在上元县城内。按：此疑即清溪故道。又按：上元县沟渠，往往可见古迹。刘湘煃有《城内沟渠考略》，其说颇详，今附录之，以备考云。

城北之河，起干河沿，东行至北门桥。而红土山东永庆寺南之水，自豆菜桥，东经高家酒馆大街，北折经居民园内，穿花家巷桥，又穿韩家巷，北经民居，又北穿陆家巷桥，经民居而北，由馒头桥入焉。东过北门桥，至莲花桥，而进香河之水入焉。又东过通贤桥，而红土山东南之水，自小五台园上东傍诸塘，由园上经管家桥穿街，又经园上小桥，则水渐大如渠。东经民居，由塘坊桥，穿高井大街，又经民居，直至沐府西门之内，始出街。经小石桥，折而南，循小紫竹林之街而东，又至横街，旧有小桥，修街者毁之，其流遂断。转而北折山塘边，经上乘庵后墙之外，绕庵北鱼塘，又有小石桥穿街东北数十步，即马家桥，而中为塘埂所阻。至马家桥，则北流循香铺营街之东，穿过数小巷，直至鸡鹅巷街南。又折而东，经民居，由观音阁，后亦经民居，东出小巷，而网巾市、北大仓园、石版桥①之水，由园上经如意桥入焉。东又经民居，至大椿树而入杨吴城濠。又稍东而制府署今为国民政府后，诸小巷之水，东北由查巴塘、黄家塘、华严庵，北流经石婆婆庙右入焉。又东经竹桥入焉。而满城有水自小闸口入焉，即古之所谓青溪也。又南经西华门桥、复成桥，而倭缎堂东之水，由苍前入焉。又南而旧大内五龙桥之水，自半边桥入焉。又南经大中桥，而南流注于秦淮。此县境在北之水也。其在南者以运渎为经，自内桥西过鸽子桥、笪桥分为二支：一支由乾道桥南流于江宁界，至陡门桥入秦淮；一支经鼎新桥，西经苍巷②桥，而王府巷南朝天宫前之水入焉。又西经望仙桥，而古城隍庙西之水入焉。又西经张公桥，而石城门东冶城山之西之水入焉。自内桥以西，其流皆甚短而地鲜积潦，其水皆随运渎而西出铁窗棂，以达于外

① 石版桥：今作“石板桥”。

② 苍巷：今作“仓巷”。

河。自内桥而东，则水东流，而铁塔仓山东之水，自董庭桥穿街，东经园上，循丰府巷之南而东流，又穿两小巷于民居内，东穿高井大街之漾米桥，而王府巷东北叶家桥以东之水皆会焉。又东循明瓦廊而东，或出街外，或入民居，又东穿白塔大街之北首入民居。又东出园上，沿途阻碍，秽恶不堪，而新街口南之水，至破布营东与之相会。又东而南，由园上经永安桥，又南与东入民居，经小宰猪桥，又经园上，循羊皮巷街南而东入民居，东穿卢妃巷大街，经大虹桥而东，而老王府之水，东南流至大街，循大街南流在民居内，将至大虹桥之水合焉。自虹桥东流，循户部街南，宰牛巷北，皆在民居之内东流，而土街口东南之水及邮政街内之水，则由铁汤池东南穿街，经诸塘，又穿街，经龚家桥，又穿街经诸塘而东南至户部街西小石桥，穿街而南，入民居，与桥[①]之水合流，而东出宰牛桥，桥虽小而水长盈，至桥东而党公巷之水自北入焉。又同入民居南流，经王景亮官房之内，南出，至书院后，而五圣堂小桥之水自西入焉。又东流抵花牌楼大街，循街而南，经民居出街，循书院东墙而南，而制府署前之水，则臼离子巷、大阳沟之五老桥，南流经寿星桥，再南穿常府大街，顺街西折入小巷，经小桥西南九莲塘，又西循倒回子巷。顺巷而南，经倒回子桥，又南经下卫桥，经大塘西转，由苍桥而会宰牛桥之水于书院之东合流，南经钱厂桥，而西南绕书院前，经六水桥，而西方庵北之水，由通忠桥循龙王庙西而南经大塘。又傍民居之后而东流，会于六水桥之西合流，南经娃娃桥，此盖古之护龙河，久而湮者也。

---

① 桥：根据上下文意，“桥”前疑漏一“虹”字。

至娃娃桥南，细柳巷栏杆桥之水西流，穿花牌楼大街而西傍兴隆庵东，而南而西，由三山桥西出，会于娃娃桥之南，沿途壅亦甚。又合而南流至县治东，而西方庵南之水与鬼脸营之水，穿县治东北之围墙东出而会焉。又南流经昇平桥而入古城濠东，南流至银定桥，而王府塘、八府塘之水自北入焉。又东南流至淮青桥而入秦淮。此皆上元城内沟渠之最大者。

以上所纪沟道，光绪初曾见五老桥及书院东两段，此外已不多见。近年首都肇兴，市面发达，而建筑亦随之改观。所有沟渠在民房内者，节节中断，已不能通水，而穿街明沟，从不挑挖，日就淤塞。近复拆桥者有之，填沟者有之，悉成平壤，再越时日，恐无复有知之者。故并录之，以存蛛丝马迹云耳。

古　迹

龙蟠里

在盋山清凉山南前，西直城垣，有甓门，榜曰“古龙蟠里”。虎踞关山径直其东，在盋山北不足二里许，有甓门。昔诸葛武侯与吴主论建都形势，曰：“钟山龙蟠，石城虎踞。”故名。有立石曰“诸葛武侯驻马处”，故其地又曰驻马坡。今辟省立国学图书馆于此。

周孝侯台

台在南门饮虹桥东。抵城处接赤石矶，明太祖开拓城垣，遂劈分其半于城外。传为晋周处谥孝读书处，今台在观音殿即蟒蛇仓石观音庵故址后，悬有孝侯遗像。世人以孝侯斩蛟射虎，改过迁善，为晋时模范人物，故建台以志景仰。何子贞《金陵杂述诗》云："先除两害力能歼，竟肯低心事哔呫。想见读书据危石，摩娑时上虎头岩。"台东光宅寺，为梁武帝同夏里三桥旧宅所舍，六朝士大夫家多居此，即所谓南冈今名花盏冈乜。

谢公墩

谢公墩有二。一在冶城北，今朝天宫铁塔寺，与墩相接。《世说》：谢公与王右军共登冶城，谢悠然远想，有高尚之志。故名。谢灵运撰《征赋》："视冶城而北属，怀文献之悠然。"李白《登冶城谢公墩诗》："冶城访古迹，犹有谢公墩。"均指此。一在城东半山亭里许，有石阜隆起。按谢公思会稽东山，于城东筑土以拟之，名土山，盛建楼馆。沈约《郊居赋》："虽兹山之培塿，乃文靖之所宴。"其地正与半山宅寺相当。荆公诗所称"我屋公墩"，即指此。或又谓其地旧名康乐坊，因谢玄封康乐公，至孙灵运犹袭封，谢公墩者，即以康乐公世居之地而得名。然二者仍以前者为最有名也。

新　亭

新亭城，即新亭垒。在府城西南十五里，六朝时近江渚处，乃南来取台城要道。案：六朝江在石头城下，形势与今悬渺。约在今大胜关处。《世说》：东晋过江诸人，暇日辄至新亭一曰中兴亭游宴，周颢当座叹曰："风景不殊，举目有山河之异。"即此地也。

乌衣巷

乌衣巷，吴时乌衣营处也。晋王、谢渡江初来，卜居于此。翩翩子弟，裙屐风流，必非寻常阀阅。今乃以枇杷巷右一委巷当之，谬矣　。旧志称："秦淮南长干寺北有小巷，曰乌衣。"《至正图说》言:“巷在马道街东,为今钞库街至英府之地。”或云:今南门东南剪子巷至武定桥、文德桥南一带皆是。

桃叶渡

古建康北江中之洲。其形甚长,殆可百里。故北来之兵,自大岘至江,不能径渡南岸,必须西上历阳至采石,方得过江。惟晋王广因韩擒虎既破陈,乃自六合镇桃叶山,乘陈船而渡至南岸,桃叶渡由此而名,乃江渡也。见《南史》。至今秦淮利涉桥右之桃叶渡,相传为晋王献之爱妾桃叶渡处,献之为歌以送之。乃宋人以江渡目为秦淮水之渡,谓即为献之渡桃叶处,而后人又习知有秦淮之桃叶渡,不复知有江洲之桃叶渡矣。

邀笛步

即王徽之泊舟青溪,邀桓伊吹笛处。《六朝事迹编类》:旧名萧家渡,在城东南青溪桥之右。《吕志》:今竹桥侧是也。或曰在秦淮上水闸。《存徵录》谓贡院前有“邀笛步”石碣三字,曾未之见。今利涉桥西之金陵春酒楼,悬有“邀笛步”额,并有薛桑根“停艇听笛”之匾,谓其处即当上水闸,然案其地实非青溪,已无可考矣。

千佛岩

在栖霞寺藏经楼左侧。南齐明僧绍次子仲璋,感佛顶放光之异,始于西峰石壁凿龛,琢无量寿佛,像高四丈,佛顶有珠,光彩射人。左右凿观音势至像,各高三丈余。迨大同四年,龛顶放光,齐文惠太子、豫章文献王等,依岩高下深广,琢石为像,共成千尊。据郑鹤声《千佛岩记》,共计石窟佛龛大小二百九十有四,造像大小五百十五尊,造像首毁失者甚多。是寺以千佛岩胜,岩以无量寿佛胜。

今佛像虽多剥落，然亦有历劫不坏，常保庄严者。明嘉靖间，海盐郑公晓与诸公始重建之。案：中国雕像历史，分南北二派。北为云冈，南为栖霞，而南方石像甚少，千佛岩尤为南朝所仅存者。乃今寺僧无识，悉以塞门德[①]，涂附石像，且施唇以朱，画以眼墨，以示保护，致造像原形湮没，是岂佛像之末劫欤？近者留心艺术之士，方建议当道谋取缔保存之法，意者或能挽回劫运耶。

白鹭洲

《丹阳记》云："在县西三里，大江中多聚白鹭，故名。"李白诗云："朝别朱雀门，暮宿白鹭洲。"据诗所云，则此洲距江宁当有一日之程。又《凤凰台》诗云："二水中分白鹭洲。"盖古时此洲上下亘江甚远，故一江分为二水。今则淤涨毗连，二水旧形，不复可辨。以形势度之，当今之上新河其地也。

放生池

乌龙潭，在城西清凉山侧，唐颜真卿置为放生池。案《唐诗》[②]本传："乾元二年，诏天下临江带郭，各置放生池八十一所。"颜公所置在秦淮西北，沿石城将入江处。后人于潭侧建放生庵祀公，而仍以放生名者，盖不没公所以名池，乃所以不没公也。清陈大受有碑记，载在府志。洪杨之变，庵圮。同治中，江宁府知府涂宗瀛重建颜鲁公祠。

半山亭

在上元县东北，为宋王安石故宅。在城东七里，距钟山亦

---

① 塞门德：英文 cement（水泥）的音译。

② 《唐诗》：应为《唐书》，指新、旧《唐书》。

七里，此为半道，故名。元丰七年，安石请舍为寺，赐额“报宁”，故亦名半山寺。明时皆入禁中。庭有双桧，相传为荆公手植。清陶文毅公重建，咸丰癸丑毁于兵。同治间，江宁留守魁果肃公玉，仍即故址而复兴之。宣统间，端忠愍公方重修。

剖心处

宋杨忠襄公，名邦乂，吉水人，为溧阳尹。江宁府禁卒与溧阳县卒叛，公悉擒治，进本府通判。寇犯建康，城降，公不屈，大骂就缚，剖心而死。今墓在聚宝门外土门冈，墓道有坊，表“剖心处”三字。墓前有石碣，刻“愿为赵氏鬼，不作他邦臣”二语。

黄天荡

黄天荡，距城东北八十里，韩蕲王与金宗弼相持处也。江水自大胜关以下，中隔大洲，至黄天荡，洲尽江合，势甚浩瀚，估客舟归，气沮心慑。谚云：“上有六百丈，下有黄天荡。”言其险也。六百丈，在今安徽桐城县地。闻本地父老曰：“梁夫人桴鼓助战处，即在今栖霞山。”当日江水近在山麓，今京沪铁路路线及滨江圩田，皆系江滩涨出者，迥非昔旧址矣。

投书渚

在石头城下。殷羡，字洪乔，陈郡长平人，为豫章太守。都下人士因其致书者百余函，行次石头，皆投之水中，曰：“沉者自沉，浮者自浮，殷洪乔不为致书邮。”

达摩洞

在幕府山侧，西北有夹萝峰，峰下有洞。人行于内，如转螺壳中，以两手抵壁，犹恐有跌扑之患。愈行愈下，约将半里许，其势始平，如覆巨釜于其上，盖相传为达摩洞云。昔达摩东来，与梁武帝论禅不合，尝于此面壁九年而后去，故洞以此得名。洞外草鞋峡，即其折苇渡江处。

劳劳亭

亭在馒首冈西，又名望远亭，宋改为临沧观，古送别场也。李白有《劳劳亭》诗，亭久废。清时于废址建驿亭，为官吏迎送之所。曾文正公送苏赓堂河帅，小憩于此，忽得病扶归，七日薨。朱孔彰有“白门父老谈遗事，犹自伤心送客亭”句。

明故宫

明故宫，在紫禁城内。其中曰午门，门以内正南曰奉天门，左曰东角门，右曰西角门，门皆有楼。东角之南曰左顺门，西角之南曰右顺门，左顺门之南有文渊阁，再东有文华阁，右顺门之西有武英殿。奉天门内居中向南者曰奉天殿，殿两旁左向西者曰文楼，右向东者曰武楼。南北连属穿堂上有渗金顶者，曰华盖殿，殿两旁，东曰中左门，西曰中右门。再北曰谨身殿，殿后居中向南为乾清门，宫之内门也。门外左右金狮各一，门内丹陛数重，为乾清宫大殿，殿左曰日精门，右曰月华门。殿之东西有斜廊，廊之后，左曰东暖阁，右曰西暖阁，皆南向。再北则穿堂居中圆殿曰交泰殿，渗金圆顶如华盖殿式。再北曰坤宁宫，皇后所居也。又有别殿二，左曰柔仪，右曰春和。以上故宫规制，皆据陈沂《南畿志》旧本及《酌中志》。洪武元年十一月，建大本堂于宫城，选行臣教授太子诸王，公侯子弟皆就学焉。斯前朝后寝宫殿之大概如此。成祖北迁，燕京宫室，犹彷佛金陵之制。《江宁府志》：午门内有高墙，依墙有废址，为文华武英殿基。面墙十余丈，为五凤楼。《白下琐言》：昔之五凤、文华、武英殿基，不过指识其处已。从前正殿云龙石尚存，一一可考，今已不知所在。右偏有高阜，为肶膀山，乃叠石而成，玲珑可爱，即梳妆台之遗址。今古物保存所陈列之故宫琉璃窑砖瓦，各记其所得之地，当日之森严美富，犹想见之。顾陵谷变迁，今所存者，阙门流水，殿基蔓草而已。

旧王府

明旧内城址，在锦绣坊东，本南宋建康府治，元南台遗址。明太祖初下集庆时，居富民王彩帛家，旋以此为邸，称为吴王府。正南为阙门。洪武元年移建大内，以邸赐中山王徐达，达不敢居，乃榜以“旧内”而闭置之。至今民犹名呼为旧王府，府前街为御街。今街前矾石，即殿基。清初，阙门犹存一额，曰“旧内之门”。正南原有三门，中左二门，为市肆民房所蔽。中叶后，断垣零甓，荡然无遗，仅留右门圈，可通出入。民国后，悉平夷之。其北滨内桥河沿，旧日殿基，剩有白虎殿，作为僧庵；外此悉为艺圃，菜花弥漫，饶有野趣。昔隶旗营收地租，今居民犹称为王府园。

鼓　楼

明洪武十五年，建鼓楼于神策门内冈上，作城阙状，地势最高，俗谓之鼓楼冈。楼上有大小鼓二十有四，及云板、点钟等物，为接王选妃、迎送诏书之用。鼓蒙象皮，后为人窃取制药遂尽。清初，楼倒重修，上层为畅观阁，康熙立圣祖戒碑于其上，高二丈余，下承以龟趺，故亦名碑①。今即阁设气候测验所。

---

① 故亦名碑：疑“碑”后漏一“楼”字。

钟 亭

鼓楼之侧建钟楼，亦始于明。清康熙初楼倒，钟坠路旁，别有大钟横地，半陷土中，俗谓倒钟厂。不知何时所铸，无有能起之者，腹广容数人。太平占领时，欲火化之而终不能毁。清光绪初，新建许仙屏方伯振祎用起重机器引而植之，作亭覆之，扣之声大而远，乃明洪武间工部所铸也。今名大钟亭，门首题"元音再起"四字。相传铸钟时屡不成，冶人将获谴，而三女相继跃入冶炉，铜液始凝，遂为钟神，故俗供奉三女像。

血迹石

明故宫午门内丹墀正殿阶石上，有一凹，雨后拭之，血痕宛然。相传为方正学先生草诏时齿血所溅。又传正阳门外，有地不生青草，为先生当日受刑处。罗振玉《存拙斋札疏》："江宁明故宫有巨石，为方正学钩舌处，渍血成'篡'字，至今尚存。"清光绪八年，左文襄督两江，建祠于奉天门西，移石置祠旁，覆以亭，立碑记事。辛亥兵乱，亭祠悉毁，碑与石无恙。韩止叟民长，因旧基建南京古物保存所，移石楼下，而以文襄原碑置于中焉。

附录：左文襄《靖难忠臣血迹碑记》

元顺帝国亡出走，明祖代兴，即金陵都城，而封成祖于燕。盖防元裔之侵轶，志在驱之出塞耳。顾燕地右山左海，俯视州域，形势称雄，士马强盛。成祖因之，遂启篡夺之谋。建文孱主，固无如之何。当时忠于明者，无不以覆燕为急，而左右列均不足以制燕。明祖知长孙孱弱，不堪付托，又以善地胜兵，资残鸷之枝子，是假手枝子，残其嫡孙，何其忍也。晚近以来，得天下之暴虐无道如明二祖者，史牒亦鲜。由后观之，燕虽间有今主，而享祚不永，仁风义问，播于中外，足光史册者尠焉。中叶以后，小王子也先等直犯京都，竟成异变，旋至水旱洊臻，海宇鼎沸，而国亡于流寇之手。二祖之贻谋，不能及远。外无以张国势而御侮，内无以饬吏事而抚疲氓，复荼毒忠直，长逆珰之焰，而宗社沦亡，二祖后裔遂尽于流民。吟《哀王孙》之篇，惨烈悲愤，有其过之。噫！是可观天道矣。诸儒见胜朝殉节者多，犹侈言有明养士之报也，不亦诬乎？皇朝惓怀节义，表而出之，盖襄忠之典，固所以扶世教而重纲常也。诸先生英风浩气，蒙异代之褒嘉，建祠赐谥，发其幽光。《明史》搜罗故实，登之史册，炳若日星，是宜与宇宙俱永矣。康熙中，就明故宫遗址建将军署。光绪七年，余奉命移督江南，考靖难诸臣致命处在殿阶西，俗传方忠文、练忠肃先生血瘖石尚存。抚视荒烟蔓草，血迹殷然，顾为行人践履，非所以康诸先生之灵也。因与将军善庆公、方伯梁君肇煌及观察府县诸君，商建四君子祠，并竖血迹碑于祠东数十步，俾过此者，有所式焉。按"瘖"本佛经字，且其义亦别，故名"血迹碑"，并书此以谂邦人。

子午石

南门又名聚宝门，其门槛石高二尺许，长一二丈，色黝如铁。相传为活子午石，乃外国贡物。每日自子至午，石长一分，必万人践之始磨灭。惜无证实其说者。

监生石

石城门至通济门，长街数里，铺石皆方整而厚。洪武间令民输若干，予一监生，谓之监石。年久为重车所压，裂损无一完整者。光绪中叶，犹及见之；清末兴修马路，悉除去。

南市楼

明永乐中，晏振之《金陵春夕》诗"花月春江十四楼"，人多不知其事。盖洪武中建来宾、重译、清江、石城、鹤鸣、醉仙、乐民、集贤、讴歌、鼓腹、轻烟、淡粉、梅妍、翠柳十四楼于南京，以处官妓，于时尚未有禁令也。案：金陵本十六楼，尚有南市、北市二楼。诸楼皆废，惟南市楼名尚存。

院门口

明初设教坊司，立富乐院于乾道桥，复移于武定桥等处，至今其地犹呼曰院门口。又有十四楼以处官妓。见前条。夫狎邪之游，法当厉禁，乃著为令甲，是导民也。政体之乖，莫甚于此。而靖难诸臣妻女多入教坊，风教沦丧，至文皇而极矣。真从古未闻！

碑　亭

清初，豫亲王下江南，秋毫无犯。民感其惠，立碑于巷颂功德，亭以覆之，今城北之碑亭巷是也。而水西门外又有王家碑亭，则三藩之乱，简亲王率旗兵驻守江宁，进援湖广，民间无丝毫犯，遂即其屯营处立碑。今皆倾圮无存。

名　胜

北极阁

阁在鸡笼山御碑亭旁，陂陀直上，山椒有南唐凭虚阁遗迹。元至正元年，始建观象台于此，明改称钦天台，故又称钦天山。近世复为北极阁。阁前为寺，正殿供真武像，唐吴道子画。殿后再上一层即阁，凡三层。拾级而登，凭高四望，钟山如屏，大江如带，后湖如镜。清康熙南巡时，曾书“旷观”二字，建亭勒石。咸丰兵燹，阁毁。光绪戊子，奉新许公规观象台旧址，重建阁，左立十庙，右祀陶通明先生。阁后更建旷观亭，左右增筑四楼，犄角相应。亭左曰望湖，右曰涵虚；阁前左曰阆风，右曰齐云，均仍齐梁名也。十庙更东隙地，构室三，曰天池小艇；其东北隅俯鸡鸣寺，为亭曰横翠，极登眺之胜。民国纪元后失修，渐就荒敝。今即此设中央气象研究院，因旧址重建气象台。

鸡鸣寺

在鸡笼山东麓，内奉倒坐观音像，龛座有联：“问菩萨如何倒坐？恨众生不肯回头。”俗称观音楼。晋永康间，始创道场，梁改同泰寺。明洪武二十年，改鸡鸣寺，建浮图五级。清乾隆十六年，御书“鸡鸣寺”匾额，並有题咏。施食台即在其下，题曰志公台，碑记谓建自梁武，案：《同治上江县志》谓明洪武建。亦六朝鳞爪也。寺后乃古台城，观音楼高出台城，可眺玄武湖。与楼相并，有凭虚阁，“凭虚听雨”为金陵四十八景之一，咸丰间毁。光绪六年，僧西池募资重建；二十年，张文襄督两江，辟寺后经堂为豁蒙楼，亦甚轩爽。远览狮子、紫金诸山，森然天半。文襄书额并跋云：“用杜诗‘忧来豁蒙蔽’意名之。”民国三年，僧石寿、石霞增建景阳楼，爽垲通明，时为文人宴游之处。

翠微亭

清凉山在水西门内东北隅，旧有清凉寺，山因寺得名，实即石头山也。寺后有翠微亭，旧名暑风亭，踞山巅，南唐后主建。地势回旷，城阛烟火，江上帆樯，历历可辨；江北诸山，拱若屏障，登眺之胜，甲于兹山矣。清乾隆十六年，御书“翠微”额，毁于咸丰兵燹，同治间重建。会甲午中东之役，张文襄督两江，防营驻戍山中，碑亭俱毁于火。后虽赔修，已非复当年规模矣。

扫叶楼

在清凉寺，即明遗老龚半千贤半亩园遗址也。半千，昆山布衣，别号柴丈，隐居清凉山，尝自绘一僧持帚作扫叶状，因以名楼。近人多传此楼为昭明太子读书之所。陈可园老人乃取龚铭三肇新所得扫叶僧画像，贻主持僧星悟，俾祀以香火，并为缀以联云：“满山落叶无根树；胜国遗民有发僧。”斯楼始复归龚氏。凭栏而望，城阉烟树，幂历万家，城外石头城下帆樯，窗前掠影，登眺之乐，于兹为胜。清光绪辛丑，僧寄禅募资，大为修葺。民国甲寅，宁绅仇君、扬绅马君又赓修焉。宣统己酉，龙阳易宝甫先生游扫叶楼有句云：“最是江南堪爱处，城中面面有青山。”星悟上人以僧袍拭壁尘，乞书壁端，至今二十余年，墨迹犹新。至今人以为佳话。

凤凰台

凤凰台，在聚宝门内花盏冈。南朝宋元嘉中，有神雀至，乃置凤凰里，起台于山，故名。大江前绕，鹭洲中分，最为登眺胜处，唐李太白尝宴游其所。台旧在城外，凭临大江，杨吴筑城，山势横断，台遂隔于城内。厥后江流西徙，凤去台空，江亦远流，青莲所不及料也。近于土中得《重修凤凰台碑记》，石仅上半截，文为清雍正年间德化黄光夏撰，中有“台不得与黄鹤楼并存”一语，惜不获睹其全文。此种碑记，在今不过数百年，即残缺如斯，无怪台中石刻，片石无存矣。

按：钱大昕云：金陵石刻，存于今者，不及十之一。相传明祖营治都城，尽辇碑石为街道之用。窃意六朝三唐，世次久远，磨灭残毁，理亦宜然。宋元与明相去甚近，而城内自宣圣庙以外，绝无宋元之刻，其为洪武所毁无疑。录《金陵胜迹志》，俟考。

雨花台

在聚宝门外石子冈上，多细石，如玛瑙，俗呼为聚宝山。梁云光法师坐山巅说法，天花飞坠，因名其处为雨花台。旧有总秀堂、松风阁诸胜，并废。升其巅，远挹江峰，近俯城堞，烟霏雾霭，万景毕约[1]。《丹阳记》云："江南登览之地三，雨花其一也。每当重阳佳节，都人士辄于此为'龙山会'云。"

莫愁湖

湖在水西门外。古乐府《莫愁乐》云："石城女子，名莫愁，善歌谣。"城在竟陵，其曲云："闻欢在扬州，相送楚山头。"则莫愁在楚无疑。考湖北当阳县有石城村，今石城下之莫愁，盖因石城转讹耳。湖有胜棋楼，相传明太祖与徐中山王于此赌棋，中山戏以湖乞为赐庄，至今湖租犹为徐世业，故楼上仍奉王香火，楼下为郁金堂。清乾隆间，陈东浦方伯奉兹题一联曰："此地曾传汤沐邑；何人错认郁金堂。"盖纪实也。湖中盛植莲花，红白相间，夏秋之间，风景尤佳。洪杨一役，古迹荡然。同治十年，曾文正公以兹湖为金陵胜景，饬司修葺，华堂曲槛，渐复旧观。公骑箕后，士人追慕，绘像荐芷，比之羊公岘首焉，即于胜棋楼供公像。大门外树绰楔，题"曾徐千古"四字。民国撤像毁

① 毕约：疑为"毕纳"之误。

楔，改书“孙徐千古”。三年，韩止叟民长重修，复就西南隅拓地为亭，带以小池，编茅引泉，颇饶胜趣。

玄武湖

湖，本古桑泊也，宋元嘉中黑龙见，故名。旧名后湖，又曰北湖，为六朝名胜之一。始于孙吴，盛于梁昭明太子，规复于清湘乡曾氏，扩充于浭阳端公。清宣统元年，制军端方建造公园，筹兴劝业会，又辟门名为丰润，筑堤以通湖上。去上元县北七里，太平门外，山城环抱，周四十里。以今准之，仅得半耳。椭圆形，东倚钟山支峰，西限卢龙山趾，南枕台城，北带大壮观山。中亘五洲，曰菱，曰志，曰长，曰新，曰老。又俗呼菱、志二洲，曰团、后二洲也。东北有丰润门新埂，东南有太平门鸪栖埂。横袤处为十里长堤，堤有初日芙蓉坊，原坊杨柳楼台，曾公建。石桥、板桥各二。循堤而行，可径达长、志、老三洲，惟菱、新二洲，宛在湖心，非舟莫渡。湖身之地，高于城内数丈。其水一由卢龙山畔通江，一由台城水关入城，至灵福洞过武庙后石闸。五洲之中，以老洲为最胜，洲有湖神庙、曾公建，有“水国花香”额。景行楼、供曾文正公像。湖心亭、有彭公题“秋水伊人”额。赏荷厅、陶公亭、览胜楼、二处为徐绍桢建，后改张、端二公祠。铜钩井诸景。长洲次之，中有墩子山、即郭璞墓，名郭仙墩也。湖山套。即明皇册库城濠遗址。其他之三洲，亦各据其胜。湖中之景，四时可挹。如春堤桃柳，秋水菰蒲，夏则菡萏香清、薰风习习，冬则雪月一色、掩映洲渚，洵天然之图画也。湖产樱桃、林檎著名，而捕鱼采荷叶，尤为湖利之大者。今辟为五洲公园。

三宿岩

岩居卢龙山麓仪凤门外静海寺内，在昔危石临江，为波涛激荡，磊砢特起，崖穴相贯。宋虞允文出兵，尝三宿其下，因以得名。有厉元范、赵柏、林坚濯等题名。清光绪末季，端匋斋建楼于其上，为文酒宴会之所，并有文以表之。

燕子矶

在观音门西北，观音山余支也。一峰特起，三面临江，削壁陡绝；江中望之，形如飞燕，故名。矶上旧有水云、大观、俯江、御碑诸碑亭，波涛汹涌，砥柱中流，号称险阨。若乃白云扫空，晴波漾碧，江天如画；或乃水月皓白，澄江如练，景物尤佳。故自晋以来题咏，于此独多。

三台洞

由燕子矶而下，经永济寺折而东南，滨江诸山，岩石愈奇。或虎蹲，或熊攫，或牛马走，或龙象庄严，应接不暇，目眩心怿，世有“沿山十二洞”之称。首为上台洞，无可流览。前进为二台洞，层楼迤逦，高出林表。殿后有小窦，幽深中豁，石乳垂珠。再进则为三台洞，遥望屋悬山坳间，高下错列，如蜂房，如鸟窠。入寺门，殿陷山腹，深丈许，中空无底。架木为龛，前楹有石碑，摹吴道子所画观音像。右厦深杳，石罅中裂，天光一线，是为下洞。从左折伛偻上，历蹬数十级而尽，是为中洞。洞外接以楼，凭窗而眺，平畴旷野，极目无垠，江水涸不见波。由此而上，石齿巉露，随山陂陀，较洞中稍平夷。岑楼在望，承以木梯，梯穷而上洞见。凭虚望远，江天一线。盖沿山诸洞，以三台洞为最奇，而三台洞尤以上洞叹观止矣。故自是而往诸洞，多为游屐所不到者。

金陵四十八景

陈《府志》有"金陵四十八景图"，为高岑蔚生所绘，《吕志》悉削而未载，迄今无有能列举之者。兹由故家陈君稻孙抄示，谨录于右，以纪胜迹。亦以备好游者指南焉。

石城霁雪　钟阜晴云　鹭洲二水　凤凰三山　龙江夜雨
虎洞明曦　东山秋月　北湖烟柳　秦淮渔唱　天印樵歌
青溪九曲　赤石片矶　楼怀孙楚　台想昭明　杏村沽酒
桃渡临流　祖堂振锡　天界招提　清凉问佛　嘉善闻经
鸡笼云树　牛首烟岚　栖霞胜境　达摩古洞　燕矶夕照
狮岭雄观　化龙丽地　来燕名堂　报恩寺塔　永济江流[①]
莫愁烟雨　珍珠浪涌　长干故里　甘露佳亭　雨花说法
星冈落石　长桥选妓　幕府登高　谢公古墩　三宿名岩
神乐仙都　灵谷松深　献花清兴　木末风高　凭虚远眺
冶城西峙　商飙别馆　祈泽池深

园　第

瞻　园

瞻园有二。一在大功坊，为明中山王故邸西偏。园以石胜，最高峰极峭拔，有石坡、梅花坞、平台、抱石轩、老树斋、翼然亭、竹深处诸胜。清改为江宁布政使署，园亭悉仍其旧。咸丰中毁，乱后重建，非复前规矣。今设内政部。一在大夫第，为秦

① 永济江流：原书误作"永济江荒"。

大士殿撰归隐之园，取欧阳永叔“瞻望玉堂，如在天上”之意，中有中山楼百子同居之堂。

随　园

随园有二。一为焦茂慈之园，顾文庄诗云：“常忆牛鸣白下城，宋朝宰相此间行。”应在东冶亭左右。一为隋织造园[①]，在小仓山麓，后为袁简斋先生所得，而亦改名随园也。四山环抱，中辟异境；因山作基，引流为沼；莳花种竹，饶有古趣。乾嘉诸老，觞咏其间，称极盛焉。四围咸倚峭壁，不设墙墉，入园必循山坡迤逦而下，固天然形势也。东北数百步，有红土桥，时达官硕彦来访者，至桥即降舆，穿林而入。红羊劫后，则平原一片，双湖水仅一泓可辨，向西小仓山尚存，以外绝无坡陀处。相传城陷后，填平洞壑，兴辟稻田，以供各府既廪，故陵谷一变。及克复后，复有棚民垦种山谷。其土日壅日高，旧日形势，无能按图而索，惟“红土桥”三字碑石尚存。先生墓旧依山北，其志乃姚惜抱先生所撰书也。

附录：袁竹畦《随园图记》

金陵北门桥，迤西半里许，俗号干河沿。水未干时，为南唐宫城赴清凉山避暑故道，其盛可想也。过红土桥，即为随园。柴门北向，入扉缘短篱，穿修竹，行绿阴中，曲折通门。入大院，四桐隅立，而东为三楹，笼篝全园。屋西檐篱下坡，为入园径。屋右拾级登回廊，北入内室。顺廊而西一阁，为登陟楼台胜境之始，内藏当代名贤投赠诗，谓之曰诗世界。由是北折入藤花

① 隋织造园：原书误作“随织造园”。

廊，秋藤甚古，根居屋内，蟠旋出户而上高架，布阴满庭。循廊登小仓山房，陈方丈高镜三，晶莹澄澈；庭中花鸟树石写影镜中，别有天地。诗云："望去空堂疑有路。"咏此镜也。东偏簃室，以玻璃代窗纸，纳花月而拒风露。两壁置宣炉，冬爇炭温如春。檐外老桂，凉阴蔽日，顿令三伏忘暑，颜之曰夏凉冬燠所。登唐梯上，曰南楼，启窗见龙舟山、鸡鸣塔、台城、孝陵诸胜景。山房前悬楹帖曰："此地有崇山峻岭，茂林修竹；是能读三坟五典，八索九邱。"李因培侍郎集句，沈凡民补书也。绕大镜后入北室，曰盘之中，谓隐者之所盘旋也。再北而之西轩，曰古柏奇峰。阶下璎珞柏，高不盈五尺，虬曲心空，而皮仅存；苔藓如鳞，上生嫩条翠叶，袅袅吟风。傍一石玲珑如静女垂囊，盈盈相向。轩之西，曰金石，藏度鸡碑雀篆、钟鼎文字及琥、璜、尊、罍焉。再折而南，莳芍药，满台花影压栏，如堆锦绣。园丁锄地，得石刻隶书"环香处"三字，饶有古趣，遂为石额。西达小眠斋，丹桂绿蕉，清阴绕榻，华胥一枕，远绝尘嚣。斋侧穿径绕南出，曰水精域。满室嵌白玻璃，湛然空明，如游玉宇冰壶也。由镜屏再南出，曰蔚蓝天。皆蓝玻璃，诗所谓"座客笑且惊，都成卢杞面"，即此处。上登绿绕阁，朝阳初升，万绿齐晓，翠微白塔，聚景窗前。下梯东转，曰绿净轩，皆绿玻璃，罨映四山，一色晕碧。出轩北至曲室，饰以五色玻璃，斑磷炫目，是为琉璃世界。毗连东轩，曰嵰山红雪，皆紫玻璃。廊外西府海棠二株，花时如天孙云锦，挂向窗前。自轩而北为书仓，藏书万卷，手加丹黄。出仓而东，仍至小仓山房。由庭东侧穿复道下，曰南台，高逾百尺，当园之中。台上银杏大四十余围，翠干拂天，清阴匝地。筑室其下，取申屠蟠故事，撰额因树为屋。自是东下坡入园，凡书室外皆有回廊环抱。出小眠斋，西行，长廊十丈，汇集同时名公巨卿、骚人女史、开士羽客诗翰于此，号曰诗城。去西数十弓，山椒构亭，曰香雪海。绕以梅花百余株，疏影暗香，不啻罗浮、邓尉间也。逮此而北，麓之胜已毕，回向东由水精域一带，廊外迤逦至嵰山红雪间，下坡达第三层阁，面南山如翠屏，乔木千章，琅玕万个，俯瞰山下，游人如行画中。乃以渊明句为额曰悠然见南山。阁后下复道，南至第二层阁，曰罨雅阁。西下回廊，至小栖霞阁，东上坡至诗世界，下坡即南台。由台东出回廊，且折且下，玉兰海榴，环列于右；万石鳞缀，杂植牡丹、兰蕙、朱樱，红蕉拱抱。于左廊腰构亭，曰群玉山头。下此随廊再折再下而东，万柳阴中，深藏水榭，曰柳谷。后枕牡丹岩，前凭菡萏池，水面豁然而开，天宇朗照，时有鸳鸯、翡翠，往来游戏，沉李浮瓜，最宜消夏。西出回廊，修篁一林，隐石峰七，瘦削离奇，迎人而立，曰竹请客。南出圆篱门，登池心桥亭，曰双湖。两水夹镜，濯魄清心。下亭垆土甃长堤，间植卉木蜿蜒，仿西泠里外湖，目之曰桃花堤。池水自西山来，下通北门桥，绕秦淮出西水关赴江。附堤建闸，使清波洄洑，不放落红轻到尘市，曰回波闸。过闸不数武，双亭并峙，曰鸳鸯亭。出亭再西，跨堤设石矼。风清月朗，仙禽昂首长鸣，活泼天机，顿成诗境，名曰渡鹤桥。下桥顺堤南行，过吊桥，陟南山，羊肠径曲，竹木交荫，中一笠红亭，曰半山亭。亭西登崇冈，古柏六株，互蟠成偃。盖因之缚茆曰柏亭。出亭崎岖而上，筑室于山上草堂，楼其上，曰天风阁。升阁四顾，则长干塔、雨花山、莫愁湖、冶城、钟阜之属，近者星罗棋布。遥望三山白鹭洲，江光帆影，映带斜阳，非山之所有者，皆山之所有也。至是而南山之境穷，乃下山重过吊桥，向北堤行，至水西亭，藕香熨袂，鸟语留人。再北渡平桥，穿丛林，磬折而入石窦，曰神清之洞。穿洞东出，楸桂回合，奠堂于中，曰小栖霞。宦窔幽寂，可咏可觞。后临深潭，四时不涸，曰澄碧泉。上有五鬣松，夭矫拏空，乃六朝故物。沿潭怪石，嶮岈万状。石隙杂莳秋卉，木芙蓉尤盛，积锦蔽山，号曰芙蓉屏。堂侧登回廊，上达第二层阁，出堂绕篱东行，曰判花轩。日暖南荣，芦帘深护，为冬日藏花所。由轩过南台下，再缘竹篱，东上回廊，仍达群玉山头。廊尽上山坡，而园中之景毕。西禹百步外，柏翠松苍处，为先大夫佳城。园外不筑墙垣，而从无穿窬之患。就山起楼台，常易欹倾。附园有水田、菜畦百亩，足供春秋祭扫及岁修湝洒之资焉。

五松园

阳湖孙渊如，侨居旧内之五松园，园有古松五株，故名。后就菜圃隙地，垒石穿池，莳花种竹，名曰五亩园。亭馆池树，布置有法，主人皆有题咏。厅壁嵌有兰亭石刻，尤古雅可观。后渊如移居皇甫巷司马宅，此园改为茶肆，经俞陶庵太守购为凤池书院，为童生肄业之所。咸丰年毁，书院已移武定桥东，而遗址遂为居民隐占矣。

继　园

园在城北，即珍珠桥、大仓园一带地是也。园主李氏元伯，在清嘉道间，富甲一城。园中奇石嘉卉，亭台楼阁，为金陵一时名胜。今废。民初，邑人刘鉴三先生在其家园中，掘得碑记一方，有“楼阁工于徐郭，树石拟之黄王”二语，园林之盛，已可想见。惜不得窥其全文，亦不知为何人手笔。此石已送古物保存所，管异之撰有记，载在《因寄轩集》中。

按：《县志·耆旧门》：嘉道以来，邑中义举，及水旱振恤，皆赖于富民，而以督署西辕李氏为首。他富人奉为领袖，自视弗如也。生子六，亦笃厚好义。咸丰三年，诸典皆闭，而李氏中正街康济典独不闭，民赖以活。俗所称李三哥者，即其后人。

诗之窟

旧有狮子窟，在小仓山旁，鸡闸山内，圆通寺左。寺额为董思翁书，相传思翁曾读书其中。其旁林塘深秀，后为阳湖汤贞愍公贻汾构屋作园，题曰诗之窟。公袭难荫，官至浙江乐清协，工诗爱士，有古名将风。罢官后，侨寓金陵，营此别业，垂二十年。以诗画倚声自娱，书法近董香光，尤为世所推重，与邑人侯云松、梅曾亮、许宗衡、金鳌辈为金石交，自题联于所居之堂中，为艺林传播。联云：“醉翁之醉、狂夫之狂，四十年旧雨无多，屈指谁为三径客；南岭以南、北海以北，千万里间云自在，到头还爱六朝山。”

琴隐园

琴隐园，亦汤贞愍公别业，在纱帽巷。水木明瑟，峰峦积翠，掩映庭户间。每当春秋佳日，招邀胜侣，结诗社。觞咏无虚日。名士渡江者，必诣其庐。一门风雅，子女皆以丹青名家，而世所传汤太夫人断钗诗，海内和者数千人，尤为佳话。咸丰兵燹，此园荡然。迺勋初来宁时，犹目见此园内山石崚嶒，后不知谁氏购去。

愚园

园在凤凰台花盝冈东南，昔为徐锦衣西园，再易主而为吴中丞用光之别墅，后为金陵胡煦斋太守所得，故亦称胡园。中汇大池，周以竹树，因高就下，置亭馆数十所。正厅后叠石为小山。嵌空玲珑，极臻其妙；升高入险，变化莫测。盖据地不及亩许，而曲折回环，嵯峨嵚奇，有出人意表者。厅侧有精室，曰水石轩，小坐其中，令人意远。厅外护以石栏，栏外有方塘，名曰秋水，碧波涟漪，红莲芳馥。石栏西一小径，左侧一水榭，右为菊山，山椒有合抱之古松，数百年物也。松旁有古石矗立，望之作老人微步状，相传为六朝遗迹。张广雅云：宋人题字曰“刘季高甫，徘徊其旁。绍兴丙申十月乙亥”十六字。或谓即张乖岩之醉石山。山之背，竹篱茅舍，鸡犬桑麻，居然村居风味，名曰城市山林。迤东即家祠，有阁曰栖云，地极幽僻。再东有海棠八九株，为春睡轩。稍南竹深处，有小屋数椽，名曰竹坞。再南有土阜一，上有楼，额曰怀白，可远眺。

刘园

园在南门外，为邑人刘舒亭之别墅。同治甲子，乱定重归，园林无恙，故一名再来园。地当南郭，里近长干，水石清幽，林木掩映。园内有刘公墩，相传为宋遗民刘公之墓，有赵松雪诗碑，今不见。墩西有云起楼，西南为又来堂，堂后为凌波仙馆；又西南为拥翠堂、荼蘼廊、萦青阁、师竹轩诸胜，环溪垂柳与桃林相间，春时疑武陵源，故向有“小桃源”之目。

薛庐

龙蟠里之侧有乌龙潭，风景为西城冠。山水清澈，花木扶疏，郡人夙号为小西湖。全椒薛慰农掌教惜阴时，于此拓地三弓，筑庐数椽；门下士仿杭州薛庐之例，为恢宏之。屋不多而结构颇佳，地不广而部置得宜，回廊曲榭，连缀无痕，称胜地焉。有永今堂、冬荣春妍之室、双登瀛堂、仰山楼、吴砖书屋、寤园美树轩、左文襄有记。夕好轩、蛰斋、半潭秋水一房山诸胜，时人有《薛庐十咏》。光绪七年，制府刘忠诚公，又为桑根先生建宛在亭，或曰即明肥月亭址，先生题今名。亭在乌龙潭前，有木坊，榜曰"何必西湖"，后即其地改薛祠。其后裔虽托居，然颓敝荒凉，今人不免有"宋公旧池馆"之叹矣。今赁为文化学院。

韬　园

大中桥东北岸，有桃林数里，俗名桃园，桃实极甘美。游秦淮者泛舟过此，必停桡摘而啖焉。清光绪间，蔡和甫星使因其地建韬园，后临清溪，回环合抱，颇饶胜趣。惟园之外观，模仿西式，殊乏泉石间意。今为民众教育馆。

六王府第

明初功臣六王，金陵城中皆有府第。中山王徐达府，清为布政使司署，今内政部。大功坊即明祖所为特建者。常府街为开平王常遇春邸，花牌楼即其府西牌楼。沐府西门在北门桥之南，东直吉祥街，今国民政府，为黔阳王沐英之故第。他如李府巷为岐阳王李文忠府，信府河为信国公东瓯王汤和府，人所皆知；惟宁河王邓愈所居邓府巷，讹为豆腐巷，亦伍髭须、杜十姨之亚与？

媚香楼

金陵闸有水阁，曰周河厅。数年前掘地得石碣，刻"媚香楼”三大字，厅主人惧其神灵也，亟复瘗之。想此厅即媚香楼故址，惜未见拓本，以供众赏耳。

第一公园

旧名秀山公园，在复城桥东南。民国癸亥，齐督军抚万，为追念故督李英威秀山，醵资于李部军官佐以下而建也。构筑布置，半仿西式，映山带水，清旷幽夐，为南京公园之新纪元。中建英威阁，如宫殿制，重檐高耸，翠瓦辉煌，颇为壮丽。阁前树李铜像，刊石为铭，并建纪念碑。东为遗嘱室，西为奏乐亭，前筑喷水池，迤南历史博物馆、图书馆。今更名第一公园，斥英威阁，易建烈士祠；仆铜像及碑，更建龙潭讨孙阵亡将士纪念碑，并改造国民革命军讨孙阵亡烈士纪念塔、遗书室，恭刊总理遗嘱。

鼓楼公园

亦为齐抚万督苏时所改造，楼前勒碑以纪之。依冈地坡度，大加平削，旁叠假山，间以花树。于西北隅增建一亭，外围不为墙蔽，环植冬青。因畅观阁重新修葺，登楼远眺，江山如画，极游观之胜。夏夜纳凉最佳，不数[①]秦淮画舫云。

秦淮小公园

园在旧贡院前，南临秦淮，为河南石坝街摆渡口对岸。旧时贡院点名分三路，届时于此作浮梁架河，为中路也。今市府因平治之，绿草如茵，间以小树。东北隅筑茅亭，为游人憩息之所。迤北缭以短垣，门旁题联云：“都是主人，且领略六朝烟水；

---

① 不数：疑为“不输”。

暂留过客，莫辜负九曲风光。”

五洲公园

即后湖，在玄武门外。旧名丰润门。山城环抱，万柳垂堤，周四十里。中有五洲，旧名新、老、长、菱、志，今名亚、欧、美、非、澳，近就辟为公园。马路宏开，嘉树茂荫，亭台壮丽，画舫联翩，为消夏第一胜地。引人入胜，方兴未艾也。

祠　宇

一拂祠

祠在清凉山麓。宋郑侠少时随父宦江宁，读书清凉寺中，后官监门，上《流民图》被谪。罢官时，身无长物；去之日，惟持一拂。后人景仰清节，建祠祀之，故名。陈宝钥[①]有《重修郑一拂先生祠序》，载在《郑一拂先生祠录》。地甚幽深，树木参错。深秋时，枫红竹绿，终日无一人至者，所谓城市而山林也。

明功臣庙

在鸡鸣山之阳。《洪武实录》云：洪武二年，六月丙寅，功臣庙成。命论次诸功臣之功，以徐达为首，次常遇春，又次李文忠、邓愈、汤和、沐英、胡大海、冯国用、赵德胜、耿再成、华高、丁德兴、俞通海、张德胜、吴良、吴桢、曹良臣、康茂才、吴复、茅成、孙兴祖，凡二十一人。命死者塑像祀之，仍虚生者之位。钱谦益有《鸡鸣山功臣庙考》，载《初学集》。前清毁。

---

① 陈宝钥：原书作“陈宝鑰”，疑为“陈宝鑰”。

十庙口

钦天山麓左右，明初立帝王、真武、蒋忠烈、都城隍、祠山广惠王、关帝、五显、卞忠贞、刘忠肃王、卫国忠肃王福寿、曹武惠王、功臣十二庙，除帝王、功臣，俗曰十庙。咸丰癸丑之乱，诸庙荡如，惟帝王庙独存，改祀伏羲、神农、黄帝，谓之三皇庙，医家祀之。光绪戊子，奉新许公于北极阁左重建十庙，于明祀典稍出入。今仍呼其地为十庙口。

张王庙

夹冈张王庙，即祠山大帝。神名渤，本前汉乌程横山人，尝役阴兵开凿河渎，有身化豕形之异，见《能改斋漫录》。故今祀之者，不用猪肉。俗传二月初八日，为张王食冻，即王诞辰。届时前后必有风雨，俗号“请客风送客雨”，过此即不寒矣。无岁不验。明祭酒宋讷有《钦天山祠山广惠庙记》，亦云神名渤，发迹于吴兴，宅灵于广德。或谓即张汤之子安世，赐封加号始于唐，益于宋，旱潦疠疫，祷之辄应。今各乡祠山庙极多，每岁卜筮[①]，以定丰凶焉。

五显庙

聚宝门外五显庙，清乾隆间，赛会烧香，士女云集。制军尹文端公禁止之，以其庙改祀关帝，然其中犹有别殿供五显神，像皆泥壊。又明初于钦天山建五显灵顺庙，祭酒宋讷记云：神发祥婺源，曰显聪、显明、显正、显直、显德，统谓之五显。相传起于唐而显于宋，迄明则庙貌更盛。江南各市乡多祠之，盖由来

① 卜筮：原书误作“卜筊”。

久矣。祠各塑像,状极狞狰,手持足蹈、背负腋挟者,皆为小儿,未知何所取义。

青溪小姑祠

淮清桥之东青溪祠,旧祀青溪小姑,南朝甚著灵验。《舆地志》"青溪岸侧有神祠"是也。隋平陈,斩张丽华、孔贵嫔于栅下,南宋时并祀之。《六朝事迹编类》已称祠有三妇;今则祠额犹旧,仅小屋一楹,塑男子像,优伶祀之,名曰老郎神。阴阳错位,沿革失真。按:王渔洋《分甘余话》:秦淮青溪上有张丽华祠,作二诗以纪之。

毛老人庙

明时在后湖长洲,为屋数百年间,以贮天下户册,名为皇册库。俗传造库时,一老人虑鼠损册,太祖问:"尔何姓?"对曰:"毛"。太祖以毛(毛猫同音)能制鼠,遂活瘗之,而为立庙于湖中,谓之毛老人庙,春秋祭之。洲人又谓本湖以鱼为出产大宗,今立毛老人庙,恐鱼为猫食也,遂公议改为湖神庙。

铁关帝庙

庙即旧祐国庵,在淮清桥北,即明之逍遥楼故址,陈太史维桢有记。明太祖恶游民之嗜博者、养禽鸟者及游手好食者,特筑此楼,备各种博器于中。有犯者闭入,使之逍遥斯楼,而靳与食,终致饿毙。后饿鬼为祟,因改建此庙以镇压之。

天喜长生祠

祠在东花园枇杷巷旧址,同治六年八月,建屋十四楹,载在县志。相传曾文正之子某患痘,有医生刘某诊愈,文正谢以二百金不受,请恢复此祠,文正允之。落成后为撰联,榜诸楹曰:

"种果证前因,愿众生无灾无害;散花参妙谛,惟菩萨能发能收。"匾额"玉润珠圆"。清光绪末季有医生王某,就祠内立医学会,以主持僧可欺也,逐冒此祠为药王庙,迄至涉讼。

泰厉坛

泰厉坛以祀无主之鬼,设于北门外,取幽阴之义,此各直省之所同也。清顺治中,海贼犯江宁,全军败没于神策门外白土山下,每逢阴晦之夜,辄为行人祟。以其适当北方,乃置泰厉坛以妥其魂魄。每岁清明、中元、十月朔,由府经历前往主祭。迄今于其处锄土者,时见白骨累累,犹是当年死事之遗骸也。

定湘王庙

定湘王,本为善化县城隍神,清咸丰军兴,以神灵佑助城防,经湘抚奏请封为永镇定湘王。光绪初年,左文襄公用兵西域,所部皆湘人。以水土不宜,军中多患病者,而随营乏医官,乃调印善邑城隍庙药方,随在设位供奉,患者求服之辄应。故西陲各地,多立定湘王庙以妥神。迨文襄移督两江,所部湘军,又于江宁府城碑亭巷建王庙,迄今香火弗替云。

双忠祠

一名双庙,在上新河北岸,祀唐张巡、许远。县志云:"南霁云、雷万春附祀,以遮蔽江淮,东南寄命也。"按:文信国自五岭被执,经江上张巡、许远祠,为诗若词,留白马以祀之,即此。

二忠祠

在聚宝门外,旧为三忠祠,祀杨邦乂、文天祥、明李邦华。咸丰间毁。同治十二年重建,改今名,惟祀杨、文二公。

方正学祠

在雨花台。明万历时，南京士大夫建祠。有啸风亭，多乔木，县令邵甲尽伐之，亭与祠俱圮。清顺治庚子，洪若皋重建。康熙四十二年，钱钰董修，戴安作记，则改而南向矣。其后迭经修缮，乾隆间赐谥“忠文”与额。嘉庆二年，江宁巡道历城方昂，其先金华人，正学之族也，来谒，因重修治，姚鼐有记。咸丰间毁。同治十一年，就旧址重建。民国十三年重修。东培山民王孝煃《谒方正学祠堂》诗：“先生如可起，请看是何世。河山固未殊，人事抑多戾。倏尔毁血亭，忽又新祠制。岂不以借资，聊作人心系。咄咄我敢言，其奈天地闭。”

卓忠毅祠

在方祠左，祀明卓忠毅公敬。公，字惟恭，瑞安人。燕王即位，责公不屈，遂夷三族。万历初，用御史屠叔方言，表墓建祠。清咸丰间毁，同治间重建。

景都宪祠

在雨花台永宁寺后，祀明都御史景清。燕师入，诣阙自归。一日早朝，衣绯怀刃，欲刺燕王，不克。诘之，不屈，磔死。籍其乡，转相攀染，谓之瓜蔓抄，村里为墟。祠为万历中建，咸丰间毁，同治间重建。王友亮《景公祠》：“当年殉国难，最烈莫如公。萌念即星变，粉身犹鬼雄。齐、黄谋不与，方、铁志还同。过客椒浆奠，争传御史忠。”

海忠介祠

祀明海忠介公瑞，在聚宝山方、景二祠之间。《金陵志地录》。明建魏珰生祠，庠生何光显上珰祠数武，建祠祀忠介，同日肇工。一椰一斧，务令相闻，曰：“愧彼为国家留一线也。”

三公祠

祠旧在皇城内五龙桥畔，光绪初左文襄建。祠内奉祀明铁忠定公铉、卓忠毅公敬、练忠肃公安。按忠定公以兵部尚书守济南，却燕兵，后屯淮上，被执，抗骂磔死。忠毅以户部侍郎，曾密疏《论徙燕王南昌》，后被执系狱，讽以大用不屈，论死，夷三族。忠肃以副都御史，曾上书《论御燕策》。被收，语不屈，断其舌，探舌大书地上曰："成王安在？"族其家，姻戚逮戍者，一百五十一人。是皆孤忠大节，炳烁千秋，史传班班可考者。辛亥民军入城，识丁之夫，以姓字类满族，火其祠，后人遂无有知其处者，更不复知有其人矣。

黄文贞公祠

在石坝街，公名观，明侍中，与夫人翁氏及二女合祀焉。据旧志：黄公募兵江上，闻建文逊国，自沉罗刹矶。靖难师入，索传国宝不得，或言观带赴上游起兵，因命执其妻翁氏及二女，给配象奴，翁遂乘间携二女，投通济门桥下死焉。夫人投水时，先呕血于桥石上，成小影，每阴雨辄见。有僧舁至庵中，因沃以水，仿佛鬟鬟侧立，人皆异之。少司空徐良彦移置侍中祠，颜曰"翁夫人血影石"。咸丰兵燹，祠毁石亡。同治戊辰，邑人重建祠，买石城北隅，得一方石，隐隐有形，沃以水立现，即血影石也。右角微缺，而赞词完好，后舁归供后堂。

顾亭林先生祠

在朝天宫东偏，先生六谒孝陵，曾寓居朝天宫。清光绪初，汪士铎、孙文川议建祠，洪汝奎赞之。祠成，仿京师慈仁寺之例，每岁于先生生日致祭。今存。赵季枚教授有诗云："顾家家庙沿明季，曾伴朝天结数椽（朝天宫旧有顾氏先代祠，见《亭林年谱》，今奉其主于祠楼）。易代经师隆胜享，一龛香火续前缘。”“传说慈仁祀最先，悬弧日奉办香虔。长干今仿长安例，岁取公家办祭钱。”“神祠旧是读书堂，疏竹寒梅信晚芳。昔日故人今配食（仪真刘伯山、句容陈卓人、德清戴子高、仁和唐端甫皆与配食），不禁清泪落椒浆。”时光绪壬午年五月二十八日也。

曾文正公祠

在龙蟠里四松庵址，同治十一年建。原供有文正禄位，文正骑箕，诏建专祠，乃罢生祠之祀。节朔生忌，士民必祷，栾社荐馨，岘碑堕泪，非仅以戎功也。今祠存。又汉西门外有曾公坊，乃邦人思公遗爱，为建石坊也。题曰“民不能忘”，联云：“系亿万家父老讴思，堕泪碑宜留岘首；挽十二载干戈劫运，大功坊合配中山。”

浙江烈士祠

在乌龙潭东南，为浙江都督朱瑞建，祀光复之役死于国难者。入门有碑亭，碑阴刻烈士姓名。亭后即祠堂，左右并建楼台，以供登眺。

玉梅花庵

在牛首山罗汉泉旁，祀清道人李梅庵瑞清。道人昔掌教金陵，常喜牛首胜境，时往避暑焉。洎归道山后，其家属及门人体其遗念，为营圹穴于山隈，并于墓侧建精舍数楹，锄石莳花，清幽绝俗。榜曰“玉梅花庵”，即为先生纪念堂也。

寺　观

报恩寺

在聚宝门内，古大长干里也。旧有塔，相传为阿育王所造，即以名寺。吴时寺塔并废。晋宁康中，掘得舍利，太元中即其地西建塔，南唐时复废。宋祥符中重建，天禧中改名天禧寺。明永乐十年，成祖北迁，因欲报高皇帝后深恩，敕工部重建，自永乐十年动工，至宣德六年完工，共十九年。计用钱粮银二百四十八万五千四百八十四两，见明工部案。拟名曰大报恩寺，规模宏敞，增塔为九级八面，金碧琉璃，千奇万丽。依大内式，造九级五色琉璃塔，高三十二丈九尺四寸九分，顶以黄金，风波铜镀之，铁索八条；垂铃七十二个，上下八角，垂铃八十个。每晚九层外面燃灯，计一百二十八盏，下八方殿内及塔心，有琉璃灯十二盏。顶上天盘一个，重九百斤；铁锅二口，重四千五百斤。寺周围占地九里十三步，名曰大报恩寺，额曰第一塔。嘉靖中大殿毁，清康熙三年重建。塔则圣祖亲洒宸翰，每层各赐一额，五色琉璃，照耀云日，篝灯百二十有八，佛火宵燃，光彻远近。又复旧观。嘉庆五年，被雷击毁三方九层，中朝发帑修复。咸丰兵燹，寺塔悉毁，无复存焉。后虽稍葺门殿，比于曩时，不过百分之一。今内设学校，佛殿已作课堂矣。

高座寺 附永宁寺

在聚宝山冈，本名尸黎密寺，以地有甘露井，当即今永宁泉。故亦名甘露寺。永嘉末，西竺僧尸黎密据高座说法，世称高座道人，遂以名寺。梁宝志公主其寺，与五百大士俱，云光师坐山巅说法，感天雨宝花，因名其处为雨花台。唐李白族子中孚披缁止此，造塔名中孚塔。宋改为永宁寺，泉即以永宁名。明分寺为二：西曰高座，东曰永宁。两代两寺并峙，而高座尤宏敞。廊列五百铁罗汉像，案：志公时五百大士化身即此。庭有五谷树、娑罗树，皆海外异种。咸丰间尽毁，同光间粗加修葺，难复旧观。

而雨花一泓，土人仅构屋置铛，以为茶寮云。

瓦官寺

在花盝冈，以其本陶官地，故名。或曰瓦棺，其说甚诞，不足信也。《金陵志》：西晋时，产青莲二朵，掘之得瓦棺，花从僧口出，因名。杨吴改名吴兴寺，南唐改名昇元寺，前瞰江面，后踞崇冈，夙为名胜。有瓦官阁，乃梁朝故物，高二百四十尺，登阁江山满目，最为胜处。太白诗“白浪高于瓦官阁”，又“日月隐檐楹”是也。南唐时阁犹在，改名昇元阁。寺有戴安道制佛像、狮子国贡玉佛、顾长康画维摩，世称三绝。宋师下江南，阁毁。明嘉靖间，诏毁私刹，寺旁有集庆庵僧以“瓦官”匾其庐，得免。土人以其在山下，谓之下瓦官，而以本寺为上瓦官。上瓦官之左有凤台，自焦竑更名凤游寺，而下寺遂专瓦官之名。入清供养犹盛，咸丰兵燹而后，仅葺破屋数椽而已。

栖霞寺

在摄山之阳，南齐明僧绍隐此，永明五年，舍宅为寺。山脉与茅山遥接，至此突起，曰凤翔峰，高一千三百余尺。复分三支，中曰象山，寺在山麓；其旁有龙山、虎山，左右环抱。寺内弥勒殿右有明隐君碑，唐高宗撰。碑阴书“栖霞”二大字，因以名寺。殿前有银杏二株，苍蔚奇古，实六朝时物。有清欢堂、葛寅亮记。毗卢阁、张怡记。栴檀、金阳二阁。僧兴源记。大殿东南隅，有舍利石塔，高五丈，共七级。第一级每面镌释迦本行至涅槃诸变图。第二级四面镌四大天王像，余四面镌佛像二尊，面与面之间有石柱，柱上刻经咒。三级以上，各面镌佛像二尊，塔前立接引二佛，亦以石为之，昔人谓有顾虎头画意。塔为隋文帝所建，史称文帝得舍利数百颗，分建塔而藏之，凡八十三州，蒋州其一也。寺僻处深山，六朝时虽北军渡江，兵火不及。唐高祖改为功德寺，南唐号妙音寺，宋太平兴国号普云寺，景德初仍为栖霞禅寺。清乾隆中，大吏于中峰之左，恭建栖霞行宫，以驻清跸。有春雨山房、太古堂、武夷一曲、精庐、话山亭、夕阳楼、石梁精舍、白下卷阿诸胜，南巡篇章，于兹尤富。咸丰兵毁后，寺僧仅构数椽于山麓，以安瓶钵。民国初，僧宗仰、若舜相继修复。入寺门有石莲池，颇宽广；正殿后有藏经楼，规模宏壮。楼左右均建有精舍，左题“最吉祥处”，右题“大解脱处”。殿西有摄翠楼，恰对东山，凭栏远瞩，风景绝佳。寺有千佛岩、详古迹。叠浪岩、天开岩、般若台、明月台、珍珠泉、白鹿泉、白云庵、即明僧绍遗址。紫峰阁诸胜。现江苏第四师范学校，于此设分校，编有《栖霞导游》，记载颇详。

灵谷寺

在钟山东麓。梁天监十三年冬，葬志公于钟山独龙冈玩珠峰前，即墓所立开善精舍，后为开善寺。唐为宝公院，宋为太平兴国寺。明因卜其地建孝陵，乃移寺于东麓，赐额灵谷寺，明太祖、清吴云均有记。入山门，松径五里，乃至殿庑。灵谷深松为金陵四十八景之一。规制壮丽，有无梁殿、不施一木，垒甓空洞而成。宝公塔、寺后院，高五级。景阳钟、元泰定铸。说法台、琵琶街、八功德水、梅花坞、寺左。净土指南碑、碑镌吴道子画、李太白赞、颜真卿字，世称三绝。飞来剪。上有“吴天金”三字。塔后毁于兵，今改建一亭以志之。或谓此塔明洪武二十年迁于鸡鸣寺。旋寺废，惟殿独存。清初，僧羽南、吕石、万清，先后募资重修，并种桃万株。咸丰三年毁。

同治六年，僧德恺、祢修重建。光绪间，光莲为建山门及天王殿大殿，余未及也。山门近又重修，额曰“深松觉苑”。

古林律寺

在定淮门内笃义里西，梁僧宝志创建，名观音庵。宋淳熙中改称古林，其时屋仅数楹，围方百尺。自明万历间，僧古心改庵为寺，拓基增建，规模壮丽，遂成一巨刹。而宣扬戒法，依律传戒，又为明季中兴律学之祖庭，御赐“振古香林律寺”额。清康熙四十二年，赐名古林律院。乾隆二十四年，赐称古林律寺。峰峦环抱，水木清华。殿后凿山为壁，高数丈，遍植秋海棠，名海棠屏，花时烂如云锦，曼陀罗不是过也。咸丰间毁于兵燹，僧东山先后建复殿寮八十余楹。光绪庚子九月，马鞍山火药库炸焚，寺宇毗连，遭轰毁。嗣经僧辅仁次第募建大殿、韦驮殿、东西板堂、斋堂、水陆堂、爱道堂、客厅、丈室、戒台、祖堂、藏经楼、寮房，共计百余楹，又复旧观。旧有轩辕镜、混天球诸宝物。

朝天宫

地即古冶城，相传为吴夫差铸剑处。晋建冶城寺，杨吴建紫极宫。宋改天庆观，苏轼有《天庆观诗》。明洪武间重修，易今名，凡大朝贺，百官习仪于此。山门径道，向折为九，清乾隆二十一年，高宗临幸，大吏鸠工，改作重门直达。前为三清殿，后为大通明殿，栋宇崇深，规制巨丽。二十九年，皇太后发帑重新，乃为金陵道观之最。旧有《道藏》，陈雪峰尝就录音义，咸丰乱作，悉成灰烬。同治四年，李文忠公就其旧址，改建孔庙，江宁府学宫附焉。详曾文正公《江宁府学记》。

永济寺

永济寺，旧名宏济寺，在观音门外燕子矶侧。明洪武初，即山建观音阁，杰构缘崖，半山空际，系以铁絙，俗疑为铁锁横江所遗旧迹。俯临大江，登之如凭虚御风。柱联云："音亦可观，方信聪明无二用；佛何称士，须知儒释有同源。"不知何人所撰也。正德间，复因阁建寺，赐今额。清初重建禅堂，极为壮丽，名人题咏，蔚为大观。柱联云："松声竹声钟磬声，声声自在；山色水色烟霞色，色色皆空。"今江流北徙，洲渚环抱，奇险之境，迥异当年，而江天旷伟，犹资凭眺也。

承恩寺

寺在驴子市，距旧内之右，为明洒宫监王瑾住宅。景泰二年，奏改为寺，赐额承恩。今其地亦因寺名，僧舍栉此，地近烦嚣。僧人众多，分为十房，各领一房，资房租为收入。百工杂居，游人骈集，清净地为之骚然矣。闻近日市府有提议收为公有之说。

清真寺　镇远庵

三山街清真寺，即静觉寺，明钦天监博士伍儒之赐第也，后舍为回回礼拜之所。朱状元巷内镇远庵，乃元介殿撰出使朝鲜，渡海平安，筑龛以酬佛佑。今虽迭经兵燹，修葺尚完。问诸土人，皆不知其缘起矣。

妙相庵

在城北薛家巷，清道光间建，池亭花木，名胜一方。时庵僧修本以师金梅峰愤死池中，因附建屈子祠于内，以金配祀。包世臣题"天问堂"草书，汪正鋆为分书集楚词长联，汤贞敏、董夫人为书《九歌》，祁文端、陶文毅诸公，皆有诗刊石衎壁，经乱独完。庵旧有秋海棠壁最胜，乱后壁毁，余景亦非昔。闻城陷时，改为御花园，今设暨南学校。释敬安《妙相庵》诗：“百战无残垒，巍然独此存。古藤犹铁色，旧碣尚苔痕。有相能逃劫，无为道益尊。台城落日里，多少未招魂。”

毗卢禅寺

在旧督署东，因寺中供养毗卢舍那佛，故名。旧为一小庵，清咸丰间毁于兵火。后有僧量宏者，有戒行，初创一佛殿在督署前，某制军令迁西华门外竺桥，即此寺址也。光绪中叶，曾忠襄公督江。先是，有镇江僧人海峰者，住持南岳鸡冠岩，与公有旧，遂来宁。日趺坐东辕门外，敲木鱼，宣佛号，无间寒暑。公稔其为故人也，叩其志，则云愿募资建寺，起水陆道场，为历年无量数湘军阵亡将士，超度英魂。公壮其志，姑嘱觅寺址，即于次日召集各路统将，公首述海峰之宏愿，众佥赞成之，遂各署名认募，醵资得三万余金。海峰旋周历名区觅寺地，未果，就商之量宏，量宏亦嘉其宏愿，慨然推寺与之。海峰遂白诸忠襄，因就旧寺址拓地百余亩，建毗卢禅寺。山门大殿暨诸佛像，均仿金山江天寺规模。殿后楼下为选佛场，上为贮经楼；东偏前为水陆道场，后为万佛楼。楼上下左右及椽柱榱桷上，皆雕佛，故名。其方丈室、客堂、禅寮，及香积厨、湢室，灿然毕备。西偏场地，拟建五百罗汉堂。公允于十六年巡阅之便，为广结檀施成之，不幸公即于是年十月薨矣。海峰虽为是寺开山，然以得忠襄眷，故傲睨。公薨后，寄禅继持，并请《龙藏》全部。寺之兴较晚，时江南佛寺，以毗卢寺为巨刹。内供奉忠襄公遗像，所藏忠襄墨迹甚夥。旧由善后局岁拨米四百担为僧赡，后改二百担。寺无多恒产，惟以名刹而习作佛事，尚足资维持云。

陵　墓

吴大帝陵

陵在钟山之南，名孙陵冈。亦曰蒋陵，因山为名。自朝阳门至麒麟门，相距二十里，其间十三冈，第三即孙陵冈也，步夫人合葬。陵侧有步夫人墩，梁何逊有诗。

晋赠骠骑将军温忠武公峤墓

在幕府山。《江宁府吕志》：初葬豫章，朝廷思之，乃为迁葬幕府山。《同治上江志》云：幕府山西，温峤墓在焉。

迺勋按：清光绪己亥，先君权金陵营参将，署在幕府山麓，距江滨二里。辛丑夏大水，没岸三尺，沿江通路冲没。水退饬工修葺，见所用砖，外多泥痕，砖长质细，有麻布纹。据金石家言：砖有麻布纹者，当为魏晋时代物。诘以所由来，则知由署后约百武古阜所得者。尝如其地履勘，古阜约六七尺高，穹形，顶已划削，并无碑石。立禁土人，毋得侵取。检查府志，墓在幕府山西，并招访距墓约五里许有业农温姓者。询称相传此阜为其远祖之墓，惟代远无可考征。盖经洪杨之役，坟已迭遭划毁矣。先君慨之，比即呈明大府，捐廉重修。垒甓增高，并树碑表记。逾年有粤籍温秉忠者，侨宦是邦，亦为温公后裔。稔知其事，因至上海同族中广稽谱牒，亦记有墓在幕府山之文。是则官书私乘，合符足征，景行匪遥，弥深向往。谨附录碑记于左，以备异日之考古之助云尔。

附录:重修晋骠骑将军温忠武峤墓

窃维阐发幽光,所以复前朝之古迹;表扬忠荩,可以感季世之人心;而况勋德著于史编,姓氏昭人耳目者乎?麟书自己亥岁,调摄金陵营,三四年来,幸汛境谧静。每于训练余闲,循览于营署左近,斜阳古道,枯树寒烟,未尝不感慨系之。父老告余曰:公知晋温骠骑将军峤墓,即在营署之后乎?某乍闻,心怦怦动。因忆曩岁营中诸健儿掘地,获古砖,质坚制朴,剥蚀斑驳,断纹苔锈,决非数百年物。因父老言,疑得毋即温公墓耶?乃悉心访考者数十日,询谋佥同,皆为不误。按《上江两县志》书云:“幕府山之西,温公墓在焉。”府志则谓初葬豫章,朝廷思之,乃改葬此。今所获正幕府山麓,然则斯为温公藏骸之所,确乎无疑矣。慨思公生当典午陵夷,偏安江左,五胡乱夏,而又有祖约、苏峻之变,公能与陶侃、王导辈,安内攘外,卒平苏、祖而拒诸胡,忠义烁于当时,厥功甚伟。今代远年湮,茔兆夷于榛莽,荒烟蔓草,樵牧陵践。麟书凭吊欷歔,尽焉伤悯。爰牍吁上游,自愿捐资为表墓道,并立碑碣,负土增高,培其马鬣。事成,牒乞大府饬令有司立案,且谕禁樵采,俾后之景仰公者,来谒墓前,不迷向往焉。光绪二十八年壬寅夏,调署长江水师金陵营参将陈麟书谨识。

吴折冲将军甘宁墓

墓在直渎山下,伏滔《北征记》:“或言墓有王气,孙皓恶之,乃凿其后为直渎。”山因以名,其水东西流入大江。

旧志按:东渠水,当由燕子矶下出江,今河道已不可辨。其西流水，经明时建城隔断，全不可见。

晋赠弘农太守郭璞墓

墓在玄武湖中，世名郭仙墩，与南冈相近。

《吕府志》按：璞见杀于王敦，正在南冈，葬此可信。

晋赠侍中骠骑将军卞忠贞公壸墓

墓在冶城，今朝天宫西。历代更修，今完好如新。

案：《晋卞公祠记》云：葬冶城后七十余年，盗发公墓，尸僵如生，须发苍然，爪甲穿达手背。安帝赐钱十万封之。入梁复毁，武帝又加修治。李氏有江南，建忠贞亭于其墓北，穿地得碑，公名存焉，徐公锴实为之识。本朝庆历中，知府事龙图阁直学士叶公清臣，又对墓刻石表之，改亭名曰忠孝云。又案：卞族，今尚有千家。

晋梁州刺史甘敬公卓墓

墓在江宁云台山南五图，地名甘泉里，俗称甘墓冈。清嘉庆十六年，其裔孙福为重修立碑。

宋秦桧墓

墓在江宁镇七十里牧牛亭，又名牧龙亭。元兵渡江屯墓侧，兵士践秽，时人呼为秽冢。宋末、明万历间，两被盗掘，翁仲犹存，今已湮没无传。其后裔犹有居其地者，皆改为徐姓矣。

《金陵胜迹志》案：金陵称两没字碑，谢傅墓文，无敢作者；秦桧碑文，无肯作者。两碑今皆不存。

明太祖孝陵

在朝阳门外三里，当钟山之阳，故蒋山寺。马皇后合葬，懿文太子祔于左。陵前大金门三道，门内为神功圣德碑，有碑亭。

左有神烈山碑亭二，右有卧碑，刻崇祯时禁约。自神功圣德碑而北，有大石桥一。又北有石兽二十四，四虎、四獬豸、四橐驼、四象、四狮、四马，各二蹲二立相间。又石望柱二，刻云气。又石人八，四文臣，四武臣，并夹侍神路之旁。又北为棂星门三道。又北有石桥五，并五空。桥北门五道，东西二井，神帛炉左右各一。中为孝陵享殿，殿九间。殿后有平台，供奉御座二，座前有案。案左朱匣，中藏石龟，长有尺余，昂首曳尾，约略可辨；右则配以空匣。北门三道，缭以周垣；又大石桥一，五空。中为甬道，拾级而登，进明楼即宝城矣。自大金门之西为王门。又西为西红门，而棂星门之东为吴王山，有钟山亭；西有菜房桥，桥西为前湖。懿文太子东陵，在享殿左垣外。又有虎山，在宝城西南，迤逦而西北，为后红门。陵制约略如是。附陵松林十万，苍葱蔚茂。明初置孝陵卫典守，清设陵户守卫。咸丰癸丑之乱，享殿毁，龟亡；樵牧靡禁，合抱之木，今皆濯濯。同治三年，克复后，诏命疆臣修复，然石人石马，已残缺不全矣。如金门之战功牌，孝陵卫之墓志铭、下马牌，字迹模糊，仅可辨识。改革以还，监卫撤除，崇陵荒落。敬礼伟人，保存宏构，是则当路之责也。福堃《谒明孝陵》旧作："紫金山骨石峻嶒，尚有风云拥孝陵。一代鸿图开建业，十朝王气走燕京。鼎湖有恨缘传统，翁仲无言阅废兴。毕竟艰难宏缔造，松楸千载护英灵。"

《金陵胜迹志》：按《鲒琦亭诗集·从朝天宫谒孝陵》云："世传高皇龙蜕在是宫，不在陵也。"诗云："钟阜衣冠是与非，朝天弓剑更传疑。难寻玉匣珠襦记，但见神功圣德碑。开国谅无惭汉祚，嗣孙底事学曹丕。当年可笑山陵使，乱命何人为弼违。"

玩其诗意,似亦据以为实云云。旧闻金陵人相传,光绪初年,因挖朝天宫前河道,发现一朱漆棺,四角有铁练悬之,圹内陈设闳丽,意即明祖藏魄处,遂覆之如故。近又得诸邑人言,距此五六年前,又有人于朝天宫后与紫金山相对向掘地,发现一朱棺,长约一丈,亦亟覆之如故。说者皆以此为明祖龙墓在宫之佐证。夫藏棺之地,毫无表识,且先后两棺,何所适从?殆亦等诸传疑之列,要之诗人之言,未足资,遂为考古之据也。

其阴有中山王徐达墓,高皇帝亲制碑,现存。开平王常遇春墓,宋濂撰碑,今亡。歧阳王李文忠墓,董伦撰碑,见存。以及东瓯王汤和、江国公吴良、海国公吴桢、滕国公顾时、许国公王志、芮国公杨璟、燕山侯孙兴祖、安陆侯吴复、汝南侯梅思祖,并以功臣陪葬兹壤。

明方正学孝孺墓

墓在聚宝山麓。公宁海人,燕师之入,文皇帝命草诏不屈,磔死,夷其族。门人王稌收遗骸,葬聚宝山;或曰土人以盎窃葬。万历间,汤显祖为文立石表其墓。郑晓《吾学编》:收孝孺骸骨者,为都督廖镛。清同治五年,李文忠为修墓树碑。民初,韩止叟长苏,重修祠墓。

清张文祥墓

在幕府山南小营,清江南提督李世忠为之树碑,大书“义友张文祥之墓”。详武侠,文作汶。

湘军阵亡将士公冢

在仪凤门外迤西城脚 ,其地约数十亩,为湖南会馆所有。其间荒冢累累,皆为咸同年间湘军将士瘗骨之处。日久,民棺亦加瘗其上，故人亦呼为义冢。光绪末年，有湘人某，向会馆承租此地，私以重价转租与林祥泰建筑房屋，移忠骸于上元门附近。甫兴作，为同乡人控诸当事，中阻。时江宁樊云门方伯为平亭，令已迁者树碑为文，以表识之，未迁者辍，事遂寝。

粤军建国烈士墓

在莫愁湖华岩庵西。辛亥，南京光复之役，为粤军死事诸光烈[1]埋骨之所。墓门内冬青夹道，中建六角形纪念亭，再进则筑土为坛。崇阶当前，回垣拥后，即烈士墓也。冢共二十，并列成行。墓前石碑，有先总理亲题“建国成仁”四字。

总理陵墓　恭录《总理奉安实录》

总理陵墓，位于南京中山门外紫金山坡，冈峦前列，嶂岭后峙。左邻明孝陵，右毗灵谷寺，气象雄伟。采吕彦直建筑师所绘图案，完全融会中国古代与西方建筑精神，特创新格，别具匠心，庄严简朴，实为惨淡经营之作。墓地全局，适成一警钟形，寓意深远。兹分述如次。

墓室形如覆釜，直径四十余尺，外部以香港石铺面。其中结构，为钢骨凝土，凡分两层。室内圆顶作穹窿式，上饰砌磁之党徽于中央，四壁为人造石粉饰，铺地则以大理石砌成。室之中央即为大理石圹，围以石栏。圹之中央，设长方形之墓穴，为总理灵榇奉安之所。墓穴上，覆以总理卧像一座。室中之通风采光及隔潮等装置，均极周备。墓室之门凡二重，内设机关，门上刻“孙中山先生之墓”之文。外门则为双扉，墓门外框以黑大

---

① 光烈：应为“先烈”。

理石制，横楣刻有总理手书之“浩气长存”横额。墓门以外，即为祭堂。堂长九十尺，阔七十余尺，自堂基脊顶高达八十六尺。堂之外部，全用香港石筑成，前面作廊庑。堂门凡三拱形，门圈用香港石砌成，上刻花纹。各门设镂花空格之紫铜扉二扇，以司启合。门楣上自东至西，分刻有“民族”“民生”“民权”之阳篆。堂之四隅，各建堡垒式之方室，以为庋藏纪念物品之用。堂顶复檐，均覆以蓝色琉璃瓦，檐下各筑石拱斗，一如中国古代建筑。正面双檐之间，嵌总理手书“天地正气”四字之直额。堂之四周，窗牖凡十四，均用紫铜铸成。堂内青岛黑石柱凡十二，四隐八显，以大理石盘承之。堂顶作斗式，其上施以雕刻镶花砌磁，庄严古朴，极形美观。四壁之上半部，纯用人造石粉饰之；下半部护壁，均用黑色大理石所制。东西两侧，分刻总理手书之《建国大纲》全文，孙夫人跋文。后壁中央扆通墓室，后壁左刻蒋中正及胡汉民所书之《总理校训》《总理遗嘱》，右镌谭延闿所书《总理告诫党员演说词》(词为上海中国晚报馆沈卓吾为总理所制留声训话盘第四片)。堂之铺地，亦以大理石砌成。堂外有大平台，阔百尺，长四百余尺，除铺草地位外，均用苏石铺地。台之两端，即为建筑华表地点。祭堂适位于台之中央，往下则为平台石阶，凡十段。各段有平台一座，石阶数十级，均采用苏州金山花冈石。最上三段石阶旁，均置石栏，中部并建筑宽围栏，栏中用以设置盆景或纪念物品。全部石阶两榜，筑成斜坡，预备铺成草地。其下面第二平台上，拟建碑亭一座，中立石碑，上勒“中华民国十八年六月一日中国国民党葬总理孙先生于此”之文。再下则为陵门，尚未兴修，俟竣工后，当镌“天下为公”门额。自陵门石级而下，则为甬道，长一千余尺，宽约一百三十尺。分辟三径，于两傍及径隙之间，分植树木。径之南端，拟建三门。大石牌楼一座，就中门之横楣，镌以总理手书“博爱”两字。再下则为大广场，为停车之区。大广场之东西两端，东边接通至灵谷寺马路，西边则接通陵园大道，直趋中山门。《陵墓工程》第一节《陵墓图案》。

附录：陵园 恭录《总理奉安实录》

（一）陵园缘起及其界址

紫金山雄峙首都东部，蜿蜒二十余里，高约一千五百尺，周约四十里，面积七万余亩，明孝陵及灵谷寺在焉。民国十四年春，总理孙先生逝世北平，中国国民党遵遗嘱筹建陵墓于紫金山之阳。后倚崇嶂，前屏冈阜，左界孝陵，右毗灵谷，气象雄伟，为东南诸山冠。明洪武初以造海运及防倭战船油漆棕缆之用，乃于山阳立漆园、桐园、棕园，植树千万株以取资。兵革累经，变为童濯。民国肇建，有义农会于此设造林杨，先后植树数百万株。未几，山阴之树，盗伐净尽，山阳者亦多被毁，故今紫金山林木濯濯焉。且接近城闉，壕池堙塞，荒冢累累，编户错落，非兴工修造，无以表示总理陵墓之庄严，而永保江山之壮丽。民国十六年夏，孙中山先生葬事筹备处委员会提议扩大林园范围，组织林园计划委员会，一再履勘，定以紫金山全部划入。北以省有林地为界，东迄马群，西至城根，南则沿钟汤路，直趋中山门，所经多风景而少居户。陵墓适位于中央。陵园界址，呈准国民政府立案。此后拟于陵园广植林木，修筑道路，并筹建各项纪念建筑，布置园景，阐扬艺术，以为千秋大地之壮观。

（二）陵园内马路工程

环陵马路于民国十七年五月间勘定路线。自紫金山南下马坊起，至山北太平门口止，同时进行预测全线，计长五万九千四百六十英尺，合华里二十一里强。由筹备处分五段招工，越时十月工竣。合计环陵马路，自山南下马坊起，向东至马群绕越山北，自太平门复绕回山南，至明孝陵甬道前上，共计长三十六华里，路面宽十四英尺。山南则筑明孝陵及灵谷寺道路，以利陵园名胜之交通。明孝陵路自中山门外起，经明孝陵前至总理陵墓墓道，西与陵园大道衔接，计长四华里半，路面宽三十英尺。灵谷寺路由陵墓墓道东首起，经灵谷寺前蜿蜒至钟汤路止，全路计长五华里半，路面之阔亦同之。

（三）陵园内园林事业

园林事业，自总理奉安后，分森林、园艺二部进行。森林方面，为保护原有森林及野生树木，将全山荒地造林，及种植各马路行道树数项。园艺方面，大要为园景布置及生产栽培二项。兹分述二部进行之事业如左。

（甲）森林事业进行概况。总理陵园，包括紫金山全部。最近实测平面积，约四万五千余亩。除去农田及建筑物占地约一万亩，灵谷寺、明陵一带天然及种植林木者，当在二千亩以上；天堡城北部，种植及保护野生树成林者，亦有三千亩；故荒山急须造林者，尚有三万亩，今分保护、育苗、造林三步进行。保护为造林要政。紫金山森林残毁已久，除灵谷寺、小茅山及明陵后略有树木外，其余均为童濯。山南江苏省立造林场及义农会所植之树，年龄尚幼。天堡城后之义农会森林，前于十六年春，盗伐殆尽，近年加意培植，渐复旧观。本园管理森林，原有者固尽力保护，野生及新植之树木，亦一律培植，以期茂蔚。其次为育苗。苗圃地点，须择土地肥美、水源不竭。紫金山坡适宜之苗圃甚少。今山南有苗圃二百余亩，山北、山东二部，各有分区苗圃各二三十亩不等，每年可出苗二百万株以上。现所种之苗，以黑松、马尾松为大宗，麻、栎、枫、香等次之。黑松、麻、栎等苗须移植者，另辟移植地以培养之。此外又培植多年生之行道树，如筱悬木、枫杨、合欢等，备马路上之种植。次为造林。民国十七八年间，种植松、栎等九十万株；十九年冬，预备种植七十万株。其尚未种之地，山南约七千亩，每亩植树三百株，需苗二百十万株，拟分四年栽竣。山北、山东二部，以二万亩计，共需苗六百万株，分六年栽竣。遇雨水调顺，蓊蔚可卜。又野生树木之保存，尤于成林事半功倍也。

（乙）园艺事业进行概况。园艺进行事业，大致可分园景布置及生产栽培二项，略述如次。园景布置工作：一为陵墓植树。计十八年一月至五月，墓后栽植洋玉兰等四十九株；祭堂平台旁，种雪松、龙柏等八十八株，石级两旁，种桧柏、石楠、红枫、海桐、黄杨等二千二百四十二株。墓道两旁，种桧柏、银杏等三百三十九株；墓前种雪松、桧柏等十株；围墙旁种白皮松二百二十六株。更于墓后及墓之平台斜坡，栽铺草皮六百方。二为事务所一带之布景。计铺栽草皮二十余亩。三为花卉及其他观赏树木之栽种繁植。计十七年度，菊花二千余盆，其他花草三千余盆；十八年度栽植菊花四千余盆，其他花草三千余盆，球根种苗及观赏物各二三千株。生产栽培：一、垦辟园地。计标本果园二十余亩，果树及花卉苗圃二十余亩，东沟荒地八十余亩。二、栽种农作物。计西瓜十六亩，蔬圃六亩，百合四亩，大豆、棉花、小麦六十亩，甘薯三十亩。三、征集品种。计果树品种九十余种，花卉品种五六百种。四、繁植种苗。计果树苗木五六千株，观赏植物三四千本，球根植物一万五千余株。上述为现在概况，更就未来方针概括言之。关于布景面①，拟利用天然之形势，辟设大规模之梅苑、桂林、竹园等，更于相当地点，酌建亭池台榭，铺设草皮，栽植花坛，与苍松古柏、茂林修竹互相映带，俾曲水崇山，有引人入胜之感。关于生产方面，拟利用山坡平地，辟设大面积之果园、竹园、茶园，以拓地利而裕收入，兼资风景之点缀；并拟集中精力，以期管理之周密；推广良种，以助农户生产之发展。

附记：农艺概况

有农场二处：一在四方城西，共六十亩，注意棉作麦作之栽培；二在马群，共一百亩，注意水稻之种植。又牧场一，养育耕牛、驮骡、绵羊及中外鸡种。最近为提倡陵园附近荒村教育起见，特设中心小学七所。

以上略述陵园建设事业之概况。嗣后关于农村之编制、地亩之整理、陵园全部之设计、纪念建筑之筹备，均已具有计划，于奉安典礼告成后，移交总理陵园管理委员会继续办理矣。

附：陵园全部设计　摘录《奉安日刊》

总理陵墓，位于紫金山部之中央，烈士墓、明孝陵东西遥

---

① 布景面：应为“布景方面”。

拱。陵前为植物园，又前为博物馆公园。烈士墓筑于灵谷寺，其南布置游泳池、运动场。墓前诸山为纪念花木区（中外赠送花木分植于此），山上正对总理祭堂，峙纪念碑塔。四方城前设国民革命遗族学校，灵谷寺高冈建革命历史博物馆、陵园事务室。左右为苗圃、农场、果园及其他生产作物诸区。山之高峰，自西而东，矗立云表者，为浙军阵亡将士纪念碑。第一峰拟建天文台，峰腰则附葬革命先烈。山之东部，规划农林试验场，北部辟二苗圃，分植果树，添设牧场。天堡城北，风景优美，长江后湖，如陈几席，拟于其地建筑疗养院。环山平畴，随地势建茅舍，设新农村，而以小学为中心。坡地多种果木，高山遍造乔林，盖陵园固以纪念总理暨革命先烈及无名之众英雄，然纪念非徒托空言，尤须征诸实事。如提倡农林试验，以发挥民生主义精神；征集历史、艺术、博物陈品，以启发人民常识；布置庭园及运动场，以资群众游息而保健康；普设乡村学校，以促进农民智识生活；益所以发扬总理之精神，同跻斯民于仁寿云。

公　廨

江宁县署

江宁县署，洪武初建，为宋东南佳丽楼故址，元集庆路总管府也。在今银作坊。或谓地为牛形，大堂隆然特高，象牛首；大门外左右低洼，凿有二井，象牛眼；照壁后为官沟，正中凸起有二石孔，象牛鼻。其对巷屈曲欹斜，仅容一人，似贯绳状，名曰牵牛巷。语虽附会，然堪舆家有喝形法，详张子微《玉髓经》，亦自有理。故自来城中屡遭水患，而县署独无水，盖其地势高也。

江南贡院

江南贡院在县学左，为上下江试士场，以明锦衣卫同知纪纲没入宅为之。其明远楼、至公堂、飞虹桥，与各省同。东号舍曰平江府，则割平江伯陈瑄宅益之。清代迭次扩充，规模宏大。前有龙门，跨甬道而屹立者，为明远楼。进为至公堂，堂后有飞虹桥，桥后为衡鉴堂。东西有屋，为内帘官所居，再后则为考试官所居。至公堂外，左右矮屋栉比，即号舍也。共有二万六百余号，费则苏皖两省分任之，洵盛举也。光绪末季，废科举，贡院失修，墙宇剥陊，号舍倾隳，文明之区，鞠为茂草。民国以还，邑人倡议变卖，以所得之款，分苏六皖四，按方定价缴纳，建造市房；独留明远楼、衡鉴堂、监临室及中间号舍两排，以保存古迹。前后左右环辟马路，前为龙门街，左右为东西文场街；其旧日之贡院东西街马路，亦一并放宽，辟为市廛。楼阁轩宏，栋宇壮丽。然茶寮酒肆，半归消耗；书馆歌台，徒增游惰，何期振兴商场之宏规，转令民生日悴耶？贡院旧址，夷治修葺。曾于此开苏省物品展览会，今为南京市政府。

县　学

县学即俗称夫子庙，在东牌楼文德桥北。正中大成殿，后有明德堂、尊经阁。右有青云楼，祀历任督学。“东南第一学”坊额，明初为国学所建。旧为秦大士书，今易以小篆。“泮宫”二字，旧为朱熹书，今亦易去。棂星门额“天下文枢”四字，金坛王澍书。“明德堂”三字，曾国藩书。直省学宫，俱有明伦堂，独上元、江宁两县学，则书明德堂，曾文正重书亦仍之。初不解其故，嗣知旧额本宋丞相文天祥所书，故后人不敢易也。按：文丞相曾知建康府，当即其时所书。东有魁星亭，乾隆乙未建顶，本赤色；后以多火灾，道光十年，水部何汝霖以蓝磁顶易之。

江南织造署局

江南织造，向以内务郎中员外郎为之，掌造作缣帛纱縠之事，用异其物，品异其事。署在淮清桥大街，近为实业部设国货陈列所。园内旧有楝亭、红楼、挹翠轩诸胜，曹寅官织造时所建，相传其孙雪芹著《红楼梦》于此。年久隳废，片砾无存，迹往名留，为之低徊不置。杨铎曾补"楝亭"一匾，备述颠末，以志鸿爪。

织局旧在西华门大街汉府内，后因购珠宝廊民房二百余间，遂移局焉。分设缎堂、纱堂、摇纺堂、染堂、挑花堂、倭缎堂、神帛堂、诰命堂，设神帛机三十张，专造神帛以奉神祇宗庙者。又官诰机三十五张，专造诰敕以分赠文武庶官，及采缯以待庶用者。此外例贡，若传办，度其采章方幅之宜，以授匠作，织成输上内务府。光绪末季，织造官裁，全体解散，织局拨充警察总局。

湖南会馆

新桥钓鱼台，旧有大宅，相传为孔天官故第。孔，句容人，名贞运，以吏部侍郎入阁。太平据城时，英王陈玉成居之。屋宇宏敞，亭榭回环。曾忠襄公克复金陵，曾驻节于是。后为湘军诸将所购，改为湖南会馆。

千仓山馆

阜阳李荫伯先生宗棠世居阜阳县千仓湾，倜傥有大志。热心教育，不肯以先人遗业，坐耗于子孙，乃创办千仓师范学校，以培师资而宏教育。育才作人，与澄衷之叶、浦东之杨，何多让焉？校舍就建于鸡鸣寺下，公即校旁筑室以居，并镌碑记其事。门左树石坊，榜曰“千仓山馆”。辛亥之变，校舍不幸毁。今惟石坊，巍然独存。

街坊 桥附

长干里

在聚宝门外。《吴都赋》注：建业南五里，山冈间平地，有大长干、小长干，大长干在越城东，小长干在越城西。或谓今报恩寺前江宁县丞廨，即其地，俗呼为越台。案：江东人谓山陇之间曰干，故有大、小长干之称，唐人诗多咏之。

御　街

金陵为前明建都之区，街衢洞达，王道荡平，洵壮观焉。考其遗迹，由东而西，则火神庙至三山门，大中桥至石城门；由南而北，则镇淮桥至内桥，评事街至明瓦廊，高井至北门桥等处。官街宽廓，可容九轨，左右皆缭以官廊，以蔽风雨。后悉为居民侵占，肩摩毂击，交通阻碍。今市政府厉行路政，荡平可拭目矣。

讲堂大街

南市楼为前明十六楼之一，以处官妓。在斗门桥东北，仅当街小楼一所，为守夜者所居。清康熙间，湘潭陈鹏年守江宁府，毁楼改讲堂，命父老于朔望讲孝悌忠信、礼义廉耻，因改名讲堂大街。后康熙南巡，总督阿山借供帐名，欲加赋税，公力争曰："官可罢，赋不可增。"阿山衔之，遂劾公以逐娼建亭，宣讲圣谕为大不敬，以此落职下狱，绝其食，几死。后为大学士李光地论救，得赦免。

罗丝转湾

入汉西门大街，迤东折而北，路曲如环，名罗汉寺，亦名罗寺转湾。刘宋泰始中建延祚寺。唐僧灵智，生无双目，号罗喉和尚，通晓佛典，时人称为天眼，为建塔寺内，故名曰罗寺。俗称螺丝转湾，语欠雅驯。

大香炉

曹都巷口有铁鼎，俗呼大香炉。上有元时年号，并舍奉龙翔寺，名姓凡数千字。又有白塔，俗传为太祖活埋张士诚于下。或云士诚骁将，因建塔以镇之。其说皆无稽，要为龙翔寺旧塔耳。

顾楼街

金陵顾楼不可考，或为顾长康画楼，或为顾眉娘妆楼，无确论。今武定桥西名顾楼街，旧传其地有酒肆，即名顾楼。皖怀姜继襄曙东侨居金陵，常品茗斯地，因顾楼重新之，题曰横波楼，为游息之处。一时诗人名彦，于兹雅集。今则阛阓所趋，风流歇绝矣。

状元境

在贡院右，因秦熺名。或云宋秦桧父子居此，皆举状元，以丑其人，故没其姓氏，但称为状元境云。向为书贾萃止之所。

玉壶坊

利涉桥旁玉壶坊，即御河坊，为明武宗南巡观灯处。今久为民居，而土人犹有呼昔名者。

七家湾

明祖尝于上元灯市微行，见有画女子大脚，怀抱西瓜，隐刺马后，怒屠居民仅剩七家。犹有俗语曰："眼泪流到七家湾。"稗乘所记，故老流传，殆非无稽。见东培《冶西杂咏》注。

地以人名

金陵城中街巷，有地以人传者，如常府街之为开平王常遇春，沐府西之为黔宁王沐英，邓府巷之为宁河王邓愈，李府巷之为岐阳王李文忠，信府河之为信国公汤和，英府街之为英国公张辅，侯府街之为靖逆侯张勇子张守仁，大赵府之为驸马赵辉，马府街之为太监马三宝，顾尚书街之为顾璘，三府巷之为皇甫晖，张都堂巷之为张琮，程阁老巷之为程国祥，张家牙之为张可大，许家巷之为许穀，秦状元巷之为秦礀泉，朱状元巷之为朱之蕃，焦状元巷之为焦竑，沈举人巷之为沈九思，宗老爷巷之为学政宗敦一，卢妃巷之为明世妃，九嫔之一。党公巷之为内监党成仁，笪桥之为笪宗师，史桥之为史志，大率出于明代者居多。若南乡之甘村，则晋之甘卓后；北乡之纪家边，则晋之纪瞻后，所传为更远矣。

地名先兆

邮政马路，新法也，而金陵城中早已有邮政。在胪政牌楼。马路街在复成桥名，岂亦事有先兆耶？见《炳烛里谈》。

桥

青溪七桥

旧称青溪九曲，本出钟山。从东北潆洄，达于秦淮，其曲折有九，于上跨桥七。最北东门桥，在乐游苑东；次南尹桥，在潮沟大港东；次南鸡鸣桥；次南募士桥；次南菰首桥，《乾道志》即东虹桥，一名走马桥。今名昇平桥；次南青溪中桥，《吕志》：四象桥也；次南青溪大桥，即淮青桥。大约溪流出钟山，南经竹桥，又西南经菰首等桥，入秦淮。今钟山书院现为南京中学前后诸桥水，合流昇平桥，经四象、淮青桥者，皆青溪故道也。盖菰首既为东虹，则中桥、大桥以地望准之，当即今四象、淮青二桥，此《吕志》所证明。

淮青桥

淮青桥，《吕志》：古青溪大桥也。青溪至此，与秦淮相汇，故名。溪流入淮处，其水如丁字形，有水榭直其前，题额曰丁字帘前。桥门旧有集刘梦得、韦端己句云："淮水东边旧时月，金陵渡口去来潮。"嘉庆己卯，桥圮，重建。

朱雀桥

晋咸康二年，作朱雀门，立朱雀航，自晋及陈，阻淮为固。西连石头，东接青溪，浮航往来，总二十四所。一旦有警，辄断舟栅，号称险隘。隋平江南，诸航始废。杨吴筑城，淮流益狭。今则瓦屋栉比，熙往攘来，一水潆回，仅通舟楫。六朝故迹，盖往往湮矣。南渡淮水北，去宣阳门六里。以《金陵图》考之，当在镇淮桥北，左南厢。或谓今之镇淮桥，对朱雀门，亦名朱雀航，谢安置重楼，并二铜雀于桥上，因名。

利涉桥　文德桥　武定桥

利涉桥在贡院东，一名红桥，昔桃叶渡也，造桥始于清。邑人金云甫捐建，太守李正茂为名"利涉"。文德桥在县学西，造桥始于明。万历中圮，当在万历前建。武定桥在顾楼东，宋淳熙中建，名曰嘉瑞。浮桥亦曰上浮桥。非今之新桥西之上浮桥。

大中桥

桥在复成桥南，古白下桥。一名长春桥，旧有白下亭。明督师大学士黄公道周殉节于此，故又名大忠桥。迤北柳烟荡月，荻穗摇秋，为青溪胜境。夏夜泛舟秦淮者，多于此间，领略六朝烟水焉。

长板桥

明旧院址，在武定桥东，今东花园之右，一河为界。故人呼枇杷巷为院门口，长板桥亘其间，以通行人。自后于两旁筑石埂以防水，名曰石坝园，今为石坝街。复作门以蓄泄之，即今之金陵闸，而长板桥杳不复存矣。

笪　桥

笪桥者，相传茅山二十六代笪宗师所建也，故以其姓名之。准诸古之扬烈桥，适当其地。唐曰太平桥，颜鲁公刺昇州，置放生池八十一所，此其一也。明曰钦化桥，以钦化坊得名。清仍旧名。以其为夜市所集，故又谓之笪桥市。清初刑人于此。相传刘基瘗八卦石于地下镇之，然则此地为戮人之市，由来久矣。

桥　棚

清兵下江南时，福王宵遁，民间奔溃一空。军队入城，每过桥梁，必分兵扼守，禁人私渡，所以诘奸宄也。故撤防后，城中各桥，皆属旗营兼管。凡设肆桥上者，俱纳税将军署，谓之桥棚租。民国丁卯，鉴于桥路逼狭，阻碍交通，饬令各肆一律拆除，行人称便云。

井　泉

燕支井

一名景阳井，又名辱井。今在台城鸡鸣寺前，施食台后。陈后主与孔贵嫔、张丽华俱入井，隋军出之。其井有石栏，上多题字。往籍多有指井在他处者，据纲目质实，谓宜从《景定志》云，在台城法宝寺者近是。旧谓井栏石脉，以帛拭之，作燕支痕，故名。清道光中，住持僧脱颖按志寻得，树棚护之。

甘露井

在鸡鸣寺施食台下，其石表为宋金华书。相传地为古战场，元时刑人于此。明洪武二十年建鸡鸣寺，敕迎西番僧惺吉坚庄等七人，取水结坛施食，以度幽灵，故井以甘露名。石表剥蚀，现归古物保存所。

古　井

金陵人烟辐辏，食井不可胜计。汉西门侧有四眼井，北门桥转东有三眼井，进香河尽处有九眼井，红纸廊转北有三道高井，小英府后街有方井，颜料坊内有凤凰井，四象桥转东有邀贵井，江宁县署后有金沙井，皆以井名其地。至以深著者，则有清凉寺井，上建小亭，汲者辘轳转运，绠长二十余丈。俗指为胭脂井，即陈后主避兵处，然清凉为南唐避暑宫，非景阳旧迹也。他若骁骑营仓上大井，上狭下广。居民云：昔淘井见其中四围甃石如城墙，可容数十人；下有四铁金刚，屹立四方，手皆上举，作擎柱之状，此其最大者也。

杨公井

杨公井有三：一在旧督署北，一在复成仓西，一在松涛巷南。清光绪壬寅冬，暵干水涸。杨镜岩军门金龙时统护军营，躬督部卒，相地掘窟得泉，捐廉招工凿成之，即此三井也。泉清而甘，绅民感其惠，因名之曰杨公井，并勒碑道左纪其事。碑在松涛巷南井旁，今为修马路者摧毁。今松涛巷之南杨公井，即因井以名其地，亦因以志其人云。

八功德泉

在灵谷寺悟真庵后。梁天监中，胡僧昙隐飞锡修行，遇庞眉叟赐此泉，一沼沸成。其水一清、二冷、三香、四柔、五甘、六净、七不饐、八蠲疴，水旱若初，澄挠一色，为钟山第一灵迹。明时迁寺塔，旧池就涸，从寺东马鞍山下通出今寺，后因大灾复竭。正统久旱，忽涌如初。今之甃石为池以竹递引者，或即正统遗迹。《金陵胜迹志》引《览古诗》注，所称“八功德”与此不同，应忝考。

汤　泉

汤山距朝阳门外六十里神泉乡，其东有汤泉。山不甚高，无大林木，汤涧其东南，有温泉七处，冬夏常热，温度均在摄氏四十度强。禽鱼之类，入之辄烂；以煮豆谷，终日不熟；草木濯之，转更鲜茂。泉水含有钙质甚富，浴之有益皮肤。唐韩晋公滉，为浙江观察使。其女有恶疾，浴于汤泉，应时而愈，乃以妆奁费建圣汤寺于山右，今废。民国纪元九年，邑绅陶锡三君，就其地筑别业曰陶庐，并请诸当道拨款修马路，宾至如归。近年别墅宏开，枢府诸公，相率休沐于斯。谋野则获，裙屐联翩，地以人重矣。

永灵泉

泉在聚宝门外雨花山麓，曰永宁，以寺名也。陆放翁品为第二泉，深六七尺，清水一泓，大旱不涸；其味清冽，沁人心脾。明赵谦书“第二泉”匾额，今亡。清许振祎方伯题联：“独携天上团圞月；来试人间第二泉。”据《待徵录》云，真泉在永宁寺后。本高座寺讲院。已久沦于草莽矣。详寺观。

玉兔泉

篆书“玉兔”二字，旧在县学宫即夫子庙二门口，相传为宋秦桧书，邦人丑而凿去之，余玉字上半。桧未达时，读书于建康府学宫，晚归，见白兔隐于此，至贵显时，遂命掘地得泉焉。刘青田有《玉兔泉铭》，谓“清美为建业城中第一”。今井床存古物保存所。

普生泉

泉在瞻园徐中山园内。清光绪戊午夏，旱甚，秦淮断流，而此井不涸。盛仲交《金陵泉品》未收，岂亦栖霞寺品外泉之例与？

还阳泉

泉在清凉寺旁，相传久饮此水，鬓发不变。寺僧每以此泉烹茗饷客，曾载入《散原精舍诗集》。扫叶楼住持僧星悟上人，亦汲此泉饷客。龙阳诗人易实甫曾有联云：“老不白头因水好；冬犹赤脚为师高。”光复后，此联亦不知所在。

卷中分类目录

卷 中

田 赋

征收沿革

金陵田制，因于明之留都，有官田、今学田。民田、卫田、今屯田。牧马公费之别。近郊为上地，公费各产。迤远为中下地；民卫遣居。诸原坂、坟衍、下隰、沙卤，虽判沃瘠，而科则不多。分上下田地，余则芦地、草场、荒滩之属。定赋用两税法，夏税无过八月，秋粮无过明年二月，夏赋米、麦、钱钞、绢，秋无麦也。正统中，乃有折色，用周铨言，纳承运库为官俸，名金花银。赋始有银。宣德六年，始变支运为兑运，乃有耗赠轻赍银。万历中以边饷，乃有九厘地亩银。自海忠介公行一条鞭法，乃使银力两差，在城曰坊，近城曰厢，远城曰里，皆有役。其鳏寡孤独、僧道不任役者，田畸零附于一里十甲之后。明时十年更审，曰黄册，以丁粮增减而升降之，皆有丁钱银差也。力差名曰役法，以户计者曰里甲，以丁口计者曰徭役，上命非时曰杂泛。役有力役、雇役，雇役者以银输官，官为佥募应差，否则以农隙赴役三十日；曰力差以供杂役，所谓庸也。见《明史》。其后有一条鞭法，凡编里甲差银、编均徭差银、编水夫差银、编民壮差银，俱在人丁项下分派征拨。见《重修山阳县志》。额办、派办、京库、岁需各役法，民间不问，然户役除而丁银尚在也。民生十六曰成丁，六十而免，故旧有丁银，汉曰算钱，向皆五年编审增易。丁银内有归并军卫、黄丁、快丁、窜丁不等，课银自数分至五钱不同，吏缘为奸利，闾阎深苦其累。二县攷分运、快两籍，快丁例助运丁，苦累不支，或诬攀富户，军民两受其害。嘉庆中，乡贤伍光瑜为引雇役之例，倡捐置产，俾运丁自佥助运。大吏入告，奉旨允行，于是快籍无累。清康熙五十二年，特旨以康熙五十年编审为定额，出赋者上元充饷当差人丁三万六千七十八口，江宁二万七千六百八十三口，皆九分起征。卫所军丁上元五千三百五十七口，江宁四千六百二十四口，指大江南岸四十二卫黄、快、甯诸丁也。以后日滋生人丁，永不加赋。按《重修山阳县志》载：康熙四十一年，陈恪勤公鹏年为令，详请免编审人丁部勒足额征银至为苦累之虞。而《明史》载庞嵩为治中，以民苦役重，乃使优免户客户诡称之官户、寄庄户、女户、神帛堂匠户，悉出供役以调剂困民，此皆往者户丁之害。雍正六年，总督范时绎奏准丁随田纳，于是地、地亩。丁、丁口户役。银、钞绢。粮，米豆。以田为额，而粟米、布缕、力役，合为一科，由是户口、丁役一切，俱所不计。计其田若地及杂产之供租赋者，大较繇壤定制，纲以入出而奠其体，目以金谷而正其用。邦之旧则与吏之取于民，不必细符大端，今情昔款，判然不至迥异而已。其赋入，曰米豆折色杂税；出，曰起解存留。米豆折色出于田，田之类四，曰民、曰卫、曰官租、今存者甚寡。曰学田。又二邑同壤而科则各别，亦大端不至迥异而已。其额以近今为断，一曰民田。上元十二则，上乡田地、下乡田地、芦田、草场、山塘、杂产、原荒田地、改荒田、升科田、改荒滩场地。田地山塘八千六百七十余顷；江宁十则，民田地、欺隐田地、荒田、荒滩田、荒地、荒滩地、山塘、欺隐山塘。田地山塘七千五百六十余顷。二曰卫田。旧归各守卫经征，康熙八年，改归坐落州县。上元三十二则，诸志惟《蓝志》载其科则，其银米，兼者只比田等五则，余皆山地，有银无米。一千二百七顷余亩；江宁二十七则，袁、陈、吕志科则之别皆不载，故益无考。田地九百一十三顷余亩。三曰官租。此公费田地，旧由江藩司经历征收。雍正十二年改归各县，其地每二县互辖，如贵州之插花地然。上元六十二款，江宁二十五款。四曰学田。此为学使按临，振给贫生之用，不在丁田内者也，亦解藩库。上元九顷余亩，江宁四顷余亩，空地一，房二所，此皆邑之岁入也。此外有杂征之类。五曰芦洲田地。前明有芦政厅征收，其洲地田亩无考。自改归坐落州县征收后，定例课银次年压征，腹地芦田免丈。滨江者五年一丈。涨者升增，坍者豁除。不愿豁者，咨部留粮待补。嘉庆十一年丈后，题定腹里滨江芦洲田地，除田地外，有河身、水影、泥滩、草地、稀芦、密芦、基地、腹地、埂划、塘荡田、荒坟、塘沟各则不等。上元一千八百六十六顷余亩，江宁二百八十九顷余亩。其上元又有芦料银，柴船过关之钞也。洲在关下，不能逆挽而纳课江关。乾隆五十六年，改由州县在业户名下征解龙部。江宁有上新河堆木泥滩征银。两县又有牙贴税、典税、六畜税、田房税，自是之外为杂税。在县境而征解不由县者，则江防同知之于卤水也，摊租也；聚宝、龙江、江东大使巡司之于船桅钞也；茶引大使之于骡马税也，渔课也，麻胶也；秣陵、淳化巡司之于鱼坞也，皆自解藩库，不预县事，县赋之入，止于此。由是而计其出之数，首曰起解，起运及解各衙门。次曰存留。米豆之起解，二县款同而数异；存留之目二，曰驿站，曰祭祀杂支俸工，名目繁多，今昔迥异。自民国以来，征收情形，又为之一变。（地丁）江宁县连上元并入，额征银约四万余两，科则详表。前清旧例，此项地丁银价，分忙奏报，以时价之涨落为低昂，每银一两，折收钱二千文，附收规复银价钱四百文。自民国肇兴以来，仍循前清旧例，责成经征官厅，以秋勘案报定成熟田额成数，按额分忙启征。查照省议会议决案，上下忙每原额银一两，连附加统征洋元一元八角，以一元五角为正税，三角为附税；改用阳历，不摊常闰；所有前清随征加征各款，如驿站、扛脚、地租、漕项、漕仓、俸工、清赋、规复、耗羡等名目，一律取销。嗣因地方预算，入不敷出，于民国三年援照浙省办法，加征省附税银三角，六年起减为二角五分，笼统一串征收。（漕粮）江宁连上元并入额征米约二万六千四百八十余石，科则详表。前清旧例，征收漕米，本折兼纳，听从民便。收本色者以备起运，收折色者，按年由藩司查照糙米市价核定。江宁、上元两县，得按永折定价，每米一石，定为解银一两八钱。县署征收，则每一米石，征钱五千二百文。自民国肇兴以来，科则仍照旧章，税率则照省议会议案。责成经征官厅，无分本折色，照原额米一石，改收银五元；以四元为正税解者，以一元为附税，作地方之用。所有从前之漕粮、白粮、黑豆、漕折南粮局粮米价、恤孤米折行月米价、筹备米价、清赋耗米费、脚工费、塘工捐、积谷及学费捐、自治捐等，折定价；统征、加征、带征等种种名目，一律取销，统照秋勘定案之额征收。改用国历，不摊常闰。当时省议会以漕粮性质，系贡而非赋，议决全数留作地方款项，抵支省用。迨国家、地方两税划分，部定预算，以三元归入国家税，以二元归入地方税。旋由部改为国家税四元，地方税一元。三年奉命取销国地税名目，其冬漕始全行解省支配。其征收办法，遵照省议会议决案，仍照前清定章，由县署设柜大堂，令人民自封投柜，离城窎远者，酌量适当地点，设立乡柜。责成经征书记等经收经缴，亦有里书粮差，分定期限缴纳。至开征时期，上忙于十月开征，下忙于十二月开征，冬漕于十二月十六日开征。均自开征日起，扣足两个月为限，限满加收罚金二十分之一，四个月后，加征十分之一。现改两个月限满，即加十分之一。所有征收手续，向章于未经开征之先，按照版册，将业户田亩，分何种科则、应完银米、详细数目，刊印易知由单，按户散发。民间执持由单，按数赴县输缴完纳，以后另给三联印串，作为收据。二十年新章，忙漕废除银米，上下忙并征，改称第一期地价税；冬漕改称第二期地价税。以忙漕并计，四六分征，第一期四成，第二期六成。（芦课）案芦课一项，系沿江河涨出滩地，仅产芦苇，由民缴价，领垦采芦，由官征收课银，谓之芦课。而甲年课银，向归乙年启征，谓之压征。如遇灾歉，比照地丁例，分别停缓。五年一丈，查明淤涨升增，坍没减除，按限由轻转重，由课转漕。在前清时历久相沿之梗概如此。自民国肇兴以来，查照省议会议决案，按额课银，每两折银元一元八角，与忙漕分别造串。其手续征收方法及滞纳处分，与忙银同。所有实行开征日期，约在次年冬间，与该年下忙同时办理。近日财部通令，废除两、石，改按国币征收。

江宁县田地科则银米数目表(一)

科则别 田地别	原额若干	每亩征银若干	每亩征米若干	岁共征银若干	岁共征米若干
民卫上则田	四千九百十七顷四十四亩四分二厘	并豆折五分一厘二毫八丝	二升九合八勺二抄	二万一千十一两六钱九分四厘	一万二千二百十八石五斗七升八合六勺
并卫下则田	一百十九顷五十亩七分八厘	五分四毫	米无	六百二两三钱一分九厘	
公费下则田	七十九顷九十七亩一分八厘二毫	五分四毫	米无	四百三两五分八厘	
油麻下则田	九顷二十五亩七分七厘	五分四豪	米无	四十六两六钱五分九厘	
民卫上则地	四百四十六顷十三亩五厘	并豆折二分五厘六毫	一升四合九勺一抄	一千一百四十三两八钱七分八厘	六百六十五石一斗八升六勺
并卫下则地	六十五顷五十一亩七厘五毫	二分五厘二毫	米无	一百六十五两八分七厘	
公费下则地	四十九顷四十七亩八分六厘四毫	二分五厘二毫	米无	一百二十四两六钱八分六厘	
油麻下则地	五顷五十五亩四分八厘五毫	二分五厘二毫	米无	十三两九钱九分八厘	
芦洲地滩	六百九顷六十九亩六分厘五毫□	各则不等	七百四十五两八钱八分一厘		
说明	本表系旧江宁县田地科则,向系民卫不分,按照前清户部抄发奏册,各款笼统征收,验分摊解。至芦课科则亩数因案卷遭乱毁失,无从查列。				

上元县[1]田地科则银米数目表(二)

科则别 田地别	原额数	每亩征银数	每亩征米数	岁共征银数	岁共征米数
民田上则	三千五百四十一顷五十三亩七分五厘四毫九丝	并豆折五分七厘八毫九丝三微九纤八沙四尘六漠五埃	原折二升九合一勺九抄	二万五百二两四分四厘	一万三百三十七石七斗一升八合九勺
民田下则	八百五十顷六十亩三分五厘三毫四丝	并豆折五分二厘七毫八丝三微九纤八沙四尘六漠五埃	原折二升六合一勺八抄	四千四百八十九两五钱一分九厘	二千二百二十六石八斗八升
屯田	九十三顷十五亩六分八厘	并豆折五分七厘八毫八丝	原折二升九合一勺九抄	五百三十九两一钱九分二厘	二百七十一石九斗二升五合
卫田	三百八十一顷九十三亩七分一厘三毫	照原则七分五厘		二千八百六十四两五钱二分八厘	
公费田	一百四十九顷三十三亩六分一厘三毫七丝	照原则七分五厘		一千一百二十两二分一厘	
蒲荡田	三十一顷八十三亩五分八厘	并豆折九厘二毫一丝八微三纤六沙九尘二渺六漠	原折四合六勺六抄八撮二粟	二十九两三钱二分三厘	十四石八斗六升九勺
蒲荡田	十三顷五十七亩六分九厘	并豆折九厘二毫一丝八微三纤六沙九尘二渺六漠	原折四合六勺六抄八撮二粟	十二两五钱五厘	六石三斗三升七合七勺

① 上元县:原书误作“江宁县”。

（接上表）

科则别 田地别	原额数	每亩征银数	每亩征米数	岁共征银数	岁共征米数
牧马田	二十六顷三十九亩二分九厘	照原则六分		一百五十八两三钱五分六厘	
民地上则	四百二顷三十三亩六分九厘四丝	并豆折三分二厘四毫五丝三微九纤八沙四尘六漠五埃	原折一升六合一勺	一千三百五两五钱九分五厘	六百四十七石七斗六升二合四勺
民地下则	七十二顷八十四亩二分二厘二毫六丝	并豆折二分七厘二毫三丝三微九纤八沙四尘六漠五埃	原折一升三合三勺	一百九十八两三钱五分二厘	九十六石八斗八升二勺
屯地	二顷十五亩一分五厘	并豆折三分二厘四毫四丝	原折一升六合一勺	六两九钱七分九厘	三石四斗六升三合九勺
卫地	二百三十八顷四十四亩二分三厘六毫二丝	照原则四分		九百五十三两七钱六分九厘	
公费地	一百五十八顷八十六亩七分三厘一毫三忽	照原则四分		六百三十五两四钱六分九厘	
牧马地	二顷六亩四分三厘	照原则四分		六两一钱九分三厘	
芦课地	一千六百三十六顷四十七亩七分八厘二毫九丝三忽二微三纤三沙三尘三渺三漠二埃六逡	各则不等		六千三十九两八钱七厘九毫一丝六忽	
说明	本表系照旧上元县田地科则至芦课科则亩数，因案卷遭乱毁失，无从查列。				

军　政

武　备

金陵形势，有龙蟠虎踞之称。自秣陵城石头，为保江之根本，置营列戍。逮晋南渡以至梁陈，此地常为京辇，守卫尤重。大抵台城之外，前固石头、东府，后倚白下，皆宿兵为卫之要地也。禁卫之兵，谓之台兵，统兵者为左右卫将军、殿中将军、左右前后军将军，而尽统禁卫者，则中领军也。中领军为禁卫中极重之职，故柳世隆为中领军，王俭为卫将军，犹修下官之敬。其余重号将军，亦各有府置兵卫，大抵出于召募矣。至于州郡之兵，循汉以来旧制，料民为卒，总于都督军事，而分于列郡。故六朝以民兵杂用，其军猥多，而民瘁矣。

唐有天下，置府兵散于天下，而统隶京师诸卫，江南道昇州有江宁军，则折冲府之一也。然唐府兵之法，至中叶已极敝坏，唐时率以润州为镇海军节度使治所。

南唐移镇海军于昇州，改昇州大都督府为金陵。后徐知诰为镇海、宁国诸军节度使，亦镇金陵。宋初废节度拥兵之制，真宗乃置建康军于江宁府，其节度使遥领为名而已。而文臣知江宁府者曰知军事，则颇统领其军也。至徽宗时，以方腊之乱，知江宁府者，加马步军总管，于是兵权加重矣。宋初，以天子禁兵分守天下，军有指挥使，不属守土之官。乾道七年，移侍卫军马六营屯于江宁城内，每军置统制以领之，号行司。绍兴十二年，改屯于城之内外，为驻札御前六军，每军增副统制一员以领之。

仍沿旧制，有厢、禁军之设，又别设靖安水军。宝祐四年，马光祖置沿江制置司六寨，又置游击新寨十一寨；并重修江东安抚司亲兵寨，又置淮西、江东、总领所、总效军寨四所。于城之内外，其兵则多矣，而精锐则寡也。

元置诸路万户府，有上中下之分，各设达花赤一员，万户一员，副万户一员。建康为下户，管兵三千以上。其所属有千户、百户，千户府管军七百以上，中千户管军五百以上，下千户管军三百以上。

明总督、巡抚，操江、兵备，以文臣监督。总督称军门，巡抚称提督军务，皆兼理。惟操江专督巡江，其下有游兵营驻扎新江口，后并归督标。又禁卫设五军都督三十二卫指挥使司，有留守左右中前后各卫。又亲军卫指挥使司十有七金吾，前府所属七卫，后府所属五卫。羽林卫、府军卫、虎贲卫、锦衣卫、旗手卫、江淮卫、济川卫、孝陵卫，与左府所属十卫、右府所属五卫、前府所属七卫、后府所属五卫，并听中府节制。此诸卫所居不可尽考，然大抵居江宁者为多。卫各有仓，今城中尚多存其地。诸卫始设，固皆可战之兵也。

清兵南下，视地险阨，乃立驻防旗营于明宫城内，以将军副都统镇守。所属有协领八员，佐领三十二员，防御骁骑校各四十员，九品笔帖式三员，《吕志》：外镶白旗世袭恩骑尉一员。分管八旗。每旗有领催二十名，前锋校二名，前锋十六名，其上者为马甲，炳元云：原设满州、蒙古兵四十名，乾隆二十八年，拨驻京口蒙古兵一千一百三十七名，江宁存满州兵二千八百六十三名，是为马甲正兵名数。次者为步甲，又次者为养育兵，又次者为炮兵，以及弓匠、箭匠、铁匠、炮手之属，丰桂云：步甲五百七十三名，养育兵一千五十名，炮兵四十名，匠役一百二十名，炮手六十三名，皆为之小甲。炳元云：步兵五百六十名。微有不同。共四千七百七名。其额设坐马，则将军二十匹，副都统十五匹，协领十二匹，佐领八匹，防御五匹，骁骑校四匹，笔帖式四匹，其官坐马七百五十九匹。战马则领催、前锋校、前锋皆人三匹，《吕志》。马甲人一匹，《吕志》云如领催似误，兹据炳元所云更正。共战马四千十五匹。其放牧在安徽芜湖当涂县属之万顷湖，春夏湖水涨发，撤回在神烈山一带牧放。岁演炮于金子堰，上元东北，以盐规银充赏。猎于宝华山。句容北，藩司解银三百充赏。其中有创立水师之议，未久而亦寝。雍正二年，兵部侍郎牛钮疏言：江宁等处驻防兵请令习水师。部议以江宁等处，俱系防守地方，并无战船，未便学习。惟京口现设战船，应如所请，得旨允行。又《吕志》载雍正五年，奉旨："水师甚属紧要，现令天津设立水师，满洲官兵亦应照天津水师之例操练。镇江水师，现有船只，将此船内酌量拨给江宁将军，令其学习操练，至如何操练，应拨给船只不敷，作何添造之处，尔部一并定议具奏。"后亦不果行。八旗而外，辅以绿营，会七省节制之兵，于是有江南督标焉。中左营驻江宁省城。后以经略改总督，所属中营设副将，左营设游击，以时操防，则立偏师，于是有城守副将之设，城内左右二营焉。驻江宁省城。其所属都、守、千、把、外委兵马，均有定例，分防两县城内外要隘。城内分设十四巡卡，每卡兵五名；城内盘查，亦以营兵分任，视地之闲剧，为派兵之多寡。均由督中营、督左营、城守左营右营分派。城外各乡镇泛堡，计一百零八处，亦各营派弁率兵驻防。同治初年新设长江水师金陵营参将，驻扎上元县仪凤门外草鞋夹，专事江防。此外另有湘淮水陆各营，阨要驻防，时常调动，不复详考。

要　塞

一　富贵山炮台　以下炮位从略。

一　清凉山炮台

一　雨花台炮台

一　狮子山炮台

一　下关炮台　下关原有东西两台，西炮台于民初拆毁。

一　幕府山炮台

一　乌龙山炮台　对岸龙袍洲炮台被水冲塌无存。

按：清光绪初年，江海防务戒严，彭刚直、曾忠襄筹办江防。先就狮子山下关等处建筑炮台，嗣刘忠诚、张文襄复于富贵山、清凉山、乌龙山等处，先后添筑炮台，更换新式炮位，巩固省会，屹若长城。每台设台官一人，而以道员主其事，名曰总台官。民国改组，以富贵山为第一台，清凉山、雨花台属之。狮子山为第二台，东炮台为第三台，幕府山为第四台，乌龙山为第五台。台各有长，统属于江宁区要塞司令部。

江　防

大江南岸，经太平府当涂县博望山而东入江宁界，其要地有九。曰慈姥山。在县西南一百一十里。《方舆纪要》云：积石临江，崖壁峻绝。齐建元初，置军于此以备魏。曰马家渡。在县西南九十五里，即今和州鲇鱼嘴至慈湖之江渡。古江中洲曰马家洲，洲内江曰磵沙夹[①]。宋吕祉曰：磵沙夹，江南狭于采石。舍舟登岸，平原旷野，此骑兵之地。叶适曰：马家渡，与采石相

---

① 磵沙夹：疑为“硇沙夹”。

去六十里。采石江阔而险，马家渡江狭而平。旧志云：碙沙夹在县西南七十里，与马家渡相接。按：古建业北江中之洲，其形甚长，殆可百里。故北兵自寿阳、庐州至江，不能径渡南岸，必西上历阳至采石乃过。及南宋言边防者，始以马家渡为冲要，盖其地江洲为洪涛崩削，中断数十里，非复六朝之江形矣。曰烈山。在县南七十五里，临大江。《舆地志》：吴时津济处也，齐建元初，置军于此以备魏。曰江宁镇。在县南六十里。吕祉曰：此太平入建康水陆之冲，关系至重。曰三山。在县南五十七里。《舆地志》：三山周回四里，大江从西来，势如建瓴。此山突出当其重，有三峰，南北相接，积石森郁，滨于大江，吴时津戍处也。齐建元初，亦置军于此以备魏。曰大胜关。在县西南三十里。《方舆纪要》云：其地即大城镇，有大城港，合板桥、新林等浦之水入江，为江流险阨处。旁有垄阜，亦曰大城冈，宋置巡检寨。绍兴二年，复置烽火台。曰新江关。在上元县西北十二里。《方舆纪要》云：关在江东门外。北出中新河，渡江二十里，达浦子河口，明世江防治中驻焉。吕祉曰：自吴以来，石头南上至查浦，查浦南上至新亭，新亭南上至新林，新林南上至板桥，板桥南上至洌洲，陆有城郭，水有舟楫，建康西南面之险也。按：古之新亭，去石城不远，面临江。今江徙出，地不临江，而新亭之迹亦泯。新林略当今之大胜关也。曰燕子矶。自新江关而东过县城之北，巨洲横其外，幕府、白石峻山蔽其内，此形势之固也。江又东下至燕子矶，则山嶂与洲俱尽。北对六合之瓜步，背倚观音门，为历代屯戍之处。此又江防之要矣。

兵　事

金陵扼长江之冲，绾毂吴楚，攻坚守临，势所必争，其为要害也大矣。春秋时，兵事不能详也。然纪武功，当自孙策始。

吴王孙权，承兄策之业，据守江东，传四世至皓。时司马晋已据北方。益州刺史王濬自武昌顺流径趋建业，舟师过三山，王浑遣使要濬暂过论事，濬举帆直指建业曰："风利不得泊也。"遂入石头，在汉西门。皓面缚舆榇，诣军门降。

西晋惠帝太安二年，张昌反，遣其将石冰入建业，修吴故宫居之。旋为陈敏所败，敏既立功，自谓勇略无敌，阴有据江东之志，乃自称大司马楚公。怀帝永嘉元年，周玘与顾荣合谋讨敏，并军淮南；即秦淮。敏自将万人，出军水北。荣以白羽扇麾之，今其地名麾扇渡，在赛虹桥。敏单骑走江乘，获斩之，江东平。

东晋元帝，大将军王敦反于武昌，下诏讨之。加戴渊骠骑将军，与右卫将军郭逸筑垒于大桁北，大桁即朱雀桥，浮航在秦淮水上，航同桁。镇北将军刘隗军金城，琅琊侨郡所治，当在今神策门外一带。右将军周札守石头。敦至建康，即建业，今上元境。以杜宏为前锋，攻石头。札开门纳宏，敦入据之。帝令戴渊、刘隗等往攻，皆大败。敦纵兵抄掠，宫省奔散，诛戮重臣，加秩不受。拥兵三月，不入朝谒，既而还镇，帝忧愤成疾，崩。太子绍即位，为明帝。太宁二年，下诏讨之。以温峤为中垒将军，与右将军卞敦守石头；应詹都督前锋及朱雀桥南诸军事；征兖州今山东刺史刘遐、临淮今安徽凤阳府太守苏峻入卫京师。即金陵。敦闻诏大怒，病笃不能自将，乃使兄含为元帅，秋七月壬申朔，及钱凤等水陆五万犯京师。奄至江宁今江宁镇，在江口。南岸，温峤移屯水北，烧朱雀桁以挫其锋，含等不得渡。帝率诸军屯于南皇堂。在宫城内。癸酉夜，遣将军段秀募壮士渡水击贼，败诸越城。今南门外长干城。含率余众屯倪塘，沿秦淮南岸。时王敦已死，敦党沈充自吴兴今湖州府入犯，筑垒于陵口。在钟山左近。丁亥，刘遐、苏峻率精甲至于司徒故府。在秦淮北岸。乙未夜，含、凤自竹格渚渡淮，渚在秦淮水转运渎处，今讹为竹竿里，笪桥旁巷是也。应詹拒之不利，贼长驱至御街，宫城外。攻台城，六朝宫城，在鸡笼山前。沈充自青溪来会之。在今竹桥一带，水久湮，地名青溪里巷。进及宣阳门，宫城南门。拔栅将战，遐、峻从南塘横击，塘在秦淮北岸，今名南塘里。大败之；遐又追破沈充于青溪，贼遂烧营夜遁。

晋成帝咸和二年，冬十月，诏征苏峻为司农，峻不奉诏，举兵反。十二月京师戒严，加庚亮征讨都督。三年春，正月，苏峻率众二万，济自横江，台军屡败，诏尚书令卞壶都督大桁以东军事。二月庚戌，峻由小丹阳经秣陵至覆舟山，今太平门内。台军亦自江路还，卞壶督众与峻战于西陵，即钟山西。败绩。丙辰，峻攻青溪栅，因风纵火，焚烧省署殆尽。壶病苦战，与二子眕、盱皆死之。庾亮屯宣阳门外，与弟翼未战而溃，峻兵遂入台城，逼迁帝于石头，尽聚居民财货于后苑，使匡术守之。夏五月，荆州刺史陶侃、江州刺史温峤，率舟师四万入援，次于蔡洲，侃屯查浦，峤屯沙门浦。侃将李根筑白石垒，直接石头，一夕而成。庾亮以二千人守白垒，神策门外石灰山。峻攻之，不克。峤筑垒于四望矶，汉西门外虾蟆石矶。以逼贼。侃遣督护杨谦将水军攻石头，峻果来救。谦诈败，奔白石。峤、亮等自白石南上，峻将八千人逆之，使其子硕先薄赵胤兵，败之。峻望见胤走，乘醉舍众突阵，不得入，回走白木陂，疑在神策门外。马蹶，李千、彭世投之以矛，斩之，峻众大溃。贼党奉其弟逸为帅，于是峤、侃等乃立行台焉。四年春，正月丁卯，贼将匡术以台城归顺，侃令毛宝、邓岳等守之。苏逸率众力攻，毛宝登陴射杀数十人，乃退。二月，行台闻台城危急，将救之。诸军直指石头，李阳与苏逸战于查浦，在秦淮南。阳军却，建威长史滕含以精卒横击之，逸大败。时苏硕别率骁勇渡淮，战甚锐，峤军乘胜进攻，硕众尽歼，逸亦为李阳所斩，韩晃弃石头走。帝得出幸温峤舟，奉以还宫，以褚翜为丹阳尹，招集流亡，京邑遂安。

安帝元兴元年，桓玄恶司马元显专政，举兵南下，奄至新亭，今南门外善桥一带。台军惊溃，玄遂入京师，斩元显首于建康市，因逼帝而篡其位，国号楚。征发不息，内外骚然。建武将军刘裕等，谋复晋室，于元兴三年六月，起兵京口。事闻，桓谦乃遣其党吴甫之、皇甫敷相继北上。三月，吴甫之先遇裕军于江乘，斩之；进至罗落桥，即石埠桥。皇甫敷率数千人逆战，围裕数重，裕众俄至，射敷中额而仆，斩之。玄闻二将死，大惧，使桓谦屯覆舟山东；何澹之为左翼，屯东陵；即钟山东。卞范为右翼，屯覆舟山西。即钟山西。己未，裕军至蒋山，即钟山。使羸弱贯油帔而登，分张旗帜，数道并进。遣刘钟搜山后伏兵，而身先士卒，殊死战，谦军一时奔散。玄出南掖门，宫城南偏门。乘船而遁。裕入建康，玄留台[①]，遣军追斩玄，迎帝复位。

隆安初，妖贼孙恩犯建康，至白石而退，投海死。义熙六年，其余党卢循闻刘裕征南燕，京城空虚，率战士十余万，顺流东下，时内外戒严，刘裕闻警急，旋率重兵镇石头。使梁王司马

---

① “玄留台”三字疑为衍文。

珍之屯南掖门，广武将军刘怀默屯建阳门，冠军将军刘敬宣屯北郊，辅国将军孟怀玉领丹阳兵屯秦淮南岸，建武将军王仲德屯越城，檀祇屯西明门外，徙南岸居民渡淮北以避贼。未几，循军次三山，在采石下。刘裕因众军大集，使伐树栅口，修治越城；筑查浦、药园、廷尉三垒，以兵守之。贼数战不利，乃伏兵南岸，使老弱乘舟向北至，声言率兵步上。裕留参军沈林子、徐赤特戍南岸，断查浦戒令坚守，而自与刘毅北出拒之。庚辰，循焚查浦，进至张侯侨。今下浮南老虎桥是其地，时未有城垣。赤特率浦兵出战，林子止之，不从，遇伏而败，渡淮北走。林子以散卒据栅道，复率劲勇继上，沿塘而阵，延袤数里。林子与将军刘钟、王镇恶断塘力战，神弩乱发，会朱龄石救至，贼乃退。循引精兵大上，至丹杨郡。今武定桥、于乐桥一带。裕率众驰回石头，斩赤特以徇，遂阵南塘。贼寇无所得，欲还。裕乃督兵进战，缚大筏因风逼之，大败循众于江中，循遁去。自是裕遂篡晋而为宋矣。

宋文帝元嘉三十年，春二月癸亥，太子劭弑其君。庚寅，武陵王骏起兵于西阳以讨之，南谯王义宣、随王旦、雍州刺史臧质，皆与相应。义军柳元景以船舫不坚，惮于水战，乃倍道兼行至江宁浦步上，使右军将军薛安都耀兵于淮上，而潜至新亭，依山建栅。劭使萧斌统步军，褚湛之统水军，与鲁秀、王罗汉等精兵，合万人攻之，劭自登朱雀门督战，元景水陆受敌，意气弥厉。会鲁秀误击退鼓，劭众遽止。元景乃命开垒鼓噪以乘之，劭众大溃，坠淮死者无算。劭更率余众，自来攻垒，元景复大破之，士卒争投死马涧，今江宁南门外，俗名涧子桥。涧水为之溢。劭手斩退者不能禁，鲁秀、褚湛之皆南奔，劭走还宫。戊辰，武陵王骏即皇帝位于新亭。

宋废帝元徽元年，桂阳王休范反，自以属尊望重，觊觎大位。萧道成乃使前锋屯新亭，使张永屯白下，即白石垒。沈怀明戍石头。辛卯，休范前军至新林，道成筑垒犹未毕，使羽林监陈显达与战，小胜。壬辰，休范舍舟步上，遣其将丁文豪趋台城，而自攻新亭垒。道成悉力拒之，令越骑校尉张敬儿诈降，乘间夺其防身刀，斩休范首驰归。道成因遣队主陈灵宝送诣台，道逢休范兵，弃首于水，挺身诣台，唱言已平，而众莫之信也。时休范将杜黑骡攻新亭垒，自晡至明不能克，而丁文豪破台军于皂荚桥，今南门外铁心桥。因辍攻往会之。右军将军王道隆守朱雀门，南临朱雀航。见势急，召领军将军刘勔于石头。勔至，令撤航以挫敌，道隆不可，勔战死。黑骡军乘胜济淮，杀道隆于道，中外大震。白下、石头之众皆溃，褚澄开东府城纳贼。西临淮水，今皇城左近。黑骡进至杜姥宅，在冶城山一带。中书舍人孙千龄启承明门降，宫省恇扰。俄而丁文豪知休范死耗，贼势稍沮。会陈显达自新亭入援，大破贼于宣阳门外庄严寺小市，今笪桥市西。斩丁、杜二贼，遂克东府，余党悉平。道成自忖功高，阴图不轨，旋受宋禅，称齐高帝。

齐东昏永元元年，陈显达闻帝好杀，内怀疑惧，十一月举兵浔阳。诏平南将军崔慧景讨之，未行，显达已浮江下。乃以左兴盛督前锋军屯新亭，徐世标屯杜姥宅。十二月甲申，显达自采石进军新林，兴盛率众拒之。显达多置屯火于淮岸侧，谋夜渡。乙酉，率亲军登乐冈，在今新亭乡。新亭诸军奔溃，遂渡淮，由石头北上。宫城大骇，闭门设守。显达执马矟与台军战于西州前，西州即石头城。胜之，手杀数人，稍折。台军复集，显达败走，至乌榜村，在今冶城南张公桥一带。骑官赵潭刺落马斩之，贼众歼焉。崔慧景既除陈显达，帝心忌其功，诏讨寿阳今寿州裴叔业，军至广陵今扬州府而反。二年春，正月，命左卫将军左兴盛督军御之。慧景自京口济江，进至临沂，琅琊郡侨治，在今江乘镇。中领军王莹据湖头筑垒，今玄武湖头。上带蒋山西岩。慧景至查硎，今上元、句容相错处。或进计曰："今平路北皆为台军所断，不可直达，宜从蒋山龙尾上出其不意耳。"乃分遣千人，鱼贯登山，鼓叫临城中，台军惊溃，左兴盛亦弃北篱门都城外北门而走，匿淮滨荻渚中被杀。甲子，慧景入乐游苑，今鸡笼山东北隅。进围台城。于时东府、石头、白下、新亭皆溃，守御尉萧畅屯南掖门，随力应拒，众心稍安。会豫州在今合肥刺史萧懿入援，自采石渡江屯越城，崔觉将精兵数千渡南岸拒之，大败。觉单马退，开航撤浮桥也阻淮。夏四月癸酉，慧景弃军遁，懿渡北岸追逐之蟹浦，为渔人所斩，以头纳鳝篮内，送建康，余党皆平。三年，萧衍以乃兄懿勋高望重，为嬖臣茹法珍谮杀，于是兴兵襄阳，浮江南下。秋九月，前锋曹景宗自溧洲烈山港进屯江宁浦。时太子左率李居士总督西讨诸军事，屯新亭，景宗奋击，败之，乘胜抵皂角桥。以陈伯之为游兵，往来掩袭。于是王茂据越城，邓元起据道士墩，在越城西南。吕僧珍据白板桥。今板桥镇。居士觇僧珍兵少，往来薄垒。僧珍留兵拒守，自帅马步三百绕出其后，与守兵夹击，居士败走。冬十月甲戌，征虏将军王珍国等屯朱雀航南，背水而阵，义军纵兵冲击，众大溃。投淮死者，积尸与航平。后至者乘之以济，因长驱至宣阳门，李居士遂以新亭送款，张瑰弃石头还宫。壬午，萧衍入镇石头，令诸军攻六门，筑长围以困之。会王珍国等惧罪，杀帝以纳外兵。十二月，衍入屯阅武堂，诛茹法珍等四十二人，进位大司马，录尚书事，由是建梁国受禅。

梁武帝太清二年，侯景举兵反，约临贺王正德为内应，自寿阳袭据历阳。二年冬十月，正德以平北将军屯杨郡，密遣大船迓景。己酉，景至慈湖，今太平府江边有慈湖港。建康大骇。帝以机务悉付太子纲，命宣城王大器都督城内诸军事，军师将军羊侃副之；南浦侯推守东府，西丰公大春守石头，轻车长史谢禧、始兴太守元贞守白下，太府卿韦黯、右卫将军柳津分守宫城。庚戌，景由新林至板桥。辛亥，前锋夏侯缁次朱雀桁南，建康令庾信率东宫卫卒营桁北，将开桁撤浮桥也以遏贼锋，正德沮之。俄而景至，信令开桁。始除一舶，有飞矢中门柱，信弃军走。正德党沈子睦闭桁，联浮桥也。度景乘胜至阙下。夏侯缁顿兵士林馆，在宫城外西。元贞弃白下走，西丰公大春奔京口，彭粲以石头降景。景于是列兵围台城，吹唇鸣鼓，百道进攻。羊侃随方抵御，仓猝不能克，乃分兵东府。十一月辛酉，东府城陷，南浦侯死之。癸亥，戎昭将军江子一等，战死于承明门外。会征讨大都督邵陵王纶自钟陵入援，景遣兵拒之。纶军溃，乃收余众入天保寺，景纵火焚之，纶奔京口。羊侃卒，城中益惧。景决玄武湖水入灌台城，阙前悉为洪流。是月杪，司州刺史柳仲礼等，率众赴难，屯新林。推仲礼为都督，进次新亭，景率众至中兴寺在新亭乡挑战。仲礼坚壁不出，夜入韦粲营，令粲屯青塘，裴之高屯南苑，鄱阳世子嗣屯小桁，在秦淮南岸。而自营朱雀桁南。三年正月，诸军徙屯，粲至青塘，立栅未合，景登禅灵寺，今仓巷西范家塘。望见之，率锐卒来攻。粲战死，仲礼驰救不及，大败，自是景不敢济南岸。未几邵陵王纶收散卒，自东道复至，屯于桁南骠骑洲。今武定桥南。癸未，鄱阳世子嗣等将兵渡淮，焚东府前栅，进至菰首桥东即复成桥遇伏。当是时，台城久闭，饥疫死者大半；景军亦困，欲取东府城积米，而援军断其路，乃伪表求和。太子许之。二月，盟于西华门外，然此围终不解也。既而景运米入石头已毕，乃复举兵向阙。会城中军士白昙朗、董勋等谋叛，引贼登城，台城遂陷。景入，以白幡解外援军，幽帝于净居殿。帝以馁崩，景立太子纲为简文帝。大宝元年，弑之而自立。

元帝承圣元年，春二月庚辰，王僧辩督诸军至张公洲。侯景筑捍国城于朱雀大桁，使纥奚斤守之，以卢晖略戍石头。辛巳，西军乘潮入淮，进至禅灵寺渚，今斗门桥侧。景以石沉船塞淮口，缘栅作城，自石头至于朱雀桁，在大桁外。楼堞相望。壬午，陈霸先于石头横垄筑栅，至于落星墩，在冶城山后。众军次连八城，直出石头东北。景恐西洲即石头路断，亦于东北果林石头、台城之间作五城以遏大路，使王伟守台城，宋长贵守延祚寺。今冶城山后即铁塔寺。是月丁亥，西军毕渡淮水，王僧辩进至招提寺北，在石头城后。景众屯西洲之西，霸先以贼少我众，兵势宜分，乃令诸将别屯。景冲王僧志阵，僧志少却，霸先遣徐度将弩手提截其后，景兵退。霸先率王琳、杜龛等以铁骑乘之，僧辩大军继进，卢晖略以石头降，僧辩入据之。景与霸先殊死战，弃稍执刀，左右冲阵，阵不动，景众遂大溃。诸军逐北，至西明门，景不敢入台城而东走，未几为羊鹍所杀，王伟亦弃台城遁。僧辩遣杜崱入守之，拜表迎湘东王入都，不果行，王僧辩乃留建业。后陈霸先与争权，袭杀之于石头城也。

敬帝绍泰元年，侯景故将徐嗣徽、任约复叛，冬十月丙子，袭据石头，游骑至阙下。安都闭门示弱，夜归备战，旦开东西掖门出击，败其众。丁丑，霸先卷甲还都，使合州刺史徐度于冶城立栅，南抵淮渚。庚辰，齐将柳达摩自湖墅渡江入石头以援嗣徽，安都袭湖墅，断齐运道，车载于大桁，筑侯景故垒，使杜棱守之。甲辰，嗣徽攻冶城栅，大败，留达摩守石头，而自往采石迎齐师。丙辰，嗣徽引齐师至，霸先遣军屯江宁浦，嗣徽不敢过，安都以军袭破之，单舸走。是日达摩渡淮置栅，亦为霸先所破，仍入石头。丁巳，霸先移栅北岸，绝其汲路。己未，督军四面进攻，拔其小城。城中皆无水，或炒米食之，达摩窘急，乃求和。霸先亦因粮运不济，许之。辛酉，霸先陈兵石头南门，送齐师北归，嗣徽、约并随之去。明年，即太平元年。齐将萧轨、东方老，与嗣徽、约等合兵十万，背盟南侵。夏五月庚寅，由芜湖入丹阳县。今小丹阳。丙申，进至秣陵故治。霸先遣周文育屯方山，徐度屯马牧，今通济门外。杜棱营大航南。辛丑，齐人跨淮立桥栅，夜渡至方山，南门外，一名天印山。嗣徽列舰于青墩，以断文育归路，文育鼓噪而发，至日击败嗣徽，斩其骁将鲍砰。嗣徽因舍舟自丹阳步上，霸先闻之，乃追侯安都、徐度还京师，而自拒嗣徽于湖熟，至白城，在湖熟旁。适与文育遇，合击之，小胜。癸卯，齐兵自方山进及倪塘，安都与嗣徽战于耕坛南，破之。擒齐将乞伏无劳，刺东方老坠马，跳而免。霸先潜撤精兵三千，配沈泰渡江，袭齐行台赵彦深于瓜步，获舟百余艘，粟万斛。六月甲辰，齐兵至蒋山，安都与战于龙尾，军主张纂冒阵死，众军分屯乐游苑东、覆舟山北，阨其冲要。霸先遣别将钱明率水军出江乘，邀截粮运，尽获之。壬子，齐兵逾蒋山至玄武湖西北、幕府山南，将据北郊坛，文育、安都移屯白土冈，与之相对。其夜大雨震电，暴风拔木，平地水丈余。齐兵昼夜坐立泥中，足指皆烂，悬釜以爨。而台中及潮沟北，今珍珠桥一带。水退路燥，众军每得番易。时四方壅隔，粮运不至，建康户口流散，征求无所。甲寅，稍霁。霸先将战，调市人馈军，使建康令孔奂多营麦饭，分给战士。会陈蒨遣送米三千斛、鸭千头，霸先命炊米煮鸭，计粮数脔，人人以荷叶裹之。乙酉，未明蓐食，比晓，霸先帅麾下出幕府山，与齐师战。安都坠马，部将萧摩诃单骑大呼，直前入阵，齐军披靡，安都获免。霸先与吴明彻、沈泰等首尾齐举，安都复自白下引兵横出其后，齐兵大溃。斩获数千人，禽徐嗣徽斩之。追奔至临沂，其江乘、摄山诸军，相次克捷，虏萧轨、东方老等四十六人。溃军得窜至江者，自卢龙山缚荻筏以济，溺死无算，任约、王僧愔得免。丁巳，众军出南州，烧齐舟舰。己未，解严。庚申，诛萧轨、东方老于建康市，论功加霸先丞相、扬州牧，由是得建陈国焉。

陈后主祯明三年，即隋开皇八年，隋总管贺若弼自广陵济江，韩擒虎横江至采石，南北并进。丙戌，采石戍主徐子建驰启告变。戊辰，内外戒严，以骠骑将军萧摩诃为皇畿大都督，别遣南豫州刺史樊猛帅舟师出白下。后主使司徒豫章王叔英屯朝堂，萧摩诃屯乐游苑，樊毅屯耆阇寺，忠武将军孔范屯宝田寺，中领军鲁广达屯白土冈，别遣镇东大将军任忠屯朱雀门。辛巳，贺若弼进据钟山，韩擒虎次新林，宇文述自六合济屯石头城，以为两军声援。甲申，鲁广达陈兵白土冈，居众东南；任忠、樊毅、孔范、萧摩诃以次而北，阵亘二十里，首尾进退不相知。时韩擒虎自新林进军，忠竟迎降于石子冈。领军蔡征守朱雀航，闻擒虎将至，众惧而溃。忠引军入朱雀门，擒虎因趣宫城，自南掖门入。文武百官遁，后主惶惧甚，与宫人十余，出后堂景阳殿，自投于井，及夜为隋军所执。王度入台城，命斩张贵妃，榜于中桥。

唐肃宗至德元年，安禄山史思明乱未平，永王璘镇江陵，谋窥金陵，如东晋故事，引兵东下。冬十二月，自浔阳引兵东下，至当涂，今太平。击斩丹阳太守阎敬之。明年，淮南招讨使李成式，使判官司裴茂来讨，列旗帜于江津。璘登城望之，有惧色。其别将浑惟明奔江宁浦，璘亦走死，未战而自败也。越三岁，为上元元年，江淮都统刘展反，入据江宁。二年，平卢节度使[①]田神功奉敕讨展，自白沙济今仪征江面西趋夏蜀，展战败，将军贾隐林射之，中目而殪。平卢军大掠十日，江南财赋尽矣。

僖宗光启三年，张雄部将赵晖据上元叛，会周宝败，浙西溃卒多归之。遂自骄，大治故台城以居，张雄在东塘，不与通问。雄溯江而上，晖以兵断其中流。雄怒，攻上元，拔之，晖走死。

宋太祖开宝七年，冬十月，诏江南主南唐贬号入朝，不至，乃命大将曹彬自采石济江，败江南军于新林。八年正月，别将李汉琼取巨舰载荻烧淮口水栅，拔之，副将潘美率众渡淮。二月癸丑，败南军于白鹭洲；今上新河。乙卯，拔昇州关城。夏四月，

① 平卢节度使：原文误作“卢节度使”，漏“平”字。

又败其军秦淮北，遂围城。宋主命缓攻以待其服，故相持不决，至冬十一月，始进攻。丙戌，败之于城下。先是，曹彬等列三栅攻城，潘美居其北，以图上，宋主指北寨曰："此宜深沟自固，江南人必以夜来寇。可并力亟成之。"彬等即自督丁夫掘堑，堑甫成，江南军果来袭，彬等纵其至，徐击之，歼焉。彬知城破在旦夕，乃与诸将焚香设誓，不杀一人。乙未，昼晦，金陵城陷，后主率群臣降。曹彬振旅而归，自称江南勾当公事，不伐其功也。

高宗建炎三年，汴都不守，金兵南寇，杜充以江淮宣抚使守建康，列戍江南岸。冬十一月，金乌珠[1]自马家渡即沙冈洲济江，杜充遁。乌珠遂凿老鹳河故道二十余里通秦淮，一夕渠成，兀术即由此趋建康。四年三月，岳飞于牛头山南门外牛首山设伏，夜令百人衣黑，混入金营，内外夹击，败诸清水亭。牛首山侧。五月，金人焚建康，掠人财物，拟自靖安即草鞋夹渡江而去。飞入，败之龙湾。即龙江。乌珠率舟师出江，与韩世忠相持于黄天荡。栖霞山下。世忠分海舟为两道，出其背破之，乌珠自是畏长江之险，不敢南窥矣。

元顺帝至正十五年，朱元璋即明太祖起兵濠上，今凤阳府。由和阳今和州渡江，取采石，将攻集庆路，即金陵。擒义兵元帅陈埜先，释之。埜先收余众屯板桥，复与元行台御史大夫福寿合拒战于秦淮水上，元璋军失利。埜先率众追袭，经葛仙乡，在江宁南乡。民兵百户卢德茂刺杀之，其子兆先复据江宁镇。明春三月，元璋部将冯国用攻降之，即以兆先众五百人为前锋，败元兵于蒋山，直

---

[1] 金乌珠：即金兀术。

抵城下。元湖广行省平章阿鲁辉来援，败走至城南杏花村，今新桥南花盝冈是。兵变遇害。元璋合势并进，竞前拔栅。元主将福寿坐凤皇山下伏龟楼，今南门外凤台门。督战不胜，死之。元璋遂克集庆路，改路为府，曰应天，诸将奉元璋为吴国公。越四年，而陈友谅犯金陵，应天大震。或谋以城降，或欲奔据钟山。刘基不可，曰："天道后举者胜。吾以逸待劳，何患不克？莫若倾府库，开至诚以固士心，伏兵伺隙以袭之。取威定霸，以定王业，在此举也。"吴公意乃决，召指挥康茂才曰："汝与友谅雅游，吾欲速其来。汝可作书约降，告以虚实，使分兵二道以弱其势。"茂才遂令阍者潜至友谅军，友谅得书大喜。问："康公今何在？"曰："见守江东桥。"水西门外。问桥如何，曰："木桥。"乃与约曰："吾至则呼'老康'为验。"阍归报吴公，亟命以桥易石。谍者言友谅问新河口路，今水西门外上新河。乃命赵德胜跨新河筑虎口城以待。当是时，常遇春、冯胜率帐前军伏石灰山侧，今神策门外。徐达陈兵南门外，杨璟屯大胜港，即大胜关。张德胜、朱虎率舟师出龙江，即下关。吴公亲统大军于卢龙山。即狮子山。令偃黄帜于左，赤帜于右，戒曰："寇至举赤帜，举黄帜则伏兵起。"乙丑，友谅军至大胜港，杨璟率众拒之。港狭，舟不得并进，友谅遽退出大江，径冲江东桥，见桥皆大石，连呼"老康"不应，悟茂才使诈，即率舟师趋龙湾。先遣万人登岸立栅，众欲战，吴公曰："天且雨，促食，乘雨击之。"众未信，忽风起西北，须臾大雨，赤帜举，诸军竞前拔栅，友谅麾众来争，战方合，雨止。吴公命鼓，黄帜举，常遇春等伏兵起，徐达军亦至，张德胜、朱虎舟师并集，内外合势，友谅兵大奔。诸军追至慈湖，焚其舟，乘胜复太平府。友谅遁回湖广，吴遂定金陵为国都，寻建号曰明，称皇帝。惠帝建文元年，燕王棣反。四月，燕兵至龙潭。辛酉，命诸王分守都城。乙丑，燕兵犯金川门，谷王橞及李景隆叛，开门纳燕兵，都城陷。魏国公徐辉祖帅师迎战败，宫中火起，帝不知所终。

世宗嘉靖二十二年，倭贼流劫至南京，犯江宁镇，抵板桥。指挥朱襄率数百人拒之，败死，贼遂由安德、凤台、夹冈各门，趋秣陵关。守关将士，望风奔溃，贼乃过关向溧水而去。

清世祖顺治元年，五月，江南迎立福王，即位于南京，号弘光元年。二年，豫王下江南，明忻城伯赵之龙、大学士王铎迎降，执福藩，江南平。总管率八旗兵驻防于皇城。十六年，夏六月，明延平王郑成功本姓朱以海上之师，大举犯长江，直薄南京观音门。六月，总督郎廷佐督众城守。由仪凤门上岸，军白土山，列舟师于江东门外，使马信等陈兵汉西门，陈鹏等屯东南角，依水为营；刘国轩等屯西北角，傍山立栅；张英等屯岳庙（与白土山相连），诸镇为成功大营护卫，以甘辉、余新前当兵冲，万礼、杨祖守大桥，在钟阜门外。翁天祐守仪凤门要路。乙亥，我师薄余新营而败，成功骄甚，以生日置酒，不设备。会崇明总兵梁化凤来援，绕道入城，夜穴神策门，引五百骑突犯余新营，海师出不意，惊溃，新败，入萧拱宸营，化凤乘之，拱宸亦败，新被擒，而翁天祐救之不及。我师既胜，乃尽出骑兵列城外。或劝成功退屯观音门，不从。调姚国泰、杨祖、蓝衍、杨五屯山上，甘辉、张英屯谷内，林胜、陈魁列山下，陈鹏、蔡禄往来接应，仓卒移帐，营垒未成。壬午旦，化凤率骁骑薄杨祖营，祖迎战不支，与姚国泰、杨正俱败走，蓝衍斗死。陈鹏、蔡禄来救，化凤从山上驰下突之，鹏、禄亦溃。总督郎廷佐方巡城，见驻防将哈哈木兵少却，大惊，急麾劲骑钟阜门出，绕至成功大营后，俄见山上旗，喜曰："吾家兵山上胜矣。"两军既合，乘势掩杀，成功在山上督战，见蔡禄等败，嘱潘庚钟曰："尔立盖下，代吾指麾。吾往催水军也。"既至江心，望诸军披靡不堪，乃飞帆遁。庚钟至死不去其盖，陈魁趋救，中箭死。甘辉、张英在谷口不得去，英战死，辉被擒，至金水桥在驻防城中斩之。万礼力战于大桥山，亦覆没。江宁之围乃解。是皆战于郭外，未尝入城也。

宣宗道光二十一年，英人以禁鸦片，侵扰海疆。六月，酋首濮鼎查、马利逊率大队溯江上犯金陵，自观音门至龙江关，连樯不绝，大有一触即发之势。城中大小户皆徙，寂无人烟。秋七月，英人占上元县县丞署，掠迈皋桥，将军音德布、总督牛鉴遣洋商颜柳等往犒师，因与之言和。布政使黄恩彤亲至其舟抚之。英人输平，宴钦差耆英、伊里布诸贵官于其舟。旋即静海寺行答拜礼，濮鼎查、马利逊入城谢，因游正觉、报恩寺。和约成，旋即启碇回国，此即南京和约之一。

文宗咸丰元年，洪秀全等金田起义，浮湘达汉，声势浩大。二年，清廷诏令江督陆建瀛赴鄂会剿，移巡抚杨文廷与布政使祁宿藻会办团练。三年春，陆建瀛自湖北广济县之龙坪弃军遁回，战守一无所备，祁宿藻愤死。会太平军顺流东下，自芜湖四合山登陆，焚板桥，掠江宁，而至聚宝门。水路由新洲大胜关至草鞋峡，帆樯林立，绕城西南，筑垒二十四。踞报恩寺塔，俯瞰城中，且藉以施炮，并在上新河资木商竹木作云梯。又由仪凤门静海寺掘地道穴城，凭城外居民以食宿，赖砻坊、米行、油坊、煤栈以日用，遂日夜环攻。二月，仪凤门城破，陆建瀛走至小营黄家塘被戕，提督福珠洪阿死于大功坊，邹鸣鹤死于三山街，其他文武官吏，多死节者，一时义烈为东南冠。大城既破，将军祥厚、都统霍隆武，率所属退守驻防城，力竭死之，男女约死四万人。太平军入城，以督署为天王府，各衙署为各王府，名江宁为天京，号曰太平天国。是年，清廷诏向荣率众东下，至江宁镇，舍舟登陆，由淳化镇绕道而东，乘胜夺孝陵卫，在朝阳门外。遂壁钟山，傍城筑十八垒，太平军不敢启东门。有廪生张继庚，要结同志，先后七上书于向军，谋内应，事泄遇害。自是相持三年，时有小胜败。清军得由上方门，迤逦而南，克雨花台，逼聚宝门而营，以为可以合围矣。而顿兵城下，四出救应，营垒空虚，为太平军侦悉。乃密约东路队伍，拊清军背，冀图牵制。六年，夏五月，杨秀清自率悍党扑七瓮桥[①]，南北路断，各营不战而溃，由淳化镇退去。七年，以和春接统江南诸军，由镇江、句容、溧水扫荡而前，是年复壁孝陵卫。八年，张国樑、李若珠合兵围东南二门，张玉良、冯子材扑近太平、神策门，是时金陵围师八万人，凿长濠以困，绵亘百余里。十年春，天王促诸路入扰，杨辅清、李秀成合攻孝陵卫大营，张国樑共战八昼夜不能休。一夜雷雨，各营火起，自相惊溃，国樑负重创，退至丹阳投水死。是年，诏曾国藩为钦差大臣，移镇安庆。

穆宗同治元年，使曾国荃乘胜东下，夺烈山，屯板桥，掠大胜关、三汊河，与彭玉麟水师克头关，即上新河。夺蒲包洲，泊金陵之

① 七瓮桥：即七桥瓮。

护城河口，国荃遂驱陆军直逼雨花台而营。太平军李秀成及李世贤纠众先后来援，号称八十万，东自方山，西至板桥，连屯数十里，围攻大营。国荃誓死不退，以病卒守栅，自率健锐者，日夜拒战，虽带伤仍复巡营。冬十月，国荃引众出濠，克十余卡，士气大振，乃遣李臣典出东路，曾贞幹出西路，彭毓橘、萧孚泗出南路。太平军萃十三王之众于一隅，凡四十六日而围解，于是军心乃益固矣。二年春，曾国藩来视师。四月，李臣典克雨花台石城。六月，鲍超克燕子矶，于时九洑洲已克，沿江两岸肃清。秋七月，诸军克上方门、印子山、江东门。九月，取中和桥、七瓮桥、双桥门、土山、秣陵关、博望诸隘，孔洪章壁钟山，朱南桂屯淳化镇。自是金陵东南各境，亦已肃清，统帅移扎孝陵卫。三年春，正月，克复天保城，断神策、太平二门往来道，遂合城围。李祥和攻地保城，粮草已绝，李秀成屡以无米为忧，乃日放妇孺出城节食，而于城内种麦济饥。曾军合围以来，时令军士凿隧道，凡南门一穴，朝阳至钟阜门三十三穴。五月，洪秀全以事急忧惧，仰药死，其子福瑱自称幼主。国荃虑师老变生，督李臣典当炮密处，潜穴其下，而积湿蒿覆沙土，高与城等，声言将登以疑贼。六月，地道成，国荃檄戒各将士，照赏募敢死士，待城破入。于是李臣典等九人誓先登。乙酉日午，地道火发，城崩二十余丈，砖石雨落。朱洪章从决口先入，李臣典、彭毓橘、萧孚泗等，蚁附争登。沈鸿宾、罗雨春等攻中路，在天王府北；刘连捷、张诗日、谭国泰等攻右路，循台城趋神策门。适朱南桂等梯攻而入，遂合取仪凤门。右路彭毓橘由内城至通济门，萧孚泗等夺朝阳、洪武门，而罗逢元等从聚宝门入，李金州从通济门入，陈湜、易良虎由汉西、水西门入。李秀成趋汉西门，为陈湜军所阻，乃还走清凉山，匿民房中被获。适水师黄翼升攻夺中关，乘胜至汉西门，与陈湜等合，于是金陵九门皆破，日已暝矣。夜半，天王府纵火自焚，幼主因突围走。黄润昌露立龙广山，袁大升等循城南，遇寇要击，斩数百人；张鼎魁追及之湖熟，俘诛殆尽。国荃令闭城救火，获玉玺二，金印一，东南由是肃清。

宣统三年，辛丑，八月，武昌革命事起，四方响应。金陵城守不下，第九镇徐绍桢怯于监视，藉赴秣陵关秋操出城。九月十八日，回攻雨花台，为张勋军驱走。十月，江浙联军会攻，王有洪战死，将军铁良、江督张人骏知事不可为，相率遁去。清廷诏张勋退守徐州，而革命军遂入城，以旧督署为临时政府。

民国二年，癸丑，六月，黄兴独立，都督程德全、省长应德闳逃沪，秩序大乱。北军由徐州分途进攻，七月十二日晨，张勋率所部攻朝阳、太平两门，浦口亦飞弹击下关。每日黄昏，枪炮声络绎不绝，至次早始息。八月初一日，张军夺朝阳门入，冯军由仪凤门入，雷军由南门入，挨户搜劫，民不堪命，三日始止，实为同治甲子后第二浩劫。十六年，国民革命军北伐，进薄南京，北军褚玉璞等相率溃退渡江，并未滋扰。不久，在北岸之孙传芳各军，潜渡黄天荡，由乌龙山登岸，趋栖霞山，被国民军击退。

建置

凤池书院

院为江宁府设，原在忠义祠后，名文会楼。乾隆四十二年改建。嘉庆二十五年，苏抚陈桂森捐银千两生息，广内外课各十二名。其后江宁府俞太守德渊，改建于旧王府东北角之绣春园，有池馆亭阁之胜，遭乱无存。同治七年，涂太守宗瀛购大夫第东新廊民舍重建，分等课士，而去内外课之名。每月二日，一府两县分主之；既望，则院长课之，二十三日为课诗赋期。

钟山书院

院设中城钱厂桥，纪元后，为第四师范学校，今为南京中学一院。明之铸钱处也。清雍正元年，总督查弼纳建。乾隆元年，仿朱子白鹿洞规条及分年读书法，总督尹继善勒石，院长杨绳武为记。四十六年，总督萨载定书院规条，院长钱大昕定学约。道光十二年，藩司贺长龄增修东西学舍五十间。生徒内课五十名，膏火银月二两四钱；外课七十名，半之；八旗生五名，如内课。月以初二日，总督、司道轮试；十六，则院长课之；别期课以诗赋杂体。程廷祚《钟山书院记》节录："其形势，遥枕鸡笼，近挹秦淮，护龙之水，萦带左右。邑居环拱，城郭纡徐，结以构，系以周垣，风气绵密，信金陵之胜地也。"

尊经书院

县学明德堂后尊经阁，清嘉庆十年毁于火。总督铁保、藩司康基田重建之，因以为尊经书院。内课三十名，外课九十名，无旗生。其膏火如钟山。

惜阴书舍

在龙蟠里盋山园侧。清道光十八年，总督陶文毅公澍仿诂经精舍、学海堂之制所建，课以经史古文词，屏去时艺。公殁后，因建祠祀公，乱后同治七年九月增修。月之二十三日，仍课诗赋经史。光绪初年，全椒薛慰农先生掌教兹地，宏奖风流，颇极一时之盛。巡道孙衣言，详请大府附借书局于惜阴书舍，储存江宁、苏州书局刊经史子集，备士子无书者借读。

文正书院

在八府塘侧，清光绪初年，许方伯振祎所建，以奉曾文正公香火，并课士子文赋。园中亭宇花木，最为幽旷。纪元后改为第一中学校，今为南京中学学院。

《同治上江志》注：各书院，今皆随课升降，不同前例，岁一甄别。案：旧时学官教士，等于具文；雅化作人，端基书院。江南文物大邦，书院人材渊薮。自清季兴建学校，多因书院为基础。时移代谢，虽日藏修游息其中者，多有数典忘祖之讥。余故搜考旧志，特为辑录如右，固文化之导源，亦掌故所必备也。

官书局

清同治三年，曾文正与其弟忠襄公国荃，刊《王船山遗书》，立局安庆。既克金陵，移局东下。初设于铁作坊，后移府学之飞霞阁。延绅士一人督理其事，提调道府一人佐之。并延四方绩学之士，分任校勘。所刊经史四部，皆通行之书。搜罗善本，剞劂加精。书成，仅依工本收价，所以振文教、惠士林者至矣。初名金陵官书局，光绪初改名江南官书局，局设贡院前。民国十七年，南京市政府收用书局原有房屋，为民众茶社，迁书局于金沙井向、张二公祠，并改名大学区国学书局。

附录：柳诒徵《国学书局本末》 节录《国学图书局第三年刊》

国学书局，最初名金陵书局，后称江南官书局。其相与为缘者，有淮南官书局及江楚编译官书局。其度版地同，售书处同，而隶属不同，渊源分合，亦研究近世江苏文化者，所宜措意也。清同治二年，曾国藩为江督，驻安庆；其弟国荃督兵围攻金陵，捐资养士，刻王夫之遗书。军书旁午之时，文人学者，辐辏安庆，从事校刊。三年，湘军克金陵，士大夫随国藩东来，置局于铁作坊。即太平军慕王府。何绍基《金陵杂述》诗："伪府俄成考古庐，躯躯耆硕共稽居。谓宜刊罢《船山集》，遍梓人间有用书。"七年，移局冶城山飞霞阁。阁势高旷，适于眺览，文士往往著之题咏。阁下旧有太乙泉，后易名养泉。局制，绅督而官佐。一时学者云集，校书之暇，流连觞咏。历任江督宾敬儒者，相承不替。刊本之最著者，《四书》、诸经、《史记》《前汉书》《三国志》《文选》《王氏读书杂志》《渔洋山人古诗选》，出于张文虎之手；《穀梁》《毛诗》《后汉书》，出于戴望之之手，皆极矜慎，而《史记策解索隐正义》一书，文虎用力尤勤。当时京朝大官，索局刻书者纷起，盖以其校刊之精，突过殿本也。咸同间，督抚兼治兵理财之权，外销之款至夥。自江南兴办书局，各省踵之。其经费皆出于闲款，不在经常出纳之列。稽之曾、李奏牍，可以知其性质。惟局虽分设，事多协商。故江南先刊四史，湖北踵刻史书，因有分任全史之举。当时督抚和衷共济，又多学者参预其间，综其颠末，不独为书林佳话，亦可见治体之修明。先是，李筱泉中丞谋合各省书局，合刻《二十四史》，经俞曲园商之丁雨生，允于江苏刻辽、金、元三史，马谷山允于金陵刻史、汉起至《隋书》而止。浙江则刻新、旧《唐书》及《宋史》而止，湖北则刻两五代及《明史》而止。惜何绍基在淮南刻注疏，欲以穷经胜治史，各局未能助此胜业，仅淮南局成毛诗一种。光绪初，金陵书局易名江南书局，距同治初才十许年，而局势已形衰替。虽曾国荃复为江督，范志希任提调，汪士铎、冯煦、成肇麐等任校勘，迥不逮同治时之盛。至刘坤一督两江时，愈益不振。戊戌变法，各省裁减局所，金陵书局，改归江宁府管理，局款无出，仅恃流存书价，印售周转。冶山阁，学者论文下榻之所，专储书版。而贡院街售书之肆，乃专江南书局之名矣。查江南书局，向章，每年在藩库领银三千两，在支应局每年领银四千两，以为常年经费。光绪二十四年，刘坤一令饬一律停止，并于裁并局所案内，将金陵、淮南两书局裁撤员司，责成两淮运司及江宁府分别管理。淮南书局在扬州琼化观街，初曰养贤馆，嗣改为书局，亦以养耆宿也。局刊善本，自何校《毛诗注疏》外，以薛寿所校《隋书》为最。金陵初任十五史，淮南分其《隋书》，明与金陵相辅翼也。其经费之出自闲款，亦与金陵同。辛丑以后，江南官书局归江楚编译官书局兼管。丁未夏间，淮南书局亦并属江楚。盖其时新学萌芽，视旧籍无足重轻，故以印售旧书之事，归入译著新书之局也。江楚编译局者，光绪辛丑，刘坤一、张之洞会奏变法，议兴学堂。先行设局编译教科书，设局江宁，初名江鄂，后改江楚。以刘坤一自逊无学，编译之事，取裁之洞，宁任费而鄂居名，非合数省之财力为之也。是年秋九月开局，刘世珩为总办，缪荃孙为总纂，陈作霖、姚佩珩、陈汝恭及诒徵等为分纂。作霖为《礼书初编》《元宁乡土教科书》；诒徵删订《字课图说》，增辑《支那通史》为《历代史略》（诒徵自辛丑到局，丙午即辞去）；而翻译日本书之事，则罗振玉居沪，偕刘大猷、王国维等任之。自周馥督两江，主译西籍，延陈季同领局事。端方督两江，时季同已逝，聘陈庆年为坐办，前后编译之书，都若干种，而舆论少之。宣统元年，江苏谘议局议决裁撤是局，而江督张人骏奏就局款，改为江苏通志局，欲志局并入江南图书馆。

时庆年兼主图书馆，为书辨之甚力，遂别设志局。宣统三年，志局与图书馆同隶一总办，以节糜费。鼎革，而志局中辍，编译局之书版，及所管淮南书局之书版，卒归图书馆管理，而由江南官书局发售。民国以来，江南官书局归江苏省长公署及教育厅管辖，其出入款目，列载省议会预算册。十七年冬，改名中央大学区国学书局，而淮南、江楚售书余利归图书馆，迄今十八年，未之或替。江楚之书，自国学书局存售者外，其储图书馆者，二万一千余册；淮南之版，自朝天宫所存者外，其储图书馆者，四千五百余片；江南局版，同治中刊者，载在《上江两县志》，光绪中续刊者，亦可按目而稽，均存朝天宫尊经阁。惟三局书版，年久失修，蠹损不可胜计；手民潦草，烟黑模糊，新印之与旧印，相去天壤。议者正谋改良，以续前贤之绪，而经理员以教育厅远在省会为词，朦呈教育部，请其接收。教育部亦未一考此局之历史，望文生义，漫以为江南、淮南、江楚诸名，皆非一省所专有，遽呈行政院，允其所请。苏省政府一再咨部，请其交还，积久未能解决，遂成为部省争执书局之悬案。诒徵前撰《文化事业之争执》一文，载《史学杂志》第二卷第一期。曾及教部、省方文件，阅者苦其语不详，时有询及下走者。重为缕述，以谂留心于局书之君子。（文件从略）

图书馆

龙蟠里四松庵，旧名盋山园。清陶文毅公总督两江，喜其面对方山、天印，极登眺之盛，改名博山。复仿西湖诂经精舍规程，建惜阴书院。光绪之季，端陶斋制军斥巨金购丁氏八千卷楼藏书，因故址辟地，建楼二十二楹贮之，命名为江南图书馆，保存国粹，其功有足多者。民国纪元三年，伊通齐震岩来长是邦，锐意以整饬国故为己任，礼罗名彦，就善本书重加校理，于刊钞配补卷帙完阙，考核尤谨。纂成《覆校善本书目》四册，特定《阅书专章》八条，易名为江苏省立第一图书馆，增设省立第二图书馆于吴县之可园。干戈扰攘，潮流澎湃，犹复汲汲焉于固有文化，倜乎远矣。

附录：江南[①]第一图书馆《覆校善本书目序》

清同光间，海内藏书之富，称聊城杨氏海源阁、常熟瞿氏铁琴铜剑楼、归安陆氏皕宋楼三大家，而钱塘丁氏八千卷楼，亦最有声于东南。光绪中叶，东瀛以重金敛皕宋楼以去，复耽耽于丁氏八千卷楼藏书。时浭阳尚书总制两江，乃亟市之以归江宁，因惜阴书院故址，辟地建楼二十二楹于盋山之麓，命曰"江南图书馆"。以十九楹贮藏阅书，而以二楹别庋善本。凡宋元明旧椠暨精钞孤行本，与夫经故家收藏、名流校勘者，胥于是乎在。丁氏故有《善本书室藏书志》四十卷，篇帙繁重，流传甚稀。前馆员刊《简目》以行，世所习见者，皆属此本。民国三年，余来巡是邦，屡过盋山登善本书楼，偶取旧籍与《简目》对勘，间有异同，心窃疑之。爰特定《阅书专章》八条，付与馆员守之，嘱同年胡宗武、曹椽梁公约两君重加校理，凡六阅月而竟，纂成《书目》四厚册，备载历朝名人收藏印记，于刊钞配补卷帙完阙，考核尤详，视前《简目》加勤焉。暇取而互勘之，如《读易小得》，如《扬雄〈蜀都赋〉读》，如《春秋左氏传补注》，如《春秋师说》，如《篆体

---

① 江南：应为"江苏"。

偏旁点画辨缺》,如《锦绣万花谷前后集》,如《禅宗永嘉集》,如《陆士衡文集》,如《友石山人遗稿》,胥属丁氏善本书,《藏书志》漏载,而《简目》不收。如《春秋通说》,如《崔清献全录》,如《素问入式运气论奥》《黄帝内经素问遗篇》,如《宋宝祐四年丙辰岁会天万年具注录》,如《宝章待访录》,如《山房四友谱》,如《蝶庵道人清梦录》,如《大慧普觉禅师书》,如《老子口义》《列子口义》《庄子口义》,如《元刊分类补注李太白诗集》,如《元刊集千家注分类杜工部诗》,如《孟浩然集》,如《后山诗注》,如《西塘郑先生集》,如《格斋四六》,如《巽斋四六》,如《翰林珠玉》,如《江月松风集》,如《縠庵集选》,皆《藏书志》所载,原书具在,而《简目》亦不收。其尤异者,宋张景《医说》二部,仅入明椠,而黄荛圃所藏宋本,亦不著录。今均一一随类列入,为书不下三十余种,则当日丁氏之疏尚小,而前馆员编纂之率略泰甚也。兹目,经之属三百五十三部,六千一百四十六卷;史之属四百九十部,二万零零七十四卷;子之属五百八十五部,一万一千零六十八卷;集之属一千一百二十部,二万二千五百九十二卷。都二千五百四十八部,五万九千八百八十八卷,而藏阅书五百四十四厨,尚不与焉。收藏之富,近世官所领者,自京师外,殆罕与俦。缅维咸同之交,丁氏掇拾于兵火之余,积三十年,乃始蔚斯美备。几随海舶东渡,得溇阳乃获幸留。而辛亥、癸丑,金陵两次事变,公私荡尽,惟斯楼岿然独存。循览是目,宁亦有造物者呵护之欤?孔子曰:“其人存,则其政举。”是则邦人君子与夫后之来者,有共同抱残守阙之责也夫!戊午嘉平伊通齐耀琳。

通俗教育馆

图书馆，名山孤帙，保守珍奇，备经生考订，非以供市民浏览也。于是谋通俗教育计，另辟新馆之议起。馆设于江宁之韬园，定名为通俗图书馆，附设博物、演讲、体育、音乐四部。事既竟，以图书馆与其他各部，设置分量略相埒，遂改今名。馆长以教育科一员兼充，事举而费节也。五年二月六日开馆，音乐部以费绌缓设，他部俱成立。图书一部，自通俗书籍外，更取龙蟠里旧馆通行本中之重出者，移而列之，为设特别阅览室。比距开馆才九月，游览者都十万二千九百八十有五人，莘莘学子，桓桓军士，以及村妪牧竖、贩夫走卒之流无不至。比年各部逐渐扩充，民智日形增进。今改为民众教育馆。

马　路

光绪甲午，张文襄权江督，鉴于交通不便，创修马路。路线起下关，入仪凤门，至碑亭巷止。丙申，刘忠诚回任，复由碑亭巷口展修至通济门，人咸称便。一日，刘谓杨镜岩统领曰："若知陶士行镇武昌，有课诸营种柳故事乎？曷以为课？"杨遂于马路两旁植柳数十万株，绿阴交荫，暑日中行人感颂。近路政改革，而柳亦不复存在矣。丙午，端匋斋督江，更扩修支路，有四通八达之势，每月征收车捐以充养路费。民国后，设有马路工程局专司之。

造币厂

清季张文襄之洞督鄂，首于湖北创立造币厂，铸银元。上印龙形，谓之龙洋。广东、安徽亦踵行之。江南立局，则始于光绪丙申，为江督刘忠诚公所奏创。局设于回龙街，在淮水之西南，傍倚城墙，周环以墙，规模宏敞。先是钱法日荒，各省间有请铸铜元以维圜法，宁厂遂亦附铸铜币。维时各省银币之成色，以湖北北洋独高，江南次之，其他各省，多不能通行。然以银币本重而利觳，铜币本轻而利丰，遂相率造铜币以资利薮。驯至铜元充斥，百物腾踊，害先中于平民。而旧有制钱，销毁之可以罔利。国内私铸之风盛行，奸民更转贩于东瀛，复充原料之输入，是何异自搤其吭，而甘饮受人之酖？又岂始事者所及料哉！

普育堂

普育堂者，邑之旧仁政也。其原出于广惠普济诸局，在驯象门之佟园，今赵公碑记尚存。以恤残废老民、老妇、婴孩之无养者，其分者在卢妃巷，其后，海宁万黼廷建老人堂于回光寺，以养老民。淮商建清节堂于油坊巷，以养嫠妇，旁建义学堂以教其幼子。又建崇义堂于剪子巷，以养秀民之无力从师者，延善文者教之。道光中，高才生多出于此，最为教士之善政，书院远不逮也。乱后一切皆废，惟存老屋数间。遭洪杨之乱无存。城复以后，难民之无归者，妇女居八九，爰以凯士余米分哺之，城北在北门桥，城南在评事街江西会馆。尚千数百人。未几，米亦罄。同治四年春，太守涂公宗瀛廉得堂之旧址，而清厘其产，广加劝募，改建堂于剪子巷李氏老屋西，凡难妇废疾者聚哺之。人米八合，薪一束。其少妇之有志者，修故清节堂以居之；其老妇则以故崇义堂屋居之。且各附以义学二所，以教孤儿。法制粲具，其存活无虑千余人。七年冬，马端敏公复建育婴堂于堂之道北。

沪宁铁路

沪宁铁路，始于前清光绪二十二年九月。南洋大臣奏请创办吴淞至金陵铁路，嗣由直督王文韶、江督张之洞会奏，先筑淞沪，后筑沪宁。淞沪路于二十三年十二月兴工，二十四年十日竣工。时英政府以俄、德、法均在我国获有数路权，援利益均沾，同年闰三月，由驻英窦使向清政府坚索沪宁建筑权。清廷旋令督办铁路大臣盛宣怀，与英银公司订草约二十五条。银公司立派工程师勘估，二十六年五月竣事，旋以拳祸迁延。二十八年七月，盛复与银公司订详细合同二十五款。二十九年二月，经张之洞、恩寿、盛宣怀奏准，改照粤汉路美款办法，闰五月由盛与银公司将该合同签押。其内容：借款总额：英金三百二十五万镑（仅发行二百九十万镑）；借款年限：五十年；担保品：本路财产及进款。关于用人总工程师及办理重要事务，皆由公司推荐英人。八月，派英人格林森为总工程师，开始测勘。三十年九月初一日，照借款合同第二十三款，收还工价银一百万两，将淞沪归并办理外，由本国先后拨工程及购地各款，计列政府长期资金为六一八四二〇〇・六四元。自二十九年八月勘路后，各段同时兴工，依各段工事进程，先后开车，至三十四年三月全路工竣，先行通车。路线除上海至吴淞炮台湾为枝线外，干线自上海至南京下关江边止，均单轨，计共车站四十个，凡三一一公里四二。南京站在仪凤门外，今兴中门。下关狮子山西北，另岔道延至江边煤炭港，为沪宁码头，以资旅客渡江，与津浦联运。现由铁道部设首都铁路轮渡工程处，预期于二十二年三月竣工。嗣后联运，即可直接通车，亦水陆交通上一大建设也。沪宁路今易名京沪路，民国五年自上海北站接轨至麦根路（由沪杭甬路借用沪宁基地），与沪杭路梵王渡联轨，改称上海北车站，为两路总车站。近年并两路管理局为一，故亦名京沪杭铁路。

江宁铁路

江宁铁路，亦名宁省铁路。清光绪三十三年二月，江督端方以南京下关为沪宁铁路首站，行旅辐辏，商货络绎，城关辽远，交通弗便，遂奏准建筑此路。路线由下关下关站附近沪宁车站江口起，入金川门，迄中正街，计长二十二华里，共分七站。筹拨公款洋五十八万元，六月开始购地兴工，三十四年七月完工，八月初一日开车。路产除购地及一应建筑工程设备外，计机车二部，头二等客车各一部，三等车五部，货车三部。开办初期，每年尚可得净利六万余元。嗣以管理不良，营业腐化，收入日绌，养路无资，以致机车废坏，车辆窳敝，从未添购；枕木腐朽，亦乏抽换，仅由沪宁路租用机车二部，勉强行驶。民国十六年改隶市政府，易名南京市铁路。比年军运频烦，货运畅旺，迄无整顿之方。首都交通，观瞻所系，是亟应彻底改革者。

南洋劝业会

清宣统纪元，江督端匋斋奏请于南京开南洋劝业会，实为中国内国博览会之新纪元。全国皆有出品，惟藩部缺焉。会场设于丁家桥，周围约七里。内分自建之馆九。曰教育，分小学、女学、中学、师范、实业高等、图书彝器六部；曰工艺，分染织工业、采矿、冶金、陶器、土木建筑、染织工业第二制作工业、化学工业七部；曰农业，分农业、蚕桑、茶叶、园艺、林业、水产、饮食、狩猎八部，末为实物模型；曰美术，分工艺、铸塑、手工、雕刻四部；曰卫生；曰武备；曰机械；曰通运；曰水族。各省别建之馆十六：曰京畿；曰直隶；曰山东；曰山陕；曰河南；曰安徽；曰江西；

曰浙江；曰湖北；曰湖南；曰四川；曰福建；曰广东；曰云贵；曰东三省；曰暨南，南洋华侨所组织也。专门实业及特别建筑之馆四：曰兰锜，亦名江南制造局出品陈列馆；曰广东教育出品陈列馆，附属于广东馆者也；曰参考第一馆，分德、美二部；曰参考第二馆，分英、日本二部。此二馆，非代表其国家与会，乃由各国商人旅沪之一部，陈列其常售之物品而已。别有东三省动物园。此外娱乐商场以及纪念装饰事务所之建筑，无不毕备。以宣统二年四月二十八日开会，同年十月二十八日闭会。会长为江督张人骏，审查长为农商部侍郎杨士琦，遴聘专门人士审查，分若干等给奖。此会征集之品，如京畿之景泰蓝、浙江之丝织、江西之磁器、安徽之茶叶、福建之雕刻漆器，皆为我国之出产及工艺之特色。然比较观之，各省除直隶、浙江外，出品多占天然，而湖北、广东，则以人造品为独多。如机械、纱布、呢革，湖北其尤著也；广东则以出品之繁富华丽，推为各馆首屈，尤于奢侈品为独精。中国于工商为后进国，交通梗阻，风气锢闭，清季思有以振兴之。大辂椎轮，经营草昧，创始之功，有足多者。会址今为陆军炮兵学校。

民国纪元之南京临时政府

有清宣统辛亥八月十九日，湖北起义，长江上下，先后响应。金陵一隅，新军第九镇统制徐绍桢，时怀观望，以为江督张人骏监视，不得行。因请赴秣陵关阅秋操，移驻城外。事先请发子弹，张督迟不予，徐遂拔队启行。时江防军会办提督张勋军驻浦口，比即移驻城内。九月十八夕，徐率部攻雨花台，夜半弹尽，退镇江之高资镇军焉。次晨，城内司、道、府、县，相率潜逃。自是张勋挟张督及将军铁良，日于北极阁督师，与新军鏖战，誓死守。民军则有苏军、吴淞军、广东军，联合环攻。张军率所部出城击之，屡失利，退至孝陵卫。时浙军已夺天堡城，炮声隆隆，日夜不绝。张督、铁良知大事不可为，先后弃城去。先是，清廷以徐州为直鲁屏蔽，有诏令张勋退守徐兖。十月十二日，太平门大开，城中白旗高树，遂更新命。是役也，南京市廛无惊，惟镇军都督林述庆先至，遂自立镇抚焉。旋副元帅黄兴至，因就省谘议局开选举会，孙中山以十七票被举为临时大总统，改旧督署为临时政府。十一月十三日，即西历一千九百十二年一月一日，宣布改用阳历，为民国元年一月一日。

政　闻　官制附

傅清端公拉塔惠政

清伊尔根觉罗清端公，督两江，多惠政，蠲除明季屋架税，民多德之。卒后，士民为建祠于聚宝门外雨花山，三学主祭。四十四年，圣祖南巡，幸江宁，经雨花台，指其祠曰："傅拉塔，居官甚优，大有气节，人虽受劾，无衔怨者。"特赐额曰"两江遗爱"。甘实庵户部熙祭公祠诗："万家架税累频年，遭际明良一旦蠲。争似燕山供苦役，遍征天下免夫钱。"

秦文懿公救荒要言

嘉庆十九年甲戌，江宁大旱，井底皆涸。郡人秦文懿公，上书于百文敏菊溪言救荒章程。曰总略有五：曰清庶狱、禁槽坊、访囤户、查户口、防盗贼。次劝捐有四：曰延富户、奖异之、议叙之、赦其小过。又次采米有三：曰遴委员、择米色、兼杂谷。其平粜之章四：曰先借仓米，其后照还；宽地分厂，以免拥挤；较量升斗，以杜朘削；分贫之次级，以定市价。其施粥之章六：曰定时刻、验稀稠、较瓢勺、储柴薪，及芝麻秸灰煮之、亦麦米相糁云。百文敏用之。是岁米升五十，民忘其饥。

八卦洲旗产

洲在幕府山对江，所产尽属芦苇，面积约九万余亩，向为八旗世产。同治十三年，新调荆州驻防五百户，公捐人二两，以助培洲本。又岁以洲息银六百两，助八旗昭忠祠祭费，斯见邠岐故家遗俗之忠厚矣。光复后，旗民受损过巨，驻坊营全成瓦砾，流离失所，触目皆是。经官厅请求发还此洲，为旗民生计教养，以救济乱后孑遗，意良法美。

厘捐沿革

清咸丰三年，副都御史雷以諴督办粮台，开府扬州邵伯埭。徇钱江之请，创立抽厘法，取于行商坐贾，小本经纪者免。居者设局，行者设卡，是为东南厘捐之滥觞。湘楚军兴，胡、曾诸公以军饷无出，与其病民，不如病商。创定章程，就克复保全之地方，规设厘局。所取尚廉，商贾不病；所入甚巨，军饷有资。卒成勘定之功者，厘捐实利赖焉。初拟军务肃清停止，不意因袭未革，末流变本加厉，蠹国病民，致成今日之秕政。庚子后，裁厘加税，定于商约，究以各省厘捐收入甚巨，加税难期相抵，迄民国未能实行。民初以还，革厘捐为统税；国府维新，改统税为专税。盖一方思革恶税而兴良税，一方复兼顾裁厘后之弥补。兹国府明令，定于二十年一月实行裁厘，何幸数十年秕政，一旦而廓除之也。

本省人充南闱乡监临

江南乡试旧例，江苏、安徽两省巡抚轮流监临。道光壬午，轮届安徽，时巡抚为无锡孙文靖公尔准；同治甲子，轮届江苏，时巡抚为合肥李文忠公鸿章；光绪戊子，轮届安徽，时巡抚为仪征陈文恪公彝。清朝，本省人充本省乡试监临者，只此三公，士林荣之，至今传为美谈。

曾文正克复金陵善后政略

修贡院。咸丰兵燹，贡院未遭大毁，饬拆天王府材料，分别修葺。请于十一月补行乡试，以举宾兴。是年主试官为昆明刘崐，字蕴斋；山阴平步青，字枝山。取中上元周维夔、王双璧、濮肇华、张文锐，江宁卓荣。

豁免钱粮。凡同治三年以前钱粮，请予全免，即四、五、六等年新粮，亦一并蠲免。

设善后局。以司道掌之，凡事涉抚绥稽查者皆隶焉。设分局二，分东北、西北局各一，以知府一人掌之，旋裁并。

设抚恤局。于城中立局二，一在评事街江西会馆，一在北门桥。以凯士余米分哺之。不久资遣外郡之人，而以土著留养于普育堂。

办保甲。以知府董其事。画城四区，设东南、西南、东北、西北四局。制约以百家为一甲，甲有长。立门牌，稽查丁口，以诘奸宄、除盗贼。咨于绅耆，辨房地主客，平其侵冒，以安编户。局员夜率亲兵，巡警扞掫。计东南二十甲，西南四十九甲，东北十八甲，西北二十九甲，总计一百十二甲。甲统于段，城南十五段，城北十五段，段有分局。驻防城不编甲，其政务旗营掌之。满城分局一，巡卡十有六。

设招垦局。以绅士二人，会同江宁府办理。元、宁两县各绅士一人，分治其事。乡别以保，保别以四庄，勘田之荒熟，图之籍之。每保有总图，每庄有分图。用开方法，其别凡四：曰有主之田，曰官庄，曰老荒，曰绝户。严隐冒之罚，勘实以联照授之。官借牛本籽种以恤贫户，蠲其息以时敛之。牛本籽种，民间缴还后，即留为地方公款。后改劝农局。

招回缎业。织缎为江宁巨业，咸丰三年以来，机户以避寇迁徙，北至通如，南至松沪，多即流寓之地，募匠兴织，贩运各省。同治三年克复后，各机户安土重迁，观望不归，佣趁资食者，无以厚生，元气难于骤复。乃委员四出，招集回省复业，并檄金陵善后总局、苏州牙厘总局，分议贩运缎匹，扼要总捐一次。其沿途水陆卡厘概免，以示体恤。

按：招来机户典商，事在三年十月。曾文正公示谕云：缎业用人较多，使贫户有觅食之所；典铺扶资较厚，使贫户有通财之处。无非借商之力以养农，借稍富之力以养极贫之民。

设善后工程局。以道员一人掌之。材石瓦甓之属，储以时，凡营造坛墠、祠庙、官署、台榭，度基址之所宜，审工段修广之数，檄牧令于下官，分领其事；督匠作勤惰，考其成。各县有兴造如之；旁郡或请遴员监工作，亦如之。其经费初提用善后大捐捐款，不给则于藩库提存、皖岸报效各款内动用。木植多购自湖北，亦有外洋巨木泛海来者。采阶础之石于阳山、青龙山，范土于周家山、西善桥。烧造砖瓦工作之人，多自湖熟镇募充。麻铁油漆之购于市者，平价给之，民不知役。

浚城内支河。咸丰三年城破，赴水自尽考，所在而有。加之十余年未加疏浚，污浊可知。实于居民饮料，大有妨碍。克复后，饬营勇分段挑浚，惠而不费，民到于今称之。

恢复书院考棚。原有钟山、尊经、惜阴、凤池书院，及上江、下江考棚，其倾圮者修葺之，遭乱毁者重修之。恢复月课，以惠士林。

缮修城垣。先修防城，以处现存旗兵八百许；其余城垣，继续补缮，并填地道及杜濠堑。此即兵可百年不用，不可一日无备之意。

试武弁月课。以官军凯撤后，人浮于职。加以死事孤儿，荫袭及岁，投辕学习，位置纂难。遂仿书院考试之法，月以二十五日，派道员及提镇十人，分五棚校阅马步箭及枪枝，第其甲乙饩之。

裁撤湘勇。东南平定，公力言此项久经战胜之湘军，已有暮气，不可复用，主用淮军。即遣散所部数万人，回籍归农，以符起兵时初望；腾出饷糈，以济淮军征捻之需。

按：同治三年六月十六日克复金陵后，文正以军事大定，首先清匪，安民、劝农、兴学、复业诸大端，次第施行，有条不紊。老成谋国，具有苦心。倘天假以年，久于其位，其加惠东南，岂有涯耶！

曾文正公达政体

六朝金粉，艳说当年，今惟余秦淮一湾水耳。自清咸丰三年，红羊罹劫，陷于锋镝者十余年，胜地鞠为茂草。曾文正公克复后，即令所司规复名胜。如玄武湖之湖神庙，莫愁湖之胜棋楼、郁金堂，均先后分别修建，为宴游之所。时偕宾佐泛舟秦淮，并令于两岸遍载杨柳，以资点缀。闻当军事粗平后，画船箫鼓，渐次萌芽。时六安涂廉访守郡，亟飞牒县厉禁。次日谒曾文正公，公笑谓曰："闻淮河灯船，尚落落如曙星。吾昔计偕过此，千艘梭织，笙歌澈宵，洵承平乐事也。"又次日，公约幕府诸君买棹游览，并命江宁、上元二邑令设席款太守。一时士女欢声，商贾麇集，榛莽之区，顿为繁丽。寓公土著，归如流水，遂大有丰昌气象。盖公劳来安集，风流经济，与煮鹤焚琴装点门面者，固不可同日而语。袁崧生《劫余竹枝词》云："白头元老多情甚，也泛烟波荡小艭。"又龚蔗轩《感事诗》云："杨柳新栽绿作阴，相公曾此画船临。闲情不是耽丝竹，一片苍生同乐心。"均能窥得出公之作用。

沈文肃公之肃

清光绪初，沈文肃公葆桢督江南，因案撤常州营千总李某任。李某查为该管游击所禀揭，遽图报复。清代故事，元旦日，文武同城，例集万寿宫朝贺。李弁伺期，挟凶器，趋赴万寿宫门，拟狙刺某游击。事为府县查觉，牒报沈文肃。某游击以恐怨仇相寻无已，未敢径闻。文肃立批曰"万寿宫何地？元旦何日？白日持刀何故？该千总胆大妄为，藐法已极！仰常州府就地正法。该管游击不敢据实禀报，实属畏葸无能，应一并革职"云云。事曾载当时朝报。

刘忠诚公老成谋国

清庚子拳乱，刘忠诚公既与鄂都张文襄、商务大臣盛宣怀会商各国领事，订保护东南之约，人心大定。先是朝令统筹战备，所司有以增兵请者，公迟回未之应也。每燕见属吏，常论及江南保护地方，应责令原有水陆各营，分任防范，各专责成，决不增一兵。须知增兵之害，招易遣难。今日多招一兵，异日遣散，地方即多加一匪。况乌合之众，何足御侮，徒糜饷糈。且我果增兵，则各国必相率派兵舰入江，藉口保护侨商。诚恐商务日敝，关税渐枯，而内地常厘，亦将短绌。洋款既偿还无着，关榷势将代庖，商民更日不聊生，国计直同仰屋。且地方杌陧，伏莽乘兴，势必东南大局，卷入漩涡，同归糜烂不止。是何非增兵一事，阶之为厉云云。今读公遗集致东南督抚，请抗议停还洋款电，与此论税源亏绌情形略同。故庚子一役，江南迄无一矢一卒之加，老成谋国，见远虑深，故能力持定见，与临事张皇者异也。

附录：刘忠诚公保护东南始末

清光绪庚子，端、刚柄政，纵容拳匪，启衅各国，盖自五月后，朝政所出，几同乱命。时某君与何梅生在沪，创立东南各省合订中外互保之策，建议于盛宣怀，由盛分电沿江各督抚，各省复电赞同。江督刘忠诚坤一会商鄂督张文襄之洞，饬上海道并派员赴沪，与各国领事协议，订约签字。大旨以长江一带侨商教士，由各省督抚力任保护，严办匪徒；各国军舰，毋入长江内地；上海租界保护，外人任之；华界则由华人任之。东南大局，为之晏然；方来和议，稍资救济。老成忠荩，撑拄艰危。虽刘忠诚领袖，而张、盛与有力焉。我国留学生某君，曾参观美国博物馆各国名人画像室，中国则有刘忠诚与李文忠公像并悬，系以小传，盛述其拳乱保护东南伟略云。

案：上海道与各国领事议，订保护长江各省商教约文，改草后，档卷凋残，无从征考。惟查公全集复张制军电牍，内有“沪道所拟五条约均可行，惟须照尊电加入制造局一条，及上海租界归各国保护一节”等语，聊资参证。

附录：刘忠诚公电复李鉴帅 庚子五月二十八日

有电悉，此拳匪召祸，患在政府不肯主剿，致动各国之兵。从古无开衅各国之理。津京危急，大局不支，东南若再有事，则全局糜烂。迭与香帅电商，就目前计，惟有力任保护，稳住各国，以冀北事转圜。连日与英领会晤，及沪道晤各领事，均以此意告知。（下略）

又寄苏皖赣三省司道 庚子六月初一日

北事匪徒闹教，致肇巨衅。东南一带，再滋事端，大局不堪设想。迭经电檄通饬保护商教，拿办匪犯。现因各国均欲以兵舰入江自卫，恐启惊扰。会同胡广张部堂饬令沪道，正与各国领事议订长江一带，由我自行力任。禁止造谣，严办匪徒，保护商教，不使疏虞，以期各不相扰，俾得保守东南，以待大局转机。惟现当北事糜烂，人心浮动，匪徒思逞，防维匪宜周密，办匪尤必从严。倘有造谣生事，既行严拿正法，以遏乱萌。至保护法，值此兵单饷绌，分防要隘，尚多不敷，断难分拨内地。所有各口商教，应责成关道营县；沿江内地教堂，应责成各府厅州县，会同营防，各集地方绅董，共筹保护之法，切实办理。要知保护商教，即所以自卫地方。人命财产，事关切己，祸福与共，必能一体晓悟，协力图维。经此通饬，若再稍掉轻心，必致贻误大局，断非参办所能蔽辜。望严饬凛遵。

附录:庚子拳祸东南互保之纪实　录《惜阴堂笔记》

庚子拳匪之祸，当日中外报章，事后官私奏记，亦已详尽。惟东南互保之议，如何发生，则无人能言之。予既为发议之人，更从事其间，迄于事平，应撮其大要记之。自五月初，良乡车站拳匪发难，京津响应，各省人心浮动。或信以义民，或迷其有神术。上海远隔海洋，忽传城内已有拳匪千人，飞渡而至。旅沪巨室，纷纷迁避内地，有甫首途而被劫者。其时南北消息顿阻，各省之纷乱日甚。各国兵舰，连樯浦江，即分驶沿江海各口岸，保护侨商，英水师提督西摩拟入长江。倘外舰所至，与各地方一有冲突，大局瓦解，立召瓜分之祸。忧思至再，即访何梅生老友商之，云事已如此，岂可坐听糜烂？其时各省无一建言者，予意欲与西摩商，各国兵舰，勿入长江内地；在各省各埠侨商教士，由各省督抚，联合立约，负责保护；上海租界保护，外人任之；华界保护，华官任之。总以租界内无一华兵，租界外无一外兵，力杜冲突。虽各担责任，而仍互相保护。东南各省，一律合订中外互保之约。梅生极许可，谓须有任枢纽之人，以盛杏生地位最宜。并云此公必须有外人先与言，更易取信。当约美国人偕往谒盛，密谈。旋杏生约予往晤，尚虑端、刚用事，已无中枢，今特与外人订此约，何以为继？予谓此层亦有办法，可由各省督抚派候补道员来沪，会同沪道与各国驻沪领事，督约签字。公不过暂为枢纽，非直接负责之人，日后亦无甚关系。即定议，由其分电沿江各督抚，最要在刘、张两督。刘电去未复，予为约沈爱沧赴宁，再为陈说，旋得各省复电，派员来沪。盛即拟约八条，予为酌改，并为加汉口租界及各口岸两条，共成十条，并迅定中外会议签约之日。其会议之所，即在新建会审公廨。盛既不在签约之列，对外即不便发言；又虑沪道余联沅向拙于应对，即定为中外会议座次：外人以领袖领事在前，以次各领事；中则以沪道在前，盛以太常寺卿为绅士居次，与余道坐近；再次，各省派来道员。先与余约，倘领事有问难于置答者，自与盛商后再答之，庶有转圜之地。议时，领袖系美国古纳总领事，果因五月二十五日上谕，饬全国与外人启衅，开口即云：今日各督抚派员与各国订互保之约，倘贵国大皇帝又有旨来杀洋人，遵办否？此语颇难答。遵办，则此约不须订；不遵办，即系逆命，逆命，即无外交，焉能订约？余道即向盛踟躇，盛告余即答以今日订约，系奏明办理。此四字，本公牍恒言，古领向亦解之，意谓已荷俞允，即诺诺。两方遂签约散会。盛回来，深服予之先见，预与余道有约，幸渡难关。予亦极称其迅答四字之圆妙。自此互保签约后，西摩及各外舰停止入江，内地免生外衅，不致全国糜烂，难乎收拾，亦云幸矣。予即每日到盛宝源祥宅中，渠定一室为办事处。此室只五人准入，盛及何梅生、顾缉庭、杨彝卿与予五人，负责接收京津各省电报消息有关系者，勿稍漏泄，共筹应付。此即创议东南互保成立之事实也。

附录：张謇自订年谱 录《凌宵一士笔记》

五月北京拳匪事起，其势炽于黄巾、白莲。二十二日，闻外舰据大沽口，江南震扰。长江巡阅李秉衡北上，言于新宁（刘坤一）、招抚徐怀礼（徐宝山），免碍东南全局。沈爱苍瑜庆至宁，与议保卫东南；陈伯严三立与议迎銮南下；汤蛰仙寿潜至宁，议追说李秉衡以安危大计，勿为刚、赵所误，不及至沪，与何眉孙嗣焜、沈爱苍议，由江、鄂公推李相统兵入卫。与眉孙、爱苍、蛰仙、伯严、施理卿炳燮议，合刘、张二督保卫东南。余诣刘陈说后，其幕客有沮者，刘犹豫，复引余问："两宫将幸西北，西北与东南孰重？"余曰："无西北不足以存东南，为其名不足以存也；无东南不足以存西北，其为实不足以存也。"刘蹶然曰："吾决矣。"告某客曰："头是姓刘物。"即定议，电鄂约张应。

附录：《沈寐叟先生年谱》 王蘧常撰　录《凌宵一士笔记》

七月，八国联军入都，两宫西狩。公悲愤不知所出，停于上海，主沈涛园。瑜庆痛北事不可救，以长江为虑，与盛杏孙宣怀、沈涛园、汪穰卿康年密商中外互保之策。力疾走金陵，首决大计于两江总督刘岘庄坤一；来往武昌，就议于两湖总督张香涛之洞。而两广总督李少荃相国鸿章实主其成，订东南保护约款，凡九条，其后大局转危为安。乘舆重反，繄公之力居多。

官　制

明考试僧官

明五大寺，每季考于礼部，取《楞严》《法华》等经命题。其考卷皆四股八比。入选者，称祠部为老师，同辈为敞寅，充僧录等官。有耳疑刻其试卷，黄虞邵曾见之。承恩寺僧以善为夤缘，不准与考。三大刹寺首，仪从甚都。领众数千人，升某为首座，某为维那，俨如铨部榜文。见《梵刹志》《野获编》《池北偶谈》。

江宁将军

清兵南下，立江宁驻防旗营于明内城，以旧宫墙为界。初以镇、抚二国公主其事，厥后设章京，设总管。至顺治十八年，始定为将军，而以副都统佐之。《吕志》：满洲驻防，自顺治二年始设镇、抚国公二员，梅勒章京二员。三年，改设昂邦章京二员，梅勒章京奉裁。九年，只设昂邦章京一员。十四年，复设梅勒章京二员。十七年，改昂邦章京为总管，梅勒章京为副都统。十八年，改总管为将军，兼辖京口副都统。乾隆三十四年，裁江宁副都统一员。

两江总督

总督，秩从一品，提督地方军务粮饷。清顺治二年，原设经略招抚内院大学士，后改为总督，辖江南、河南、江西三省。六年改辖江南、江西两省。十三年，改专辖一省。二十一年，复辖江苏、安徽、江西之治而督其成。雍正元年，兼兵部尚书、都察院右都御史。道光中，兼理河务。每年伏、秋二汛赴清河，安澜始回省。道光十年，裁盐院使，兼两淮盐政。同治中，兼五口通商大臣。光绪中，兼南洋大臣。职权之大，较之节度使，无多让焉。宣统初元，陆军集权中央，朝令无庸兼兵部尚书。

苏宁皖布政司分理

清初，江南系统安徽为一省。顺治十八年，分为左右二布政司，左领安徽全省，而兼今之淮扬，仍治江宁；右领江苏苏、松、常、镇，而治苏州。康熙六年，改左右之名，曰安徽、江苏，而安徽仍治江宁。二十五年，江督尹继善，移布政司驻安庆，为安徽布政司；请增设江宁布政司，分理江宁、淮安、扬州、徐州、通州、海州，驻江宁；而原驻苏州之布政司，则分理苏州、松江、常州、镇江、太仓州，为苏州布政司。

江安督粮道

清初，江苏、安徽统名为江南省。自安徽分省后，布政司移居安庆，而粮道治仍旧，辖江宁、安庆、徽州、宁国、池州、太平、庐州、凤阳、淮安、扬州、徐州、颍州十二府漕粮，名江安督粮道。

长江水师金陵营参将

江宁陆营，原有督标中军副将、左营游击、城守营副将，而江防久无负责之人。同治三年，克复金陵后，清廷诏论曾文正公功，以创立舟师为首，而曾文正稔知东南敉定，长江不可无水师，即以久经战胜水勇，改为长江经制水兵，设一提四镇二十二营，分驻沿江五省。其提标金陵营参将，驻泊上元县仪凤门外之草鞋夹，汛地与陆营沿江割壤，职责与陆营防守相埒，建衙署于幕府山麓，为附城水师要缺。额设参将一员，督率都、守、千、把、外委二十三员弁，兵四百九十名，分防元、宁两县南岸江面各隘口，上至铜津港，下至石埠桥，百有余里，江北亦在范围之内。计长龙船二号，底长四丈一尺，底中宽五尺四寸。额兵二十五名，内舵兵一名，头兵一名，管舱兵一名，炮兵四名，桨兵十八名。每船前后设大炮二尊，小炮六尊，刀矛随宜配用。舢板船三十号，底长二丈九尺，底中宽三尺二寸。额兵十四名，内舵兵一名，头兵一名，炮兵二名，桨兵十名。每船前后设大炮两位，左右设车转小炮两位，刀矛随宜配用。督阵舢板船一号。较舢船略长大，额兵二十名，内舵兵一名，头兵一名，炮兵二名，桨兵十六名。凡属钱粮操防，均有定章，不及备载。惟长龙二版，尚有可记者。曾文正公于此项师船，先自以意用商船改造，为长唇宽舷，试发炮，果不震。又推五日竞渡船意，为短桡长桨如舷足，以人力胜风水，檄褚汝航修造于湘潭。先是，营官成得标于衡州已造快蟹二版，闽越船制虽略备，然非有法，直以意消息，屡改乃成。前人经营惨淡，颇具苦心。特连类附录，以备后之按图索骥者。

附录:长江水师原始

长江夙号天堑,清咸丰军兴,曾文正公肃清东南,多恃水师之力。同治三年,克复金陵之后,战事大定。以利器不可浪抛,劲旅不宜轻撤,会同彭刚直公玉麟,请以此项水师,改为长江经制水师。额设一提四镇,并将原有湖南之岳州、洞庭水师,湖北之荆州、汉阳水师,江西之鄱阳、南康、九江水师,暨江南之京口、狼山水师,悉予裁撤,以归统一。原立六标二十营,狼山镇北岸,自八圩港至通州为绥通营,由通州至海门为绥海营。嗣因滨海情形,与长江不同,将该标两营划归江南提督节制,更定为五标二十二营。提督统提标五营,建衙署于安徽太平府当涂县。太平即古之姑孰,六朝时已视为重镇。外通大江,右达漪湖、固城诸湖,左达石臼、丹阳诸湖,兼可扼东坝之要隘。设行署于岳州,岳州滨临洞庭湖,为湘楚门户,兼扼滇蜀。镇标四,分设瓜州、湖口、汉阳、岳州,提镇统辖二十二营。提督辖提中、金陵、裕溪、大通、芜湖五营,瓜洲辖瓜中、孟河、三江、江阴四营。湖口辖湖中、华阳、安庆、吴城、饶州五营,汉阳辖汉中、簰洲、巴河、田镇四营,岳州辖岳中、荆州、沅江、陆溪四营。额设副参、游、都守、千把、外委,共七百十八员,兵一万一千六十四名,分配长龙舢板七百十八号,所有各员缺,尽原有水师军官借补,不得搀用别项水师人员。提、镇、副、参、游,设衙署办公,都守以下,则驻船办公。提镇至外委,均给有座船,禁止陆居。其泛地,上自湖南龙阳县酉港起,下至江苏江阴县鹿苑港止,旁及鄱阳、洞庭诸湖,纵横五千余里。按江程之远近,定舢板之疏密,计失事之等差,分功过之轻重。提督每年周巡一次,总兵各岁巡二次,副、参、游各月巡一次。左哨都司专司钱粮及领放各事;右哨都司专司操防及经管军火一切。守备分驻外汛督率巡防;千、把、外委,分段梭巡,各专责成。沿江五省,各留厘卡一处以充饷,江苏之瓜洲、安徽之大通、江西之湖口、湖北之汉阳、湖南之岳州。分解江宁、武昌两盐道库核收,按季转发。设火药局于安徽、湖北二省，设子弹局于湖南省城，设船厂于笆斗山、回风矶、汉阳等处。所有长龙舢板，定以三年一修，六年大修，九年小修，十二年更换。每年支用薪饷杂费，约七十万两有奇。节经奏定事宜三十条，续陈未尽事宜十条，经部允行，入方略，垂示后世，颁之天下。每年调集师船于黄天荡，简阅一次，盖仿古操江之制而变通之者也。同治七年，实行分防。初以黄武靖公翼升为长江水师提督，以彭刚直公玉麟为钦差大臣，年巡一次。刚直撰有《剔弊百条》，著于令，军纪肃然，卒使滨江五省，联络一气，屹若长城。光绪十七年，刚直公薨，提督黄武靖公翼升、李勇愍公成谋旋亦先后凋谢。黄少春继任，以日俄戒备，兼统陆师，驻防镇江，遂有庚子大通、裕溪兵匪合变之事。嗣黄去，程文炳继任，参用淮军人员，又多由陆军出身，不谙水性，营务日渐废弛，言官时相指摘。光复后，省自为政，水师分裂，各就所驻在地，改为某省水上警察。附城金陵水师营，即提标前营，驻草鞋夹。初改为江防水师第一营，后更为长江水上警察大队。旧日规模，无复遗留矣。

掌　故

南朝太学考　录《史学杂志》

一、立学沿革

南朝之有国学，肇自孙吴。《三国志·孙权传》《建康实录》《三国志·孙休传》。越五十余年而晋室东渡，王导首请兴学，《宋书·礼志》《晋书·王导传》。戴邈、应詹复以为言，《晋书·戴邈传、应詹传》。于是兴建太学，置博士员，《晋书·元帝纪》。置释奠礼。爰及明帝，同上。广征名儒，旁求隐逸，《晋书·任旭传、虞喜传》。而运祚未永，弦诵靡闻。《晋书·儒林传序》。咸帝之世，袁瑰、冯怀复请立学，《宋书·礼志》。遂兴太学于秦淮水南，征集生徒，礼聘儒宿。《晋书·成帝、康帝纪》《建康实录》《宋书·礼志》《晋书·翟康传》。才十余年，复因军兴罢遣。《宋书·礼志》。淝水战后，东南小康，谢石为尚书令，又请兴复国学，普修乡校。《宋书·礼志》《晋书·谢石传》。于是增学额，新学舍，建夫子堂、皇太子堂、祭酒省、博士省及诸生学堂。《宋书·礼志》《晋书·孝武帝纪》，又《建康实录》。征聘戴逵、龚玄之等，以风厉名节，《晋书·戴逵传、龚玄之传》。史称其时品课无章。有志于学者，莫不发愤叹息。盖有育才之名，而无收贤之实焉。《宋书·礼志》。宋武帝开府京口，弘奖学风，《宋书·臧焘传》。受禅之后，诏兴国学，未就而崩。《宋书·武帝纪》。据范泰表，似其时已定制选集生徒，广延师儒，徒以学校未立，不获实施。盖晋之国学，久已荒废，仓卒未易兴复也。《宋书·范泰传》。顾其时虽无国学，而硕师宿儒，聚徒讲学，朝廷为之开馆，讲授蔚为专门，实视晋之虚设国学为善。《宋书·周续之传、颜延之传》。元嘉中叶，玄、儒、文、史，四学并立，是亦后世分科大学之权舆矣。《宋书·雷次宗传、何尚之传》。《宋书》称复立国学，在元嘉二十年，《宋书·礼志》。而兴学之诏，实在十九年春初。盖经营缔构，逾年始就。《宋书·文帝纪》。已而举幸学之礼，颁沾赉之诏，儒风大振。论者推为一代之盛。《宋书·文帝纪》。而元嘉二十七年，复以军兴罢国子学。《宋书·文帝纪》，又《礼志》。孝武帝大明五年，虽诏修葺，讲肄之盛，殆未能复也。《宋书·孝武帝纪》。萧齐国学，亦迭有废兴。建元四年，诏立国学，《南齐书·高帝纪》，又《礼志》。寻以国哀罢之。《南齐书·武帝纪》。永明三年，复诏高选学官，广延胄子，同上《礼志》。又郁林、海陵，废黜相继。建武四年，诏称屯虞荐有，权从省废，而其省废之时不详。既立学逾年，复以国恤罢。《南书·齐明帝纪》，又《礼志》。观史臣之论，以建武较永明，谓学校虽设，前轨难追，固亦未能大愈于晋宋矣。《南齐书·刘纪、陆澄传论》。初，宋明帝时以国学废，别置总明观，讲授玄、儒、文、史四学，齐初沿之。永明中省总明观，又就王俭宅开学士馆，悉以四部书充俭家。盖国学虽兴替不恒，而官师之讲习未坠，此南朝故事异于前代者也。《宋书·明帝纪》《南齐书·百官志》，又《王俭传》。梁武御宇，首开五馆，《梁书·武帝纪》，又《儒林传序》，又《南史·儒林传序》。严植之馆在潮沟，其最著者也。《梁书》。天监七年，诏兴国学。《梁书·武帝纪》。皇子、诸王，年在从师者，并令入学。《梁书·武帝纪》，又《儒林传序》。后又立士林馆，延集学者。《梁书·武帝纪》，又《张绾传》，又《孔子祛传》。学风之盛，盖终帝世。陈武创业，弗遑劝课，世祖以降，稍置学官，其议者建于沈不害。《陈书·儒林传序》，又《沈不害传》。自后主父子释奠之外，史册所纪殊尠云。《陈书·宣帝纪》，又《后主纪》。

二、官　师

南朝国学，时有兴废，而典学官师，相承设置，不以废学而罢其官。盖讲学之外，兼司议礼，祭酒博士之类，不患无所事也。汉魏只有太学，自西晋以来，有国子及太学，号为二学，实则国子属于太学。祭酒亦止一人，惟博士有所谓太学博士、国子博士，故博士分为二省。见前引《建康实录》“有二博士者”。太学博士沿旧制，故其员多；国子博士为新制，故其员少。至助教则视置学增损，亦由国子学，则助教不须广设也。其详见晋宋史志。《宋书·百官志》《晋书·职官志》。惟《晋书·元帝纪》博士之数，与官志歧异。《晋书·元帝纪》。

按：《通典》引贺循之言，则其时尚书所奉明令，止于经置博士一人，经循陈请，改为八人。《周易》则初用王弼注，后又立郑玄注，是为九人，加《仪礼》《公羊》，则十一人。《通典·大学》。惟循议三传并立，同时荀崧亦以为言，而《榖梁》未立学官。十一博士之中，有《论语》《孝经》郑氏一博士，《春秋》《左传》杜氏、服氏二博士，非综诸说观之，不能明其舛误之故也。荀崧议详后。宋齐官制沿革，见《南齐书·百官志》；梁代官制，则见《隋书·百官志》。沿及陈世，盖仍梁制，惟不置正言博士耳。

南朝学官沿革表

员名 朝代	吴	东晋	宋	齐	梁	陈
祭酒	都讲祭酒、博士祭酒	国子祭酒一人	国子祭酒一人，总明观祭酒一人	同宋制	国子祭酒一人	同梁制
五经博士	五经博士一人				五经博士各一人	
博士 太学博士	博士	初五人，后八人、九人、十一人，东晋末，太学博士十六人	同晋末	太学博士无员数	太学博士八人	同梁制
国子博士		国子博士一人	同晋制	国子博士二人	同齐制	同梁制
助教		国子助教十五人，后十人	同晋末制，或唯一人	国子助教十人，后省	国子助教数十人	同梁制
学士			玄儒文士四科学士各十人	初同宋，后省		
正言博士					正官博士一人	
助教					助教二人	

两汉博士，以家法传经，至南朝而渐变。然晋宋之际，博士讲学，犹明定以某氏传注，立于学官。如东晋博士，先立《周易》

王氏，《尚书》郑氏，《古文尚书》孔氏，《毛诗》《周官》《礼记》《论语》《孝经》郑氏，《春秋》《左传》杜氏、服氏九博士；后从荀崧议，增《易》及《仪礼》郑氏博士，仍两汉之法也。《宋书·礼志》《晋书·荀崧传》。刘宋国学，废郑《易》，立縻氏《穀梁》，其《尚书》孔氏、《三礼》郑氏殆仍其旧，而《宋书》言之不详。齐时，陆澄与王俭议立郑氏《易》、贾氏《左传》，而废《孝经》郑氏注。俭主存《孝经》，而郑《易》贾《传》之复否，亦无明证。《南齐书·陆澄传》。梁之五经博士，不言专授某氏经注，惟《隋书·经籍志》于《易》云梁陈郑玄、王弼二注，列于国学；于《书》云梁、陈所讲，有孔、郑二家。是梁、陈二代，亦沿前制，凡授某经，必以立于学官者为主也。魏晋以降，博士教学，为时所轻。《晋书·徐邈传》。而经注之立于学官，不独开一时之风气，且大有影响于后世。如《书》之古文孔传，真伪聚讼，迄今未休；《隋书·经籍志》《经典释文》。《易》之专用王注，亦为讲汉学者所嗤，而卒莫能废。《隋书·经籍志》《经典释文》《困学纪闻》。是则南朝之国学，实为古今学术之枢纽。即以治经一端而论，亦宜明其原委矣。（以下述孙吴迄陈隋祭酒、博士、助教，于史可考见者略。）

三、学　生

东晋国学，品课无章，兰艾混杂。学子名业，无得而称。史册所载，有刘道怜一人，以鄙拙著。《宋书·宗室传》。刘宋四学，学生之著者，儒有萧道成、《南齐书·高帝本纪》。萧道度、《南齐书·衡阳元王传》。顾欢；《南齐书·顾欢传》。玄有徐秀、何昙、黄回、荀子华、孙宗昌、王延秀、孔惠宣；《宋书·何尚之传》。史有山谦之，惟文学之学生不可考。《宋书·礼志》。其国子生之著者，有虞愿、崔慧景、均详《南齐书》本传。蔡寅兄弟等。《梁书·蔡撙传》。齐之国子生，有徐勉、江蒨、江革、均详《梁书》本传。江观、见上。许懋、司马褧、萧洽、贺玚、钟嵘、谢几卿、卞华、丘仲孚、均详《梁书》本传。孔琇之、《南齐书》本传。诸葛勖等。《南齐书·卞彬传》。其太学生，有虞羲、丘国宾、萧文琰、丘令楷、江洪、刘孝孙等，并以辞藻擅名。《南史·王僧孺传》。梁之国子生著者，有萧大临、大连兄弟，《梁书·南海王大临传》又《南郡王大连传》。张缅、张缵、张绾兄弟，详《梁书·张缅传》。王承、褚翔、均详《梁书》本传。王通、周弘正、均详《陈书》本传。王琮、《梁书·王歧传》。王训、王锡、均见《梁书》本传。裴之礼、《梁书·裴邃传》。王佥、《梁书》本传。萧恺、《梁书·萧子颖传》。沈不害等。《陈书·沈不害传》。其以明经生著者，曰傅歧。《梁书·傅歧传》。以周易生著者，曰王劢、王质、萧乾、徐孝克。均详《陈书》本传。以礼生著者，曰刘毂。《梁书·刘毂传》。以正言生著者，曰袁宪、张讥。均详《陈书》本传。迄陈世，徐仪犹以周易生著称，《陈书·徐陵传》。盖沿梁之风也。南朝学生之在国学，其生活状况，不可详考。第亦可因事推之。观谢方明寄居国学，则知庠序可以容家人；《宋书·谢方明传》。钟岏议食蚶蛎，则知师弟之共贪饮食。《南齐书·周显传》。至于讥嘲师长，致犯刑章；《南齐书·卞彬传》。生徒对策，多行贿赂。《宋书·袁宪传》。狎比则见其爱，《梁书·明山宾传》。不惠则离婚，详《梁书·王峻传》。方之后世学校流弊，盖亦未能免焉。他若晋末学生之放火，《晋书·五行志》。齐世学生之为盗，《梁书·丘仲孚传》。则特殊之事，不能概其余也。宋文、梁武，策试诸生，其礼至隆。《宋书·文帝纪》《梁书·武帝纪》。至寻常策试，则学司掌之。大要以一年为策试之期，其应试与否，可以自决。详《陈书·

袁宪传》。学业特殊者，且可免其策试，《陈书·周弘传》。是亦南朝太学之掌故也。

四、议　礼　附议历法及修礼书

南朝太学，上承两汉，为文化之中枢，亦礼教之钤辖。盖由历朝纷乱，未遑制作，而鸿儒硕彦，云集胶庠，随事咨询，博稽典则，遂操风教之权，匪徒占毕之学。观其议事各有根据，不惮立异，故有国子博士与太学博士异议者；见《晋书·礼志》：太元十二年，台符问朝臣奉贺，应否上礼。有国子助教与太学博士异议者；见《宋书·礼志》：孝武帝孝建元年十二月，有司奏议殷祠。有博士建议，而博士群起驳之者；见《宋书·礼志》：元嘉六年七月，太学博士徐道娱上议。有博士初议未允，经重议而改正者；见《宋书·礼志》：元嘉十年，太观令徐闰议祠祀荐五牲牛羊豕鸡并用雄，其一种雌。大抵依据经文，参稽故事，各就所见，补缺阐疑。或因经所未备，推例以求；见《宋书·礼志》：国子助教苏玮生议出征告郊事。或以事有所疑，不嫌其创；见《晋书·礼志》：晋孝武帝太元元年，崇德太后褚氏崩，议帝服。稽其故实，是亦议院之先河矣。然晋之博士，有因议谥直言而被黜者；见《晋书·范弘之传》。宋之博士，有因议礼乖舛而受劾者；见《宋书·礼志》：元嘉二十三年，下博士议公主所服轻重。盖虽职重议官，而其言论亦未能自由矣。同时有足述之一事，即刘宋太子率更令、领国子博士何承天，以所撰《元嘉新历》表献太祖，乞下史官，于是太史令钱乐之、兼丞严粲参稽新旧，及员外郎皮延宗所难，较之议礼，尤为专门之学。后卒从承天新历，以二十二年普用元嘉历，是则刘宋国学之官师，兼为畴人之弁冕，前此国学之所无也。《宋书·历志》。未几，南徐州从事史祖冲之，又上表纠正承天新历之乖舛，更创新历。世祖下之有司，太子旅贲中郎将戴法兴曲加驳议，冲之随法兴所难，一一驳诘，其文详载史志。于是朝议多有右法兴，而巢尚之独是冲之之术。按冲之虽非太学师生，孝武尝使直华林学省，其议历之事，足与承天后先辉映，亦可见南朝学者研究学术，实事求是之精神矣。同上。世多以南朝祖尚虚玄，不务实学，观其议礼议历之精审，足明当时学术，华实兼赅，初非徒骛玄学也。至如元嘉耕藉，仪注久荒，而山谦之以史学生鸠集故事，遂获奏定施行。见《宋书・礼志》。益知其时学校讲授，尤重礼制，通经致用，实合为一。齐梁二代，大修五礼。王俭、何胤纂辑于前，沈约、徐勉继述于后。修礼之局，附设国学。妙选经师，分门专掌，若明山宾、严植之、贺玚、伏暅等，皆极一时之人望。遂于普通六年告成，大凡一百二十帙、一千一百七十六卷、八千一十九条。学官撰著之富，殆未有逾于是者矣。《南齐书・礼志》《梁书・徐勉传》。虽至唐初，仅存《吉礼》《宾礼》十九卷，余并亡佚，然陈代仪注及吉、宾、军、嘉诸礼，合计不下八百余卷，当亦本之是书。《隋书・经籍志・仪注篇》又《陈书》。由是可见南朝讲三礼之学者之多。今日所存于《通典》及诸史礼志者，特其鳞爪耳。

五、讲　学

汉末博士，有倚席不讲之诮。南朝皇子释奠，恒举讲经之礼；帝王临雍，亦多讲学。著在史志，垂为故事。《宋书・礼志》《南齐书・武帝纪》《昭明太子传》《陈书・后主纪》。盖两汉师儒，谨守章句，不事空谈。三国以来，玄风渐盛，遂于儒书亦研核义理，疏析旨趣，是为学术之一大进步。观桓温听讲《礼记》，便觉咫尺玄门，即可知讲经与玄谈关系。《世说新语》。齐梁之际，盛讲内典，开讲解讲，率有疏启，或为赋颂。《弘明集》《广弘明集》《萧子显御讲摩诃般若经序》《萧子云玄圃园讲赋》。皇子之入国学讲经，亦有文藻以章之。是则讲儒书与讲佛经相通之证也。《艺文类聚》。至如孝武讲《孝经》，谢安、车胤等即私庭讲习，《世说新语》。文惠问《礼》《易》，王俭、张绪等在太学酬对，《南齐书·文惠太子传》。大抵刺举疑义，罄其问难。其讲学之法，人主及太子主讲，则有名儒为之执经侍讲，或为覆述制旨。《宋书·何承天传、袁粲传》《梁书·朱异传、何佟之传、徐勉传》至学官讲授，则贵胄朝官，率皆北面。《梁书·张充传》《陈书·徐孝克传》名儒代讲，世以为荣，《南齐书·周颙传》。听讲失检，至于免官。其仪式盖至隆矣。《南齐书·张融传》。梁武帝著书，有《周易讲疏》《中庸讲疏》《老子讲疏》，盖即讲学所据之本。《梁书·武帝纪》。隋志所载南朝国学诸讲疏，虽多亡佚，亦可证其时学校盛行讲义，与汉人第传章句者有别矣。《隋书·经籍志》考南朝讲经，贵有区段次第。《南史·严植之传》。如皇侃《论语疏》，解析论语，制为三途，亦如释氏书之有科判。皇侃《论语义疏叙》。唐人之撰《正义》，犹多沿其体例，此今人讲学者所当知也。编辑讲疏，贵有义据。撰者躬自检阅，或亦借助于人。孔子袪为梁武检阅群书以为义证。讲习之时，师居高座，《南史·伏曼容传》。听者列席；《南齐书·昭明传》。发言吐论，必于儒雅；《梁书·王承传》。贵有机辩，不操方音。《梁书·卞华传、卢广传、沈峻传》。其难喻者，委曲诱诲，务使明晰。《南史·何佟之传》。辩难之际，恒取敷畅，所持当理，不耻折服。《梁书·谢举传、周舍传》。或有党助，则为人所笑。《陈书·张讥传》。以故名师讲学，听者恒至千数百人；《南史·严植之传、崔灵恩传、沈峻传、皇侃传》。各专一经，演者每至数十遍。《梁书·孔佥传》。弟子受经，亦朝闻夕讲，《梁书·许懋传》。诸生讲习，等于从师。《陈书·周弘正传》。盖一时风尚所趋，名哲辈出。学校之外，家庭亦有讲肆，《南史·伏挺传、何佟之传》《陈书·孙玚传》。宴集亦可质难。《南史·戚衮传》。博贯三玄，旁迨二氏，《南史·史叔明传》《陈史·张讥传》。流风余韵，沾溉隋唐。今世讲中国教育史者，率不措意于南朝太学之事实；号称讲学，而不知吾国讲学之风，何时最盛。爰为刺举，以明西纪四五百年顷，吾国太学讲学之风尚已如是。虽所业与今殊科，其劝学之方，析理之式，固皆足为诵法。恶可任其湮郁史册而不章哉！

明太祖祀灶文

明太祖建南京城，规模宏廓。晚年悔之。其祀灶文曰：“宫城之地，首昂中洼，形势不称。本欲迁都，年老力倦。废兴有命，惟有听天。”见《一统志》。

明公主下嫁敕命

上元庠生周书明，仪宾周韵之裔。藏有明南漳郡主下嫁敕命，曰：“古之君天下者，子孙有女，必锡封号。叔祖郢靖王第三女，今已成人，特封为南漳主，配安陆州京山县周鼎之子韵。彼为仪宾，尔为郡主，既入周氏之门，闺门整肃，内助常佳。无累尔父母生身之恩，尔惟敬哉！宣德三年十二月二十日。”朱述之大令绪曾题云：“礼比王姬降，恩从帝室加。脂田空建业，舞袖忆长沙。旧宅难寻燕，荒园只问鸦。板桥西去路，抔土夕阳斜。”

按：韵字英璧，倪文毅为赋《西池草堂》诗。《县志》：郡主墓在板桥西，今名周府坟。旁为祀田，今尽鬻去。

史阁部后嗣

阮吾山云：史阁部视师淮扬，寄孥白下，有孕妾于沧桑后生一子，延史氏脉。雍正初，邓东长宗伯钟岳督学江南，有应试生史姓，年四十余，祖书可法名，询之则阁部孙也。遍询诸老生无异词。及阅其文，疵累百出。邓公曰："是不可以文论。录之邑庠，且泐石记其事示后，毋凭文转黜陟。"

周钟、项煜之死　录汪景祺《西征随笔》

福王僭位南都，生杀予夺，无一不乖谬者。惟于周钟、项煜之死，至今人以为允当，余意独谓不然。周钟者，才不足以副其名，为人颇敦笃伦理。欠崇祯一死，大负生平，律以不忠之臣，虽百喙无可置辨。乃元末红巾"尧舜禹汤"等语，见载《辍耕录》，遽引入爰书，弃之于市，此何说哉？闻悍帅刘泽清曾金币聘之，不应。钟有季弟曰镕，尝同饮阮大铖家，坏坐大骂，钟不为谢，以此两人切齿，傅成其狱，李舒章雯为诗吊之曰："乱世身名可自由，恨君不及郑台州。剧秦新论何曾草，月旦家评总世仇。"项煜居家，簠簋不饬，为公论所摈弃，在朝累以诡激市伉直声。闯贼于三月十九日破京师，煜于四月十八日至金陵。福王称伪号时，身与拜舞之列。因向朝士述在途毁形易服状，为陈侍御纠，其日月可考也，当时竟以污伪署杀之。以彼弃妻子南还，三千余里之遥，不一月重茧而至。即使曾从闯贼，偷旦夕之生，辛苦贼中来，亦宜留其残喘以劝来者。黄石斋先生正告南中用事诸臣曰："唐天宝之乱，从王为上，自拔次之；若水心者何罪？"呜呼！亡国之帷幄重臣，有为新朝之佐命者，介生、水心，皆小臣耳，罪宜末减，况又间关南返耶？大约更玉改步之时，传闻异辞，是非失实。马士英、阮大铖，小人中之最不堪者，蚍蜉累累，不过槐国君臣。如项如周，一死本不足惜，尚论者应详加考核，无左袒贵阳、怀宁也。五月二十八日。

洪承畴病目本

钦命招抚江南各省地方、总督军务兼理粮饷、内院大学士、太子太保、兵部尚书兼都察院右副都御史臣洪承畴谨奏：为微臣右目受病，暂在私衙理事，谨陈下情，仰祈圣鉴事。臣蒙圣恩，特命招抚南方，今已一年有半。才识短浅，疏误实多。每念皇上付以重任，皇叔父摄政王特达隆恩，昼夜冰兢，不敢顷刻自逸。惟臣在前朝，两任总督，阅历十有余年，皆在兵马倥偬之中，心力业已尽竭。兹臣受天恩殊常，其实效力日浅，即捐此狗马之躯，不足云报。乃臣年已五十有四，血气渐衰，精神顿减。本年十一月二十九日平明，臣正进公署，忽右目如有蒙蔽，及至衙门办事，右目瞳子已有内翳，若自掩左目，则右目竟不能见字。数步之内，不能辨人物，必开左目，然后能见字批判，方能见人物。臣于十二月初一日起，遂未能进公署。每日惟在私衙理文书，稍省接见官员烦苦，意谓调理数日，可望复明。不虞至今十二月十二日，延医调理，犹然罔效。医者皆云臣右目不红不肿，惟瞳人上有蓝翳，其伤在内，故视不能明。必屏事静理一两月，内翳乃退，右目可望复明。臣以为江南兵马钱粮、满汉事务及各省文移最多，即一日亦未易停歇，何敢云静理一两月？惟臣自上年九月起，至今年十一月，因满汉事繁，每竭一日之力，至酉时犹必亲灯，五更初复秉烛理事，日以为常。原不敢以为劳，今右目有疾，不能早晚再近灯光，而日间殚心干办，不敢稍有诿误。连日左目以右目眩惑，看字十分艰难，正恐右目内翳难退，全用左目之光，若渐至两目受患，则臣报圣恩之日长，而臣之目力渐短矣。臣私心忧闷，出于无可奈何，今十余日未能入公署。又目疾未知痊可迟早，用是凛凛滋惧，不敢不披沥叩陈于君父之前。伏乞皇上垂怜鉴察施行，臣无任激切待命之至。为此具本专差舍人施汝贤亲赍，谨具奏闻，企候敕旨，右谨奏闻。顺治三年十二月十三日旨：览奏，朕知道了。卿暂在私衙理事，少痊即入公署。该衙门知道。

洪承畴请守制本

钦命招抚江南各省地方、总督军务兼理粮饷、内院大学士、太子太保、兵部尚书兼都察院右副都御史臣洪承畴谨奏：为微臣惊闻父丧，谨陈下情，仰祈圣鉴，准臣守制，以全子道事。臣原籍福建泉州府，有家人陈应安随臣弟、臣子赴江南，二月二十九日先到臣衙内。臣面问家中信息，惊闻臣父在家病久，于癸未年九月二十七日卒于正寝。臣一闻哀恸欲绝。窃念癸未年之九月，乃臣受皇上豢养于盛京之日。臣父病有年，既不能侍汤药于左右，父殁又不能尽号哭于丧次，不可为子，岂可为人？又臣前往都中，后移江南，原籍福建，寸札不通。及身任江南大事，遂不敢顾及私家，至今三年有半，乃得闻父讣音。臣于私衙，朝夕哀哭，不能为生，方寸已乱，精神昏愦，身服衰绖，不敢理江南重事。惟念三年守制，实人子之至情，尤天下之通谊。伏乞皇上圣恩，皇叔父摄政王睿慈，俯准臣回京守制，终丧三年，得伸哀慕之诚，稍尽子道于万一。自兹臣有生之日，皆顶戴皇恩之日。为此具本专差舍人陈贤亲赍，谨具奏闻，伏候敕旨，右谨奏闻。顺治四年二月二十五日旨：览卿所奏，朕甚恻然。今天下初定之时，欲即简如卿之才能大臣以为更代，实难其人。卿且于衙内守制，勉办公事，岂不忠孝两全？仍仰候旨定夺。该衙门知道。

文字祸

清康熙雍正之间，文人多以诽谤罹祸。上元车太史鼎晋，奉诏校《全唐诗》，其弟鼎丰有句云："清风不识字，何必乱翻书。"一日与弟鼎贲小饮，酒杯为明瓷，底有"成化年造"字样。鼎丰反其杯以示酒干曰："大明天下今重见。"鼎贲置其壶于旁曰："又把壶儿搁一边。"取"壶"、"胡"同音也。后二人以吕留良案牵涉被戮，鼎晋以忧死。近人有咏雁字诗云："不日弋矰无地避，由来文字祸之阶。"慨乎其言之矣。

太平天国建都天京始末

清咸丰元年甲申闰八月，洪秀全既克广西永安，始建号曰太平天国。自立为天王，以次年为太平元年。二年二月乙酉，克金陵。群臣议定都，杨秀清以宜都河南，拟进取。会有老舟子建议：河南水少无粮，敌困不能救；金陵有长江之险，城高池深，民富食足。天王从之。遂改南京为天京，毁总督署为王宫。十三年（即清同治三年）四月二十七日，天王以清兵薄城急，仰药死。五月戊申，立长子福瑱为天王。六月甲辰，清军地道成。乙酉，火药发，轰崩城二十余丈，遂陷天京。福瑱偕洪仁玕、洪仁政杂乱军冲出，走广德。计太平奠都天京，起二年二月，迄十三年六月，共为十一年有四月。

讨满清诏　录《太平天国文钞》

朕祖洪武，扫荡群夷，克复中原，开三百年之丕基，造亿万姓之厚福，此诚三代以来之盛主也。不幸至我怀宗，闯贼猖獗，奸党开门，致有甲申之变。尔祖乘我之乱，包藏祸心，篡我之朝，窃夺神器。弘光被弑，忠臣死者千余；宗室遭残，亲族亡者万余。当此时也，地崩天裂，山枯海涸。尔胡逆贼，我世不共戴天之仇也！况夏为夷变，二百年不见日月之光；汉受满欺，六七世常闻腥膻之气。弑兄弑叔，迹类豺狼；纳妹纳姑，形同狗彘。卖官鬻爵，士子之诵读何用？加赋劝捐，庶民之脂膏已竭。犯人不薙发，是欺汉人为囚；状元不招亲，是视汉人为寇。不封王、不爵位，是忌汉人有柄；不将兵、不树帅，是畏汉人有权。名虽君臣，实则陌路；盐分南北，法失重轻。贪官污吏满寰区，处处是杀人利刃；善士良民遭荼毒，人人怀切齿深仇。以致旱虐连年，水灾屡降，民不聊生，人皆思乱。尔忝居大位，尚不侧身修省，而犹纵淫贪欲，置民瘼于罔闻，谓天威不足畏，此诚庸昏无道之极！所谓四海困穷、天禄永终者此也。今朕非他，乃大明太祖之后裔，弘光皇帝七世孙也。名正言顺，天与人归。一为祖宗复仇，二为苍黎伐暴。谋臣如雨，战将如云。大兴汤武之师，用慰云霓之望。锄其酷虐，救民于水火之中；修我戈矛，取残若鹰鹯之逐。旌旗蔽日，船筏弥江；士卒争先，水陆并进。天堑无难飞渡，投鞭亦可断流。将军所至，迅如扫叶之风；兵帅所临，震如当空之霹。军威整肃，号令森严。耕市不惊，秋毫无犯。箪食壶浆，迎之者喜其先至；翘首引领，望之者恨不速来。至有摧枯之威，破竹之势，趁首夏之清和，分兵西往；据高秋之逸爽，遣将北征。传檄江南，连兵河朔，分兵进讨，问罪燕京。共枭逆胡之头，以雪戴天之恨。凡属满营，生擒者割其股而吸其髓；但系旗下，死亡者食其肉而寝其皮。灭尽胡儿，克复中原之土；安全黎庶，重睹盛世之天。凡我士民，无诈无虞，永登仁寿域，长享太平春。钦此。此诏为信阳柴君兰亭从洪氏营中抄出。

祭明孝陵文 录《太平天国文钞》

不肖子孙洪秀全，率领皇汉天国百官，谨祭于吾皇之灵曰：昔以汉族不幸，皇纲覆坠，乱臣贼子，皆引虎迎狼，以危中国，遂使大地陆沉，中原板荡。朝堂之地，行省之间，非复吾有，异族因得以盘据，灵秀之胄，杂以腥膻，种族沦亡，二百年矣。秀全自维凉薄，不及早除异类，慰我先灵。今藉吾皇在天之灵，默为呵护，群臣用命，百姓归心，东南各省，次第收复。谨依吾皇遗烈，定鼎金陵。秀全不肖，以体吾皇之心，与天下附托之重，东南既定，指日北征，驱除异族，还我神州。上慰吾皇在天之灵，下解百姓倒悬之急，秀全等不敢不勉也。敢告。

天王即位告天下诏

奉天承运，皇帝诏曰：朕太祖高皇帝，以布衣取天下，削平祸乱，统一寰区。列祖列宗，缵承丕绪，深仁厚泽，洽于官民。逮甲申之变，逆贼吴三桂，假秦庭之哭，召胡虏入关，篡夺神器，迄今二百余年，水旱频仍，下民咨怨。朕以天潢嫡派，为中外所推，招集忠良后裔，起事粤西，建树义旗，号召天下，所过州县，望风附从。兹以二月朔日，抵南京应天府，祗谒祖陵。本月十一日，由朝阳门入城，百姓夹道欢迎，群良屡表劝进。朕以天位不可久虚，勉从群良之请，于本月十五日，祭告天地祖宗，即皇帝位于南京，权以伪总督衙门为大明宫室。始祖庙追尊太祖弘光为靖康皇帝，庙号兴宗。尊皇祖为启圣皇帝，皇考为成圣皇帝，祔始祖庙。诸事遵祖制，以明年为嗣统元年。所有应行事宜，条列于后。特此谕中外知之，钦此。

一　各省文武官员，其在籍五品以上投顺者，准于三月内入都陛见，分别简用，违者以军法从事。

一　各州县钱粮册籍，三月内呈投。如有冒名匿报，一经察出，地方官严加议处。

一　衣服，便帽去顶，袍去马蹄袖。纬帽外套马褂袴套，不准穿戴。仪式定后改，违此者斩。

一　乡试，试策论，小试试《四书》，论策默写《三字经》数页。定五月院试，八月乡试。其已中举人生员，准其一体赴试；迁延不赴者，轻重治罪。

一　武场试期，后文场一月，其额如文场内同取中者，准其应试。

一　官家女子，十五岁以下，候行选皇后，再行给配。

一　各省文武官员军民人等，不准薙发，违者处斩。

按：此诏见《荷香馆琐言》。据云，系在太平军中所目击者。但天王之年号，惟知有太平天国，并未知有嗣统之名，殊可疑。姑存之，待查。

天王致美国国书

洪氏既下金陵，忽有火轮一艘驶至，乃美国来保护侨民者。洪氏邀船将与语，船将极口称洪氏开通。后船将归上海，天王使弟仁玕与之同行，见英、法、美各领事，美领事曰：敝国正以解放黑奴，有南北洲之战。天王为人民争自由而战，实东方之大革命家也。盍使敝国一通交好？仁玕返江宁，呈美领事书，天王即遣仁玕使美，时美领事亦适归国，仁玕赍国书与之同行。书曰：

太平天国天王，谨告美国大民主：前上海贵国领事，以贵民主意上书天朝。书达金陵，经东王阅过，跪呈朕览。朕以贵民主远居海外，音问不通，翩然肯来，实洽朕意。特遣朕弟仁玕远使贵国。朕闻贵国重人民，事皆平等，以自由为主，男女交际，无所轩轾，实与我天朝立法相合，朕甚嘉赏。一切交涉事件，可与朕弟仁玕往还。凡贵国人民来天朝者，皆上帝之子孙，朕必以兄弟相待。以后两国永久和好，朕有厚望焉。

太平天国政教一斑

官制　太平初建国，自诸王以下，仅有丞相、军长、侍卫诸名。洎都金陵，政务殷繁，设官始冗。其制分朝内、军中、守土为三途，有仿古制而稍变通者，有因事宜而特设置者，名位繁冗，已不若初制之政无废员、员无废事矣。至于女官，武则有军师、丞相、总制、监军、军帅等职，文则有侍史、掌门诸称，是皆古制所无，实开男女平等之先声矣。

兵制　每一军，领一万二千五百人，以军帅统之，总制、监军临之。其下分辖五师帅，各分领二千五百人；每师帅辖五旅帅，各分领五百人；每旅帅辖五卒长，各分领百人；每卒长辖四两司马；每两司马领伍长五人、伍卒二十人，共二十五人。统系严整，颇得臂使指应之效。凡营中兵士分三等：第一等为真太平军人，曾服兵役六年以上者；第二等为服兵役三年至六年者；

第三等为新募兵及曾服兵役三年以下者。

法律 蓄妾有禁，买娼鬻奴有禁，剪发薙胡有禁，吸鸦片黄烟有禁，缠足有禁。此其荦荦大者，亦革新之足称者。刑法惟枷杖，死刑则分三种。

裁判 太平诉讼之审理，虽无定例，而极公允。原告、被告及证人在法庭上，均得自由陈说，无威吓及贿赂等情事。法堂前，置大鼓，有冤者击之，立刻受理。此鼓谓之登闻鼓，盖沿中国向时之旧制也。

田亩制度 田分为九等。其田一亩，早晚二季可获千二百斤者为上上田，可获千一百斤者为上中田，可获千斤者为上下田，可获九百斤者为中上田，可获八百斤者为中中田，可获七百斤者为中下田，可获六百斤者为下上田，可获五百斤者为下中田，可获四百斤者为下下田。上上田一亩，当上中田一亩一分，当上下田一亩二分；当中上田一亩三分五厘，当中中田一亩五分，当中下田一亩七分五厘；当下上田二亩，当下中田二亩四分，当下下田三亩。凡分田照人口，不论男妇，算其家人口多寡，人多则分多，人寡则分寡，杂以九等。如一家六人，则良田、硗田各分三人，使均其肥瘠。凡天下田，天下人同耕，此不足则移彼处，彼不足则移此处。又丰荒相通，荒于此则移彼丰者以赈此，荒于彼则移此丰者以赈彼，务使天下共享天父大福。有田同耕，有饭同食，有衣同着，有财同享。服用无不均之患，即斯民无饥寒之虞。凡男妇每一人，自十六岁以上，受田多逾十五岁下一半。如十六岁以上分上上田一亩，则十五岁减半之，分上上田五分；又十六岁以上者分下下田三亩，则十五岁减半之，分下下田一亩五分。此种公田制，确有类于社会主义也。见《太平天国史料》第一集。

外交 （甲）国际交涉，以炮击英舰“黑姆斯”号为始。太平二年（即清咸丰三年）二月，洪秀全既建都金陵，改南京为天京，英公使濮亨欲至天京，察太平军势力。四月二十二日，乘巡洋舰“黑姆斯”号抵镇江。会有清兵舰一艘，利其保护，尾英舰后，为太平军侦觉，炮击之，波及英舰。既解释误会，濮使本拟晋谒天王，以东王杨秀清答书，辞气间有失邦交礼，未果。濒行，与天国通牒声明不干涉内政，严守中立。太平军嗣拟定外舰入港通则，牒告外人遵守。最后则为太平十年三月，英海军大将何伯通牒重申中立之约。此约促成，实基于《天津条约》开放长江商埠之结果。其内容约为：（一）太平承认一年为不攻击上海吴淞，及进兵该处周围百里以内；英国一方，当力阻清军以该二处作军事行动。（二）如太平军攻击其他通商口岸，不伤害英人生命财产；英国军队除必须自卫外，勿干涉太平军之行动。当时太平军行所至，向以保护外人自任，又以军事作用，不惜委曲求全，故对于何伯通牒，均一一承认之。（乙）外交政策，本亲爱平等为宗旨，宗教共同，以发扬真谛相维护；行住通商，以自由开放为准则。自开国以迄末造，始终弗渝。然英法各国，则举棋莫定。中立之言屡宣，不旋踵而即背之。盖英国对华政策，以商业侵略为主，尤以鸦片输入为利薮；法之对华政策，以宗教侵略为主，其传教士因华人习俗未能全废偶像，如礼拜堂中设罗马制之诸圣像。而太平军则鸦片悬为厉禁，又为绝对毁像派，况自《天津条约》成立以来（一八五八年七月 ），恃关税为赔款之给源。当时太平领域，多席富庶之区，长江扰攘，商运梗塞，殆苏杭沦陷，上海垂危。夫上海居吾国第一商埠，又为各国通商之总汇，利害相联，关系尤巨。故英法美等国，遂不惜破坏中立，干涉内政(英法军保护上海)。为满军傅之翼而扬之波，只图保持其赔款之取偿，经营其毒卉之巨利，弃信而背义。太平之外交失败，太平之国运，斩摧绝矣。(丙)通使。太平甫下南京，忽有火轮一艘驶至，询为美舰来保护侨民者。天王邀船将语以起义之宗旨，于其归上海，遣洪仁玕偕往见英、法、美各领事。美领事讽以敝国正解放黑奴，有南北洲之战；天王为人民争自由而战，实为东方之大革命，曷遣使以通好。天王即遣洪仁玕赍书使美，书中申平等和好之意。仁玕逾年始归，著有《使美日记》。

宗教 洪秀全与同邑冯云山先入上帝会。上帝会者，为朱九畴所倡，以恢复明室为志者也。九畴死，秀全被推为教主。会官名捕急，遂往香港受基督教，以传教游广西，居鹏化山。逢岁洊饥，徒党渐众，秀全遂有起义之志。先是秀全忽暴死，胸腹不冷，七日复苏。语众云："上帝诏我有大劫，拜天则免。"遂造"真言宝诰"，谓天曰耶和华，耶稣为长子，己为次子。大概袭耶教之绪余，而诡言以惑世。其所传《圣经》，除迻译西籍，如《旧遗诏圣书》《新遗诏圣书》(亦名《马太传福音书》)，亦颇有异同。余多假托造作，尤以《三字经》为最普遍，以《天条十款》为最严重。限令军中朝夕诵读，入教逾二十一日，不能诵读者斩首。严定礼拜祈祷之仪，尤以讲道理为特要。军行所至，辄鸣锣传集军民，期集听讲。凡刑人必讲道理，紧急军令必讲道理，以至募兵、募役、选女、征供应、诫逃走，无不讲道理。盖寄军令于宗教中，以利推行者也。原夫秀全之附会基督以立教，亦犹篝火狐鸣之故智，斗米白莲之遗俗，所以资号召而臣民心，且即以教律治军，亦颇收一时之效。故外人论太平军人中，实有归依上帝正确之基督教徒。同时外人亦有讥太平于基督教之理智，多误解及缺乏者。殆后首事诸王，多不能恪奉教旨，而兵连祸结，所至残杀掳掠，触犯天条，较之美国清教徒，实有愧色。是则洪氏之于宗教，亦不过为利用之资，而奚足语于创教之雄耶？

历法 以三百六十六日为一岁，单月三十一日，双月三十日。以立春、清明、芒种、立秋、寒露、大雪六节气，定为十六日，余均十五日。每四十年一斡，斡之年，每月二十八日，节气俱十四日，制为太平新历。每年十月献明年新天历，十一月颁远省，十二月颁近省。历书内首载改定新历诏，次纪日、次干支、星宿礼拜（七日一周）。并纪每年正月十三日，为太兄升天节；二月初二日为报爷节；二月二十一日，为太兄暨天王登极节；三月初三日，为爷降节；七月二十七日为东王升天节；九月初九日，为哥降节，每年六节。绎其改历之诏，亦藉为福音之传。旧历一切宜、忌、吉、凶、神、杀，皆删除之，是则特具有革新之精神也。

关榷 自武昌至金陵，设关四：武昌、九江、芜湖、龙江关。金陵之龙江关，专设提中关税官一人，职用指挥。仓猝创办，无一切征税章程。其报船料也，以船长一丈，征税千钱。所载之货，分粗细货两种。粗货船长一丈，征税钱二千，细货倍之。大率以盐、布、棉花、煤、米为粗货，丝绸、苏货为细货。征税之后，给以船票一张，如遇他军，可以放行，无票则没收之。

币制 癸丑六月，天王命在江宁铸钱。令典铜匠择能铸钱者得十二人，封四人为铸钱匠，职同指挥，设厂开炉鼓铸。其式大小不一，正面即“天国圣宝”四字。铜匠不谙铸法，钱质又以铅铜互杂，支配不匀，钱皆不成轮廓，字亦模糊莫辨。民间多不信用，遂停止。天王称天父指示云，尚须迟三四年，方可开铸。后隔年余，复命开铸，称为完善。有当十、当一等大小名目，钱面称“太平天国”四字，至今民间犹有藏为纪念币者。

权衡 军中米谷，皆以斤两计，故无斗斛。其权衡各物，尚无改制，惟杨、韦、石诸王，改制铜尺，奏请天王颁行。尺背镌“钦定天朝正尺”六字，尺之长短，较清廷适用之尺长七分。凡行使钱文，皆用足钱，不准扣串，屡出示禁止。其示中有“天朝万事满足，不准丝毫欠缺”等语。

文告 太平一朝文字，凡诰旨、诰谕、章奏、告示、檄文，至为俚俗，世人往往鄙之。不知天王、东王、翼王等，皆能文，其所以出此者，盖有深意存焉。一曰愚敌。军中文牍，廋辞隐语，至难索解，盖防清军得之，悉其军情也。二曰示异。太平朝以宗教立国，是以故作诡异之言，以示人以不测。三曰通俗。太平诸王，鉴于历代士民之分，皆艰深之文字，有以限之，故躬自提倡俚俗文字，务使人民均得了解，因以灌输其宗教及新知识也。今日动演白话句者，实太平有以启之。

案：太平天国建国十有三年，典章制度，肇启文明，民治先声，宜详载纪。惟以触官家所忌，摧残以尽，搜考无闻。

南京为天国奠都所在，故老流传，仅说劫灰，文献无征，难资史乘。兹就《太平野史》《太平天国志》《太平天国外纪》等书，撮其政教诸端趋向大同者，著录于篇，备见一斑。若欲详征，原书具在。中央今正搜集太平史料，网罗放失。官书期成，一代文章，庶免澌焉待尽乎。

太平朝职官等差总表

一等	二等	三等	四等	五等	六等
东王	南王	翼王	燕王	侯	丞相
西王	北王	天德王	豫王		职同丞相
			国王		恩赏丞相
七等	**八等**	**九等**	**十等**	**十一等**	**十二等**
检点	指挥	将军	总制	监军	军帅
职同检点	职同指挥	职同将军	职同总制	职司监军	职同军帅
恩赏检点	恩赏指挥	恩赏将军	恩赏总制	恩赏监军	恩赏军帅
十三等	**十四等**	**十五等**	**十六等**		
师帅	旅帅	卒长	两司马		
职同师帅	职同旅帅	职同卒长	职同两司马		
恩赏师帅	恩赏旅帅				
守土乡官表					
郡总制	州县监军	乡军帅	乡旅帅	乡卒长	两司马
女官表					
女军师	女丞相	女检点	女指挥	女将军	女总制
女监军	女军帅	女卒长	女管长		
其他同职各官名目繁多不及备载					

太平历夏历阳历对照表

太平天国新历	夏历	西历
壬子元年正月元日丙申	咸丰元年十二月十五日	一八五二年二月四日
癸好二年正月元日壬寅	咸丰二年十二月念七日	一八五三年二月四日
甲寅三年正月元日戊申	咸丰四年正月八日	一八五四年二月五日

（接上表）

太平天国新历	夏历	西历
乙荣四年正月元日甲寅	咸丰四年十二月二十日	一八五五年二月六日
丙辰五年正月元日庚申	咸丰六年正月二日	一八五六年二月七日
丁巳六年正月元日丙寅	咸丰七年正月二十三日	一八五七年二月七日
戊午七年正月元日壬申	咸丰七年十二月念五日	一八五八年二月八日
己未八年正月元日戊寅	咸丰九年正月七日	一八五九年二月九日
庚申九年正月元日甲申	咸丰十年正月十九日	一八六〇年二月十日
辛酉十年正月元日庚寅	咸丰十一年正月元日	一八六一年二月十日
壬戌十一年正月元日丙申	同治元年正月十三日	一八六二年二月十一日
癸开十二年正月元日壬寅	同治元年十二月念五日	一八六三年二月十二日
甲子十三年正月元日戊申	同治三年正月六日	一八六四年二月十三日

按：太平时改易正朔，并将年、月、日、地支诸字更改。年改岁，月改期，日改旦，丑改好，卯改荣，亥改开，其他窜易甚多，则不知何所取义也。

太平天国科举所闻之一束

太平诸王深恶清政，而对于科举为尤甚。迨克武昌，农工商民，率多归之，而士人独否，因翻然有开科之意。二年，宫殿落成，协议庆祝之法。徇何震川之请，下诏开科，即以何震川、卢贤拔主试。

规制　每年二月初二日，军帅（乡官也如清之县试、郡试）文试，取信士一人；十二日武试，取艺士一人。三月初三日，监军文试，取秀士二人；十三日武试，取英士二人。四月初四日，总制文试，取贤士二人；十四日武试，取能士二人。五月初五日，省提学文试，每五人取俊士一人；十五日武试，每五人取毅士一人。逢荣酉两年，五月二十五日，集新旧信、贤、俊士考拔，每五十人取杰士一人。逢子午荣酉年，七月初七日，省提考文闱中式者，曰约士；十七日武试，中式者曰猛士，皆无定额。逢辰戌好未年，九月初九日，正总裁文天试一甲，曰状元、榜眼、探花；二甲，曰国士；三甲首名曰会元，以下曰达士。二十二日武天试，一甲与文试同，二甲曰威士，首名亦曰会元，以下曰壮士。每试共分前后三场，天试所颁题纸为黄色，宽大类诗笺。每纸一题，纸端加天官丞相小印一颗，下署年月，中列题目，纸后骑缝处，复加天官丞相小印，盖为第二场持此相核之证也。考卷之纸，悉用红黄绿三色为之，四周描金，作龙凤纹，中作方格，不弥缝。

试题　第一次首场天试，为“天父七日造成山海颂”、“天王、东王，操心劳力，安养世人，功德巍巍论”。监场提调，一如清制。越一月，为第二场，题为“立整纲常，醒世莫教天光鬼迷解，天父为天生理人论”。又一月为第三场，场内外悬灯彩，中堂供香花，耶稣十字架在焉。题为“四海之内皆东土，真道岂与世道相同论”。卷纸每行三十六格，仅十页。第二次天试，以韦昌辉为正主考，入场试以《旧约》书义一道、策一道、试帖一首，别有一论一解。若未夕而事已毕，加判一条，其制又与前不同。

试艺　太平四年后，开科之试卷，亦用制艺体。江南士人周雨轩，于同光间见一太平制艺题目及作者姓名，已佚去其文。（从略）

又张申伯，苏人，文誉颇著。天京开科取士，为朋侪所推举，改名褚维星，至金陵观场，题为“平定江南文”，仿制艺体。申伯所作颇雄壮，拔置第一。其起讲曰：“昔东晋司马之兴也，南宋康王之渡也，长江数千里，皆恃为恢复汉族之基。岂非以江南之人之独具忠义哉？盖其后由江南而成平寇之功勋，必其先由江南而定皇都之巩固。石头无恙耶？铁瓮尚存耶？试一观江北之风云，觉东洛冠裳，西京钟鼓，殆不啻天与之而人归之已。”其起股云：“铜驼荆棘，吾民之苦深矣。自唐虞三代，迄今四千余年。中原文物之邦，竟一息奄奄，如病夫之不起。尧、舜、禹、汤、文武，神灵之痛哭何如？问何时杀尽妖魔，上答天恩之高厚。泥马风波，吾君之厄至矣。自唐、桂二蕃，避地一万余里，故国衣冠之裔，竟长兹寂寂，让异种以称雄。燕、赵、韩、魏、齐、秦，禾黍之凄凉奚似，愿从此扫除腥秽，重开一统之河山。”按张乃廪生，粤寇平后，思复应秋试，苏人欲攻之，因作七律二章，以明前者应试之非出己意，且文中含有讽意，众人谅解。惜诗未及见。

考试女子

太平朝既开科举，复举行考试女子之典。正主试为洪宣娇，副主试为张婉如、王自珍。婉如，皖人；自珍，鄂人。题为“惟女子与小人为难养也”全章。应试者二百余人。金陵傅槐女善祥所作，独立辟难养之说，引古来贤女内助之功。卷荐后，为天王所激赏，拔置第一，饰以花冠锦服，鼓吹游街三日，闾阎群呼为女状元。第二名为钟氏，第三名为林氏。

女　馆

太平军自金田至金陵，别男女甚严，夫妇同居，亦犯天条当斩。盖恐军众顾家，不与力战。而仍设女馆，准其挈家同行，以系恋之，计至深也。有人云，天王在永安时，言至金陵为登天堂，许夫妇团聚，今仍不准有家，似不足以服众。天王乃下令许男女配偶，派女官媒以司其事，然止许月晦同宿，余日不得犯。上元吴家桢诗云："六军女馆重闲防，廿五娇娃聚一房。轮盼今宵逢月建，满城飞遍野鸳鸯。"盖纪实也。

人　物　孝友　行谊　节烈　遗逸　武侠　方外

黄以旂

黄以旂，字蛟门，江宁人，居柏川桥侧。父积家产数千金，殁后，五子均分，而以旂以长男不与，以旂无怨色。事继母，待异母弟，皆极友爱。既补诸生，贫甚，常为童子师自给。盖冬无裘夏无帷者三十余年，然一介未尝取诸人。道光元年，当事将以孝廉方正荐，不就。生平工诗、精历算，年六十五卒。著有《忆书轩集》。

龙景华

龙景华，字子春，上元人。幼有至性，父殁时方九龄，哀毁如成人。母吴，鬻簪珥市书令读，景华承母志，力学弗倦。母病阽危，刲股以进，即愈。又病痢，刲股如初。医欲辨粪甘苦，景华尝之味苦，喜谓妻曰："母必安矣！"后邻火爇所居，叩祷，风反火息。母九十三而卒，庐墓侧，朝夕哭。有盗十余人椎埋，闻哭声曰："此孝子也。"相戒勿犯。天顺中，旌其门曰"孝行"。倪文僖公志其墓。《吕志》："龙"作"庞"，今从《明史》《江南通志》作"龙"。

陈　圻

陈圻，字坦园，一字兰村，明节愍公性善之后也。幼颖悟，能文，事母以孝。家素贫，习法家言，幕游四方。母寄食于姻党客舍中，见飞鸟过庭，凄然自伤，为《反哺鸟诗》。后家居，虽供养尽欢，母常斥去不食。圻乃以金遗姻戚设馔馈母，母闻而哀之，为加餐。母殁，设考妣双主于室，出入必告，朝夕置馈如生前。常欲结庐墓侧，惧骇物听，乃写仿茔兆貌，己立于前，名其图曰想庐，遂号想庐居士。道光二年，总督孙玉庭表其庐曰"孝媲颜冯"。

右孝友[①]。

童尚书之介

明童尚书轩，南钦天监籍，性寡合，不妄取予。家人衣食或不给，虽三原王公馈以米及白金，亦不受。毗陵王尚书知其介，不敢致馈，值有持礼币求文者，因谓曰："童公之文胜余，余令人导汝往求之。"至则童公问其人曰："汝自来乎？抑有使之者乎？"其人以实对，遂却而不纳，其介如此。

张文晖

张文晖，字孚之，上元人。初居北门桥豆巷，堪舆家谓之曰："此地合出鼎元，所谓一湾辛水向西流也。"未几，焦文杰来居之，其子竑应是占。即今之焦状元巷。而文晖官长芦运使，别构徐氏杏花村园，以为别墅。邻人强与争一树，老仆不从。文晖止之曰："家本军卫三百余年，居魏国公治下。我偶得一官，分买其园，心颇不安，又与人争树乎？王孙不能守其园，我子孙能保此乎？"遂让。同里周晖陈所闻，称之曰"达"。《金陵琐事》。

① 右孝友：原书为竖排本，故有"右孝友"之语，下同。

张澄斋之义行

道光中，外舰入江，金陵戒严，兵民乏食。山阴张澄斋为白下侨旧，慨为发藏粟二千石，倾家财七万有奇，悉以供军糈、振民饥。城完寇退，口不言功。大府上其义行，有诏褒录，留江南以知府用，并赏孔雀翎，是亦清朝一卜式矣。惜澄斋需次岁余，遽谢世，不及稍有所措施也。

吴复成

吴复成，字蔚堂，上元人。行六，人呼为吴六，行贾于粤最久。咸丰初，金陵陷，人多不辨粤语，惟复成解之，因操粤语往说："金陵缎匹甲天下，宜设机杼以资用。"太平军信之，招万余人，文弱者藉以匿迹。又造船运薪，出入于水关，载妇孺乘舟以遁，所活几万人。既与张继庚谋内应，事泄奔逃免。会湘军克安庆，欲谍城中虚实，或以复成荐，乃令蓄发入城中，得内中曲折，辄以告。转危为安者，复成之功也。嗣以金陵克复，保至县丞，自谓非莅官才，仍行贾如故云。

右行谊。

焦游击

焦游击者，金陵人，力耕养母。暇尝过演武厅，挟二石鼓舞刀。兵部尚书史可法，微服立堂下，见之，惊以为异人，因力请从。焦固辞不可，曰："小人有母。"史公曰："我能为尔养母。"给之银米，意甚厚。焦遂从史公充亲兵，后以功授守备。及史公督师，擢游击，后在扬州战殁，诚不负史公之知云。又金陵人翟天葵，出身行伍。道邻拔为都司，以好汉目之。出示曰："将以为好汉榜样也。"道邻死后，天葵即住其家门首，为之守门终身。

龚安节

明龚安节诩当靖难时，以卫卒守金川门，燕兵入，投戈大恸以去。《常熟县志》则谓隐于任阳镇，变姓名为王大章云。

柏川桥、通济门桥乞丐尽节

清初，兵定南京，福王出奔太平，总督京营赵之龙、大学士王铎等，奉表纳款，勋戚文武百官，迎降午门外柏川桥下。此桥半在城内，半在城外，俗呼为半边桥。乞丐题诗桥上曰："三百年来养士朝，如何文武尽皆逃？纲常留在卑田院，乞丐休存命一条。"遂赴水死。又一丐，持瓢通济门外桥上，投水死。瓢中题诗云："逢人莫说伤心事，乞丐何须爱一瓢。"惜均不传其名氏矣。

耶教徒陈于阶

福王时，有陈于阶者，应天人。以儒士为阁部史可法所荐，官钦天监挈壶博士。南都覆，慨然曰："主辱臣死，吾官虽卑，敢贪生乎？"夜半礼天主堂，自经死。此教人之忠烈者，足为耶酥生色矣。

秦文愨公为高祖母方氏殉节陈情请旌

江宁秦文愨公承业，原籍安徽太平府当涂县高村，世业农。当明亡际，土贼肆扰，高祖应瑚避江邑。高祖母方氏，携五岁儿邦灿，即公曾祖，未及随，无计自全，即赴祖茔侧，拔簪剚地，殒身于池，时年二十二岁。遗邦灿路隅，仆地而惫。会贼退，村人返，经池侧者见之，随曳起，睹剚地遗簪，臆其母或投于池。求诸潜渊，衣履预缝，身躯自若，时已越七日矣。乃就茔后平处葬之，随负邦灿来江邑，归其父，具以告。厥后公曾祖弃农就艺，糊口不遑，且远隔乡城，难邀保证。洎公父大士举于乡，而年远事湮，未符旌例，迄未得请。公通籍后，始专折陈情请旌，得邀允焉。昔李令伯以侍养祖母，陈情一表，模楷人伦；今公因高祖母死节不彰，呼吁上陈，卒得显亲尽孝。读公之疏，堪与令伯一表并千古矣。

附录：秦文愨公请旌表奏折

奏为追远陈情叩恩旌表事。（中略）伏念臣家累世业农，无缘识字。自臣父以殿撰历官学士，臣兄承恩以翰林官跻九列，臣以翰林供奉内廷，臣子若侄俱以科目充京职。回忆耕云锄雨，何德何功，荣遇至于如此？当缘苦节之一诚所感召。臣每见乡城衢路节额贞坊，姓氏标题，指为人纪，独臣高祖母方，世远无征，遂抱沉痛。自臣父兄以来，怀欲陈之而未有路，臣今叨蒙殊荣，至再至三，焉敢复有陈乞？惟是圣人御宇，明伦察物，万象昭苏。臣久贱归田，白首青毡，幸依朝旭，再不恳恩，亦无以仰对祖考。乞俯遂臣请，不交部议。优诏自天，发潜德之幽光于代远年湮之后，则事因罕见，传说愈真，不独臣一家殁存铭心于无已也。奉旨：秦承业高祖母方氏，即赠一品节烈夫人，由广储司赏银三百两，自行建坊。

祥忠勇公

忠勇公祥厚满州人，官江宁将军。太平军兴，朝命两江总督陆建瀛为钦差大臣，命祥厚佐江防，复命江南提督福珠洪阿军江宁，为犄角。陆建瀛败退，江宁戒严。朝命祥厚摄总督代钦差大臣，诏未至而城陷。方城之未陷也，祥厚鼓励将士，合满汉兵，誓背城一战。二月十日昧爽，仪凤门陷，祥厚与副都统霍隆武领旗兵死守驻防城，旗兵男妇血战两夕，驻防城再陷，祥厚、霍隆武巷战死焉。旗兵死者四万人，实为东南死事之冠。福珠洪阿原壁雨花台，经祥厚招入城，仪凤门之陷，福珠洪阿战于鼓楼北，转战通济门，死之。福珠洪阿谥壮敏，祥厚谥忠勇。

邹壮节公

邹壮节公鹤鸣无锡进士，咸丰元年巡抚广西，为赛尚阿所嫉，劾以不救全州，落职归里。二年，陆建瀛起公，协守金陵，时公患病，亲友咸劝止。公曰："此吾报国时也。"舆疾至宁，与将军祥厚、巡抚杨文定、藩司祁宿藻，竭力筹防守。明年，陆建瀛败退，公病加剧，陆趣之归。公闻之奋然曰："我虽无守土责，既奉旨协办防堵，当然与城存亡。岂可因病遽图苟免乎？"执不可。公见人心涣散，自知必死，作绝命词以自誓，付其子觐仪收执。诗曰："臣力难图报称，臣心仰答九重。三次守城尽节，庶几全始全终。"又曰："太仓半粒米，沧海一微尘。人生百年耳，忠尽仁乃纯。"未几，太平军抵城下。二月初十日，公在筹防局发犒银，忽报仪凤门陷，公驰往援救不及，行至三山街遇贼，从者星散。公下舆拔佩刀刺贼，贼怒，支解之。事闻，谥壮节。

上元县刘大令骂贼捐躯

清自道、咸军兴后，州县殉节者不可枚数，而上元县刘公同缨，烈声最著。公初权吴县，善捕盗，移治上元两年，尤得士民心。咸丰二年，闻武昌警，尝上《防江策》于总督陆建瀛，不能用。自九江师溃，总督丧气归，布政使祁公宿藻忧愤疾笃。公罗掘得五千金、谷二千担，为民倡，储粟运石，修火械，召义民登陴力捍。三年正月至二月，守十余昼夜，不稍懈。时地雷发，城陷，太平军突入数百人，公挥众戮之，城复完。敌军缘梯而上如蚁集，以众寡势殊，守者惊溃。公还署杀二妾，大书朱谕曰："但杀我身，切勿伤我百姓。"朝服坐，堂皇以待，大骂贼。敌人望见颜色懔然，皆叹曰："若好官，吾侪勿相害也。"君即跃入署后潭中以殉。后彼军每于夜间，见潭旁有神灯旗旐，滋怖之。事闻，优恤，予谥武烈，建立专祠。蒋心楣副贡新曾佐公幕，吊诗云："登楼本效文山饿，赴水终伤屈子沉。"后邑人为建祠于鸡笼山下，程子青茂才祥蔚题壁句云："白水臣完节，青天贼诵名。"

江宁府教授欧阳晋死节

欧阳晋，字可伯，号耘珊，宜兴人，道光丙午优贡。咸丰二年冬，署江宁府教授。时太平军已破武昌，方伯祁文节令督练巡守，晋视事日，即作书寄妻子曰："今时事不可知，我官虽微，义不苟免。"城陷，朝服北向叩头讫，旋裂帛书绝命词曰："苜蓿何堪抵蕨薇，坦然全受即全归。十年养得干霄气，并作贞魂一片飞。"又句："可怜精卫无穷恨，化作啼鹃带血归。"附注云："清晨闻北门失守，晋二十日苦辛，付之浩叹。聊题二绝，上答君亲。二月初十日，欧阳晋并记。"又钤以府学印，授其仆，从容自缢。仆藁葬毕，怀绝命词潜逸出。叩向军门，白其情，得旨优恤。

汤贞愍公死节

清汤贞愍贻汾武进人，以难荫官至浙江乐清协。罢官后，侨寓金陵。琴隐围、诗之窟，皆其别业。咸丰军兴，城防戒严，友人劝以避地，公笑指其庐曰："吾将死于是矣。此先人木主之所在也。"城陷，作《绝命诗》曰："死生轻一瞬，节义重千秋。骨肉非甘弃，儿孙好自谋。故乡魂可到，绝笔泪千秋。藁葬毋予恸，平生积罪尤。”从容投诗之窟池中死，同时殉者十余人。其女视含殓毕，自缢。事闻，有“三世殉难”之褒，谥贞愍，建专祠。公之四子禄名，独居城中，仓促藁葬而后去，各为之志，惟贞愍则以藤杖及生平所喜珍藏画卷俱殉。迨克复后，将改葬，启土视之，各画卷均腐化，而藤杖乃发生连理，环绕尸体，浑如棺敛，识者异之。移榇时，仍将此杖照原纳诸圹中。岂忠义之气，郁极必舒，草木遂得之而发泄欤？书之可与熊经略藤枕并美云。

张烈士

太平军踞金陵，士大夫陷城中者，多以节烈著。有廪生张继庚诡与城军暱，结为内应，七上书向忠武公，复亲谒公营，图反正。会大雪失期，事泄被拘。渠帅穷治党羽，榜笞刺爇，身无完肤，终不累一人，嗣复饵以甘言，乃请示彼军官册名，指其悍者三十余人，渠帅皆立斩之，既而悟，始磔。君临刑赋绝词云：“拔不尽眼中钉，呕不尽心头血。吁嗟穷途穷，空抱烈士烈。杀贼苦无权，骂贼犹有舌。”是词及上向公书，江宁人至今犹传诵云。

夏运同

夏鸣之銮，上元人，少倜傥有志，负经济才，诗画尤精绝。清道光辛亥，以诸生从军粤西，积战功洊保至同知。咸丰三年，曾文正治乡兵，檄与知府诸汝航赴湘，造水师战船。凡器械之属及湘军营制，多所手定。既成军，与彭刚直、杨勇慤同被委任为管带，一战胜于湘潭，再败敌于岳州，城陵矶之役，战船胶浅，被围不得出，血战，受重伤，跃水而死。时年五十有二，照运同赐恤。厥后东南底定，推水师居首功，而公尤为水师先觉。惜天不假年以竟其志也。“出师未捷身先死”,吾以此语哀之。

朱九妹

金陵朱九妹,与母同为太平军所掳,以母老未遽死,为酋杨秀清所怜,收入宫为婢。托其庇,诸人无敢犯者。后其母以忤他酋被杀,九妹思复仇,时以宫中虚实报官军,使克日攻城,己则交结左右为之内应。谋定,而官军愆期不至,事泄。诸酋究同谋,严刑备施,九妹独自承之,不牵涉他人。惟厉声痛骂,被磔死。同谋者俱获免。忠孝节烈,备于巾帼。有张钝民为之作传。

断指生

清侯度,六合人,有气节,能文善书。洪杨据金陵,困于城中。忠王李世忠慕其名,召令草檄,不从,乃斩其右手四指放归,大指尚存。侯乃以大指挟笔管,疾书如常,自署名断指生。其子侯寅亦能书。

丐　妇

金陵有丐妇,从夫乞食市中。夫裹巾著旧绸衣,妇耳垂银珰,见往来者,辄伸扇向之。或问其何来,曰:“吾巨族女,夫庠生,以岁荒至此,染病不能归。”或讽其改适,得金为夫调理。曰:“失节而生,宁守义以死!”问何不以银珰易米?曰:“夫家聘物,不忍弃也!”闻者愧服,施予益众。妇乃市棺二,置寺中,夫粥亦粥,夫不食亦不食。夫亡埋讫,日举衽兜土为冢,冢未成而死。路人高其义,为同穴葬焉。《江宁府志》。

柴　沂

柴沂,字鲁泉,江宁举人。太平军陷城时,见人以绛帛裹首过其家，诘问何为？曰以此为信，得免死。沂大怒，叱曰："鼠子敢从贼！"，奋欲击之，跳而免。沂愤入室，手一缄使其子持报其兄某，发书则二诗章也。词曰："大命不可夺，儒生致命时。甘心轻一死，何必后人知。""生未报君恩，死犹图杀贼。儿孙笃忠贞，继志须努力。"子奔归，则沂已纵火自焚矣。从死者凡四人。《忠烈备考》。

蔡　顺

蔡顺，江宁中城地甲也。太平军掠之，问富户所在，顺曰："无。"问："有官乎？"顺亦曰无。贼曰："他地甲皆有，而汝独无，何也？"顺不答，拂衣起。贼怒曰："汝何往？"顺曰："我大清地甲，岂为逆贼供奔走者？我将还吾家耳。"贼益怒，乃支解之。《江宁府志》。

右节烈。

顾亭林先生

案先生年谱：清顺治二年（南都弘光[①]二年）乙酉，三十三岁，以膺荐，四月抵南都，未旬日清兵渡江，回至苏州。八年辛卯，三十九岁，至金陵，初谒孝陵。十年癸巳，四十一岁，至金陵。二月，谒孝陵，并谒太祖玉容、灵谷寺。十月再谒孝陵，作《孝陵图》，补实录之缺，寄禾黍之思。十一年甲午，四十二岁，迁居金陵钟山之阳。十二年乙未，四十三岁，春，自金陵迁昆山。十三年丙申，四十四岁，闰五月，至金陵钟山旧居，是月谒孝陵。冬，在钟山度岁。十四年丁酉，四十五岁，元旦，谒孝陵，

① 弘光：原书作"宏光"，下同。

自金陵返昆山。十七年庚子，四十八岁，秋，自山东还江南至金陵，重谒孝陵。十八年辛丑，四十九岁，回吴门。秋，至金陵，旋赴山东。自是后，先生踪迹多在燕齐秦晋之郊，而金陵不复返矣。先生又著有《建康古今记》十卷。

《待徵录》按：先生与吴门归庄，时称“二怪”。以忌者之陷入狱，得免，侨居白下，自称钟山佣，谒孝陵，皆有诗。

杜茶村先生

杜于皇先生濬，号茶村，湖北黄冈人。明季为诸生，避乱居金陵。少倜傥，尝欲赫然著奇节，既不得有所试，遂刻意为诗，以此闻天下，然不欲以诗人自名也。鼎革后，隐居鸡鸣山下，足迹不入城市。诸公、贵人求诗者踵至，先生多谢绝。钱牧斋尝造访，至闭门不与通。惟故旧或守土吏徒步到门，亦偶接见焉。门内为竹关，先生午睡或治事，则外键之。关外设坐，约客至，视键闭，则坐而待，不得叩关，虽大府至亦然。嗜茗饮，尝言：“吾有绝粮，无绝茶。”四壁萧然，爨烟常绝。偶有远友过之，欲供一饭无措，以案头《叶龙泉集》易炊对食，口占一绝，有“看君咀嚼叶龙泉”之句。王于一尝询其近状，答云：“昔日之贫，以不举火为奇；今日之贫，以举火为奇。”高风峻节，于此可以想见。及殁，陈鹏年时守江宁，为买太平门外小梅花坞瘗之。光绪末季，杨钟羲守江宁时，复为修葺，并补种桃梅三百株。

黄九烟

黄九烟，本湘人，家金陵。明崇祯庚辰廷对，名在进呈第二，壮烈帝抑置二甲，官户部。南都征之，不答。乙酉后，自号略似人，侨居江浙间。教授叶学山尝赠诗云：“埋名人说蒋山佣，去国携家岁转蓬。筋力有余追笔虎，情怀无奈记雕虫。先生工书法，著有《秋波六艺》。频年仰屋筹难借，往日临轩事已空。门下即今谁将相？河汾容易老王通。”素怀灵均之志，终投秦淮以死。时庚申五月五日也。

田　林

田林，字志山，号髯农，江宁人。孤介自立，构室长干，曰南墅草堂；火焚其半，不复重葺，而居之晏如。工诗文篆刻，兼通医，生平无事不可告人。人有过者，常畏见其面，虽牧竖菜佣，皆知为隐德君子。尝有盗入其室，方苍直以诗慰问，林次韵答之，曰：“半夜惊回一梦过，犹然慨想待如何？平时只怕牵愁动，此夜须知受福多。仍把老怀重放顿，肯将佳日便蹉跎。瓮春本未劳伊顾，一盏聊持慰坎坷。”盗闻而大悔，曰：“吾属万死，奈何劫田先生！”次夜，掷绨袍庭中以还之。

清道人

道人李氏，印瑞清，字梅庵，江西临川人。清光绪由翰林以道员分湖南，调江苏，署提学使。辛亥革命之际，摄江宁藩司，非其志也。光复后，为荐绅父老所扶挟，避居沪上，易黄冠，以清道人自号。所为诗文多散佚。道人故后，其从子仲乾及门人蒋苏庵，搜罗遗集，分为四卷，陈散原为之序。其生平声情操行，读之如见其人。附录序文于后。曾髯农先生书后云：“非真知清道人者，不能为此文。”是此文当一篇《清道人传》读可也。

附录：《清道人遗集序》

清道人者，吾友临川李瑞清，国变易黄冠所自号也。初，道人弃庶吉士，改候补道，官江南久，主师范学校。群弟子习其风，则多嗜古擅文儒之业，称盛矣。辛亥革命，乱军四逼，僚吏率散走，总督乃索得道人，摄充布政使，使助城守。道人亦愤慨自矫，持木印镇抚，倚一老胥治文书。城陷，誓死拒拥者，坚不屈，终为荐绅父老所扶挟，遂辟居沪上。当是时，四方士大夫，识与不识，类聚保夷市，竞以临危大节，出竖儒，为之太息。而道人家累数十，僦椽僻区，屡空且饿踣，稍鬻书为活。其后名乃大震，即海东邻国，争掷重直购致之，而道人未几死矣。道人肥硕健啖，精烹饪，意态温温。朋辈过逢，谈谐终日夕不厌，或狎视之，无忤也。至其去就取予，必严辨，不为饥寒有所殉，尤以故国之思，缠绵肺腑。阴谋遂其志业，疲奔走，蹈难阻，不悔，益自喜。往者余与陈君仁先，卜居邻道人。每乘月夕，相携立桥畔，观流水，话兴亡之陈迹，抚丧乱之靡届，悼人纪之坏散。落落吊影，仰天欷歔！死生离合几何时？魂魄所依，不能忘也。道人既书法号近古，所为文章亦然。务摹太史公发舒胸臆，有所刺讥狎侮，欲以寄奇宕诙谐之趣与之合。他诗词皆黜凡近，评跋金石书画尤精出，然多残佚。今从子仲乾及门人蒋苏庵为搜辑授印，列四卷。呜呼！道人区区所存糟粕耳。即以是揣道人一二于故纸，而其声情操行，搴芳披藻，掩映光气，已不可谓非千载如生之清道人者已。丙寅六月，义宁陈三立。此散原先生序《清道人遗集》。曾熙之曰："嗟乎！非真知清道人者，不能为此文。盖性情之友也。世尚有能读此文者乎？清道人不死矣。"因强书之，为之刻石，置玉梅花庵。丁卯冬十月朔四日，曾熙书后。

西城三老

西城有三老焉。果叟魏今善弈，天下之冠也。城南周春来，亦喜弈，逊二子，终身莫能与敌。吴叟官心善琴，尝至京师贵人家。贵人延四方善琴者数辈，闻官心琴，皆下拜，称为“祖师”。官心雅不爱豪贵，居数日，辞归。陶叟佚其名，喜吹箫，每月下发声，闻三四里。三叟居相近，亦称“清凉三隐”。见朱怀璧诗序。

右遗逸。

楚壮士　录《靖江阁集》

楚壮士，失其姓名。崇祯甲申秋，奉母避乱金陵。或问其姓。曰：“我楚人也，姓楚耳。”问其名，曰：“壮士，名壮耳。”家贫不能事生业，乞食市上以奉母。市人笑其颠，壮士亦笑曰：“我颠也。”冬十月，京营大阅，士卒扰攘，驰射击技，直儿戏耳。士卒散，壮士鼓掌大笑，笑罢大哭，哭罢走入场。场中列石鼓二，各重四五百斤，挈而垒之，双手挟二石鼓走场中，周数匝；再走堂上，取架上刀可六七十斤，提走场中盘舞。舞罢又大哭，哭罢又大笑。有言于马士英者，召之，或可得凭藉以养母也。壮士笑曰：“国贼耳！将取其血以淬吾刀。”或曰不如因之，壮士曰：“既事而复刃之，此豫让所不为，而谓壮士为之耶？”亡走。后张国维授戎政尚书，建节开府金陵，壮士欣然来谒。辕门有男子，须眉戟竖，绣服锦帻佩刀坐辕门，主谒。壮士敝衣冠，足踏破革舄，揖伟男子而进。伟男子顾而笑曰：“是颓然者，奚谒为？”壮士奋起取壁劲弓二，并握，一开二弓俱折，见者莫不惊叹。伟男子竟不与进谒，壮士大哭，取所折弓弦疾走去，自缢死于功臣庙树底。

甘凤池

甘凤池，江宁人，以拳勇名天下，而状恂雅如书生。驻防旗人，有欲试其技者，令于小门口横肱石上，经牛车数十轮辗之，了无伤痕，观者骇服。尝醉后与人角艺，以酒瓮倒立于庭，两指持竹竿，一足立瓮底，令众曳之，屹然不动；及手一开，曳者咸仆。又于十庙观剧，立人丛中，人莫敢近。有跛丐来，故作拥挤状，叱之不听，反与争，触其怒，挥拳奋击。众为劝解，丐者笑曰："鸡肋何足当尊拳？受之无所苦。"乃大愕，欲叩姓名，而丐已不见。或谓为仙。自是凤池乃不敢复使气矣。后以任侠结党，与张天如辈同系狱，终脱于难。卒葬凤台门，表曰"勇士甘凤池之墓"。管同撰有传，附后。

江宁甘凤池，少以勇闻。康熙中客某王府，力士张大义者，慕甘名，自济南来见。王饮酒酣，请与甘并。甘辞，王固命之。大义起，甘亦起。大义方欲击甘，视之如丈二神人，惧而止，谓甘曰："始见子眇小丈夫耳，继乃大若是耶！不与子并，请易以胫。"甘曰："诺。"大义身长八尺余，胫力强大，以铁裹拇，蠡跃蛟腾，若风雨之骤至，左右皆为甘危。甘却立倚柱，俟其来，承以手，张大呼仆地，血流满靴，解视，拇尽嵌铁中矣。即墨马玉麟，长躯大腹，虽良马骑行二十里必易；及以帛约身，则顿小，缘墙升木，捷于飞猱，客扬州巨贾某家。甘至后，居其上。马不平，与角技，终日无胜负。甘退曰："此劲敌，非张大义比。"既而思曰："得间矣。然不忍众辱之，当令会意。"明日又角，数蹈其瑕，玉麟怒，直前欲擒甘。甘骈指以却，玉麟仆地。众大笑，玉麟惭而遁。甘常语人曰："吾力不逾中人，所以能胜人者，善借其力以制之耳。”又曰：“我所能者，玉麟皆能，故不可骤然。彼用功深而未熟，故卒胜之。”又善导引之术，同里谭氏家巨富，少子年十九，病瘵，医不效，甘为卜静室，窒牖户，夜与合背而坐，凡四十九日，病痊。谭德之，以千金报。甘手能破坚，握铅锡，辄化为水；或立卧，鼾息如雷，十数人推挽莫能动。性和易，虽妇孺皆与狎，见者不知为贲育也。年八十余终于家。

余编《新京备乘》，泛览《金陵文钞》，得读《甘凤池小传》，亟为转录。夫侠义勇武之夫，多出于燕赵齐鲁之郊，南方文弱之邦，不少概见，而今竟得之于江宁，是诚吾编之幸获，而足为宝贵者也。夫凤池生当承平之世，负绝人之技，而恂恂不自矜伐，强而后进，动而获胜，是岂徒以武术鸣哉？方今当道提倡国术，使凤池生值今日，其所以发扬国光，奖励道义，当更有卓卓自见者，又岂唯凤池一身遭逢之幸耶！呜呼，吾安得不馨香祷祝之哉！

夏灵僧

夏灵僧，江宁人，性任侠，勇与甘凤池齐名。喜借躯报仇，犯法不可悉数，善避脱，未尝罹于罪。后有阴为不法事者，官获其籍，所载数百人，然不得主名。逮众考讯，或瘐死牢狱，灵僧叹曰：“是事也，本于吾无与。然吾计生平杀人，不下数十百，天道好还，吾庸得免乎？今亦何惜余生，而不以易众命？”自诣官，言此事灵僧所为，无与众事。官不信，反覆考掠，终无异辞。狱定，独诛灵僧，而数百人皆获免。

罗彬文

罗彬文，上元武生，少学于甘凤池，尽其技。尝日幕独行山谷中，有狼五，环而欲噬之。彬文手适无兵，遂急持一狼后足，借以击四狼，四狼与所持皆碎首，无一活者。其勇悍类如此。然彬文惩于灵僧，不与人竞，人或有犯者，辄辞谢退避，怯然若无所能状。每曰："今之习拳者，以善斗为勇。夫所贵乎勇者，为人排难解纷，抑奸强而扶善弱也。必待斗争，则所为卑不足道矣。吾少时有相约助斗报恩寺者，吾止之。初不听，两敌相邀各数十百人。吾后至，解衣四顾，无置处，遂两手抱佛殿大柱，离础数寸，以足蹴衣置其空际，曰善为守吾衣。是时殿梁格格有声，四壁皆震动。众大骇，不敢斗而散。"彬文言此时，年八十余，颓然老矣。众疑其妄，时天适新雨，彬文遂弃杖著履出，行街滑石上，往来如飞，众乃信之。未几，以疾卒于家。

张文祥传　桐城陈剑潭著录《今虞初志》

张文祥者，安徽正阳关人。同治九年庚午秋七月二十七日，生刺两江总督马新贻于金陵，天下大震，文祥至死不言。马新贻者，山东菏泽县进士，回族也。官至江督，有能名。文祥至金陵，总督驻今郡廨为帅府。山东某甲，司帅舆，傍辕门为旅舍，文祥宿焉。大帅出入盛兵卫，呵殿数百人，刀剑森列。久之，囊竭，将复归。一日，某甲归与他客语，客大喜，谢之。文祥趋问状，客言："帅同里故交，阍不纳。射圃者，帅府西偏地也。帅尝出门校射，守门卒特严，主人司舆得出入。期某日校射，挈我往。"文祥贺之，则市酒肴饮，主客大欢，乞曰："某亦山东人也。与帅故，不获见，请并挈可乎？"主人喜曰："诺。"此据某甲供词。至日天暑，客冠服，文祥则著四品冠，俯随入射圃，伺便门。帅校射毕，众将环拥步而归。客手名刺，跽门侧；文祥低首，左献刺，跽客旁。帅俯纳，文祥突起，右操刃，揕帅及墙。帅大惊，腰已折。文祥则掷冠面之，笑曰："子识我乎？"帅直视文祥，颔者再。众将大骇，搏文祥，文祥坚植不去，帅挥止，则舁归。缚文祥帅府堂上，未几，哭声震帅府。文祥知帅死，则仰天大笑若狂。于是江南北群士试金陵凡二万，士民兵校，哄集帅府数千人，争诘状。文祥则箕踞大言曰："吾遁迹而去淮上，且十年。马遣人索我，我匿山东古寺中。天大雪，饿甚。二客踉跄入寺，惠我衣，市酒肴啖我，纵谈三日夕，剧欢。乃言马使陈悔状，动以官，掷衣哇食去。马抚浙，我五宿西湖，或传马且至，我喜，叩榜人湖底状，诘旦，复至湖，壮士环攻拳击，堕水去，马遂不复泛西湖。久之，闻马阅兵，好驰骑，至金陵，校兵幕府山下。伏草待之，校毕，果勒骑北驰，睨草忽返。我思急蹑，马已命将索草间，则复去。今若此，岂非天哉？"语罢狂笑，声震屋瓦，观者大惊，叩其故，辄闭目不答。此据今山东巡抚袁树勋所亲见告人者。初，布政使梅启照闻帅死，大骇。急闭城，将军魁玉摄帅令。时金陵初克，甲士数千，骤马横刀卫帅府，缉街衢。市民争徙，家惧不测。文祥独倚帅柱翛然。薄暮，江宁府冯公失名率郡县吏鞫之，文祥赤身坐堂上，俯首不声。刺以针不动，固问，则瞠目堂官，白光如练，稍闲，仍俯首无一言。夜既半，莫得姓字。久之，谳官孙云锦叹曰："若仇帅，独冯老守江宁，才数日；汝杀帅，不克救，又不获主名，明日且为汝下狱死。"文祥仰首曰："此冯公耶？好官也！"仍俯默如初。云锦太息曰："汝豪杰，且重惜冯公，不吐情无害，奈何匿姓名、忍累死耶？"文祥乃复昂首曰："告姓名无害，我张文祥也。妻亡，子女寄河南汝宁府某县，居某甲所。旅簿皎然，岂亡命耶?”索之，果验。再诘至天明，卒不语。乃闲置狱中，于是张文祥之名震天下。当是时，中原粗定，回寇炽关西，甘肃、新疆皆陷没，法兰西复以教案震天津。江浙甫平，南帅镇长江，复刺死，朝廷忧之。既命直督曾国藩还镇两江，狱不决，则命漕督张之万莅之，最后特命刑部尚书郑敦谨严鞫状。敦谨者，理学清标，重天下者也。当群帅未至，将军、布政使惧严谴，取酷刑慑之。文祥笑曰：“公等愚騃，作此等事。乃畏酷刑耶?”酷治之，益重默不声，乃解去。此据故江宁知府孙云锦言。朝命穷主使，吏鞫之，则曰：“主使我者将军也!”将军大骇，诘旦，引司道数十人，杂坐堂上。或诘曰：“若称主使，乃识真将军耶?”将军恶其言，大沮。文祥植立，遂语曰：“将军勿尔，小人不敢烦将军。特盛暑汗浃背，丁此大难，百司震扰失措，将军独安坐堂皇，听鼓吹，令儿女子挥扇箑，于义安乎?”狂笑而罢。文祥初入狱，坚饿无人色。元宁两县亲诣慰曰：“若奇男子，仇马帅，与某等卑官无怨毒，忍以淹系非法陷我曹耶?”文祥则听受惟谨，饮啖如平常，貌益泽，对簿则相向不声。某令善钩距，诡囚服，狱中同卧起三日夕，不克置词。文祥抚其背笑曰：“公良苦！幸为我告长官，文祥岂可给者?”令大惭而去。河南巡抚索其子女至金陵，幼甚，惨掠痛街衢，冀文祥哀一语；文祥低首，默若不闻，其鸷忍如此。此据今湖北知县李祖荫闻于马氏客亲见者。于是更历大臣，数月无一语，天下怪之。自粤寇平，海盗起，闽浙间捕斩特严。而闽事适作，闽抚王凯泰书致将军曰：“吾宵坐军府盗入庐，惊呼跃屋去，意者海盗仇我乎?”马之抚浙也，用捕海盗名。将军乃曰：“吾闻文祥居浙，设质库，售海盗赃，此其为海盗复仇乎?"吏乃诘文祥曰:"汝尝设库于浙,售盗赃物耶?"曰:"然。""为海盗复仇耶?"曰:"否。"固诘,则曰:"谓为海盗,则海盗之已耳。"孙云锦言。于是内外大臣相咨曰海盗,奏入,援叛逆,处极刑,宫其子。诏谥新贻曰端愍,国史列传,祠金陵,案定。而郑敦谨请疾归,终其身。客问马事,辄不答。既没,括遗稿乃无只字云。郑同里内阁中书徐崇立言。而张文祥终莫克暴于天下。李祖荫曰:吾闻诸马氏客矣。客曰:"张狱之未具也,两宫震怒,必得情,而敦谨且至,狱卒传上意贺焉。"文祥颦蹙曰:"死囚甘重辟,致屡烦深宫,乌得默?独吾耻谈齷齪事。无已,汝为白问官,取苏抚材官史金标,云锦称石金标,未知孰是。当为作供状,否则文祥有死而已,终不能道丑语羞天下。"于是索金标,急牒苏抚丁日昌生致之。金标大恐,自投,已乃泫然流涕曰:"张文祥乃至此乎?小人故为捻,与文祥俱,捻魁赵某相厚甚。然赵昧张言,乃至死,张义不负赵以生,卒至马帅死。小人安忍缄默,苟躯命,重负烈士哉?请具道马帅事。"初,马以县令次皖,战败,为赵获,诡佣奴。赵知其文吏,敬之,相约为兄弟。赵居长,次马,次文祥,再次则金标也。居无何,赵从容语马曰:"吾观子异常人,今既歃血质天帝,宁忍寇我曹?我良家子,虐于官,困于贼,不获已,窃伪位自娱,久欲降,而官军将非金不纳。子宜知我,我乃乏财。今欲纵子归,子能终脱我曹乎?死生肝胆,惟吾子念之。"马则指天日以誓,且言与淮帅袁甲三雅故,必得当以报。赵大喜,具装遣之。马遂说甲三,召吾三人率众归隶马下。马益尸厥功,综营务,出入煊赫,诸将莫敢抗颜行。赵归列下卒,独弟马若捻中。文祥谏曰:"马骤贵,请折节下之。"

赵笑曰："马弟肝胆我，汝勿言。"赵妻美而艳，马暱之，时令赵奉檄出。乃谓文祥曰："嫂独居虑人虐，盍入吾家？"文祥拒曰："吾兄奇男子，谁敢虐吾嫂者，吾必手刃之。"马惧，复遣文祥奉檄出，阴告甲三曰："赵降且通捻，请以事诛之。"文祥归，奔救，至军门，则已竿赵头木上。文祥捧赵头大笑曰："不听我言，乃至此。"言已，唏嘘，日昌亦太息不置，乃遣马从子生致金标入江宁，客适馆从子所，道姓名日月特详。祖荫醉，失去。光绪三十二年冬闻客言，次日即书此授澹然。徐崇立言：敦谨至，尝独身引文祥讯秘室，绝左右不使闻，久乃出，故独秘云。赵既死，马遂妾赵妻。马死，妾闻文祥名则自缢，藁葬内室中。马弟惧，不敢以殉烈告。厥后帅府建青溪，用故宅为郡廨，塞内更十数年，孙云锦守郡，乃辟之，金陵人犹能道其处。文祥死，葬幕府山南，曰小营，故马帅阅兵驰马地也。死之日，植巨木缚文祥，马弟手刃操钩，脔尽勒心去，文祥至死不声。观者数十万人，抛瓦砾，马弟即山下流涕葬之。故江南提督李世忠刻石大书"义友张文祥之墓"。初，文祥旅居，出入无一言，夜则闭户张药炉，莫测。乃揕马腰，黑汁坌溢，无血痕，拔刃出，晶荧无七寸，狭若指，盖百炼匕首云。马死明日，安徽学使苏人殷兆镛录科试金陵，发诗题曰"去害马"，一时文人故吏犹颂马弗衰。江宁某君笔记：时安徽学政殷兆镛录科试题，为"若刺褐夫"，一时舆论震异，李莼客笔记"此等人全无人心，文理不通已甚"云。

赞曰：太史公称专诸、豫让、聂政、荆轲至矣！然观轲、让义矣，而罔克成；专、聂成矣，而罔克义。呜呼！此其所以为刺客欤？丈夫死生撑天地，文祥盗贼耳，异姓之亲，无顾托，乃独舍妻子，志厥仇，赫然诛连帅，威天之下，昭烈之报关侯，何以加兹？事成甘一死，不忍暴巨恶，辱朝廷，取义成仁，高洁千古；乃复耻亡命，泄家供吏虐，倘所云佛侠者耶？敦谨仁贤官，执法持天下平，独迫枢府濡墨去。当大狱未定，金标奉檄严，自分必诛，然独不忍负文祥以负赵，世忠复从而碣之。悲夫！此两人皆贼，天下之大，固自有豪杰哉！我闻文祥事四十年，及今乃敢决所闻为传。

案：纪张文祥事者，当以兹篇为最详赡，而文亦骎骎近乎古，文祥可以传矣。惟文祥刺马之原因，据所闻尚有异辞。案罗瘿公《宾退随笔》纪王湘绮述是案，略言金陵既克，湘军裁撤，无虑数十万。其无田可归，习为流浪者，与夫亡命不逞之徒，则相率聚而谋团结、救恤之术，以习于秘密团体，遂创为哥老会，实隐戴某故帅为之魁。马新贻莅任，因事穷治根株，为会党所饮恨。稔张文祥与马有宿仇也，因藉手以伸公愤。星使郑敦谨，廉得其实，而不敢遽以上闻，遂解组而去云云。其谓某故帅者，即曾九帅也。又案近人笔记，左文襄用兵西疆，行次某地，其部众为哥老会所煽引，将于某日大集会。左预侦其实，届期即躬与会，而自承其魁，遂弭变于无形。且自同光以还，江督一缺，必畀湘籍宿将者任之，亦即所以资坐镇而示羁縻。由斯证之，湘绮老人所述，殆亦近于事实，而较为可信，固非仅如世俗所传闻者欤。

右武侠。

黄善聪

明黄善聪，金陵女子也。居淮青桥，年十二，丧母。父贩香为业，怜聪孤幼，令易男子装随游庐、凤。数年父死，善聪变易姓名曰张胜，仍习父业。同县李英亦贩香，与为伴侣者，逾年不知其为女也。弘治[①]辛亥，与英偕返金陵，年已二十。往见其姊，姊言我初无弟。泣语其故，姊以男女乱群责之，拒不纳。聪以死自明，察之，果处子也。相将痛哭，为复女装。明日英来再约同往，知其故，归告母为求婚。善聪不从，曰："如归李英，若瓜李何?"所执甚坚。有司闻之，助以聘礼，判为夫妇。扑朔迷离，木兰之踪迹近之。

杨氏婢

杨氏之寡妾，以贫故，不安于室，嫁有日矣。未嫁前一夕，呼其婢，不应者三。怒曰："汝我婢也！何敢如是?"婢叱曰："我杨氏婢耳！汝今谁家妇者？曰'我婢我婢！'"妾方持剪刀，落于地，起，环走房中。至天曙，呼其婢曰："汝今竟何如？吾复为尔主矣。"婢叩头泣，妾亦泣，竟谢媒妁不行。后将嫁其婢，婢曰："人以我一言，故忍死至今。我亦终不去杨氏门，亦不嫁。"妾之夫，杨勤恪公锡绂子也。录梅伯言记。

右列女。

异　僧

清康熙间，古林寺有僧二，其名不详，亦不知何许人。一为常住收饭，曰饭头；一为常住种菜，曰园头。寺众藐之，无与言者，独二僧相往来，一日饭头收饭罢，沐浴趺坐，顾邻舍僧曰："烦致信庵后园头兄，吾逝矣，恐不及待。"邻僧急告园头，方执

---

① 弘治，原书作"宏治"。

锄攫土，闻之，徐曰："去几多时?"答以未去。园头曰："然则吾将追之。"遂掷锄而逝。

西域僧

西域僧，不知名，常止雨花台南回回寺中，貌若四十许人，解中国语，自言六十岁矣。不御饮食，日啖枣果数枚，所坐一龛，仅容其身。每入定，则令人扃其龛，以纸封之，或经月余，謦欬之声都绝，人以为化矣，潜听之，闻其掐数珠声历历也。杨景芳者，尝叩其术，但劝人少思、少食、少睡耳。一切施与皆不受，曰："吾无用也。"后莫知所终。

铁汉和尚

铁汉和尚，居牛首东峰下，独坐数十年，不与人接。尝携二猿子自随，有所需，猿辄解意。与龙眠方坦庵学士拱乾善，特构一轩，方来即居之，号曰"坦轩"，人比之徐孺子榻。和尚化去，二猿悲鸣不食死，葬于塔侧。学士题其遗像云："两个猕猴仗一根，献花石上独称尊。怪公事事皆超脱，留此赃私误子孙。"见王渔洋《池北偶谈》。乃高僧也，后之修志者，当采之以备旧闻。

凝　空

天界寺僧凝空，露顶赤脚，过午不食，能知未来事，人呼之为疯和尚。尝语某生曰："君读书人，知释家禅定，即大学之定否? 定生静，静生动。我入定至五更，照见城中吉凶了然，往来水火劫，为静时所见，犹小也；五年后，大劫又至矣，惟积善乃可免耳。"清咸丰三年正月初，积薪自焚，未十日而城陷。

八指头陀

八指头陀，俗姓黄氏，出家后，本师赐名敬安，字寄禅，八指头陀其自号也。有能诗名，历主衡阳罗汉，衡山上封、大善，宁乡沩山，长沙上林，湘阴神鼎各寺。时往来衡、湘间，与湘中诸名宿过从甚密。见重于湘绮老人及叶德辉、王益吾、陈伯严、吴雁舟诸君。陈、叶二君，并为之刊定诗集，世所传《八指头陀诗集》也。湘绮序，谓其："能兼文理以为诗，骎骎欲过惠休，识者可以觇师之所诣矣。"清季行游白下，驻锡毗卢禅寺，时陶斋尚书、樊山方伯及一时名流硕彦，多竞与唱和。曾为迺勋题《虎溪三笑图》。民国纪元，师以佛教平等，与共和政体相辅，乃联合十七布政使司旧辖地僧侣，创设中华佛教总会于上海，就省僧教育会设支部，府会设分部，请诸政府，著为令。未几，湖南宝庆有攘取寺产，且销毁佛像之事，湘僧诉陈于内务部，不报，遂公推师入京赴内部请愿。适为部中主事者所抑制，争持不相下，方拟广求援助，忽于某夜半，胸膈作痛，昧爽，遽圆寂。其绝笔诗云："传心一明月，埋骨万梅花。"铃圆磬彻，来去超超，世寿六十有二，享腊四十有五。归葬天童青龙冈塔院，环植梅花，师生前自营，其序铭亦自为也。著有《八指头陀集》十卷，《白梅诗》一卷，已刊行。未刊者八卷：《语录》四卷，《文集》二卷，《续集》二集。师持律谨严，尝燃二指求法，并于项以下至腹际，烧牟尼珠一百八粒，以报生我之恩。体貌魁伟而口吃，性慈祥亢爽，嫉恶甚严。虽时与当道耆宿宴游，而敝衣蔬食自若，未尝藉此广声气也。与师同时别有僧亦字寄禅者，为江南宜兴人，工草书，亦能诗。貌癯，曾住长沙龙潭山，师贻诗有云："西方自古三迦叶，东土何方两寄禅。"清光绪中继海峰住持南京毗卢禅寺，宗风振起（详寺观），时人有"大小寄禅"之称。

右方外。

卷下分类目录

卷　下

艺　文

胡恢篆太学石经

胡恢，金陵人，博物强记，善篆隶；臧否人物，坐法失官，十余年潦倒贫困。赴选，集于京师，是时韩魏公当国，恢献诗自达，有联云："建业关山千里远；长安风雪一人寒。"魏公深怜之。令篆太学石经，因得复官，任华州推官而卒。篆石经，是一大典故，而前志多不书。

南监史谈　录《史学杂志》

明南京国子监《廿一史》，世称为南监本。其中故有宋版者七，元版者十，惟辽、金二史，翻刻元版，宋、元二史为明版。沿及清初，各史又多有顺、康补刊之版。故南监《廿一史》，实合江南、四川、广东、北平各地版本，亘宋元明清四朝，搜集雕刊、翻修校订，绵缅不绝者七百年；其性质亦与今所谓《百衲本廿四史》相等，而人事之勚，历年之远过之。北监翻雕，汲古家刻，清之殿本、局本，皆无此等悠远之历史也。

黄佐《南雍志》载天顺年间官书《廿一史》凡五十二套，五百四十本，贮在彝伦堂大柜内。又率性堂《二十一史》、修道堂《二十一史》、诚心堂《二十一史》、正义堂《二十一史》、广业堂《二十一史》，以上六堂，各有大柜贮之。其装订册数俱同，七处总计一百四十七部，三千七百八十本。近世学校图书馆收藏正史，殆未有如是之多者，而当时学校师生，且负有保管版片、印行书籍、随时校订刊补之责。计梅鹫所述制书、经、史、子、文集、类书、杂书七类之版片，皆南监保管印行之书，其中尤以史部为夥。兹举其目如左：

《史记》(大字)一百三十卷(完。计二千二百三十五面，嘉靖七年刊。)

《史记》(中字)七十卷(存者一千六百面，缺者二百一十九面。本集庆路儒学梓，见《金陵新志》。)

《史记》(小字)七十卷(存者一千一百六十面。)

《前汉书》一百卷(完。集庆路儒学梓，计二千七百七十五面。见《金陵新志》。嘉靖七年重刊。)

《后汉书》一百二十卷(完。并《前汉》共计五千二百五十二面。集庆路儒学梓，二千三百六十六面。见《金陵新志》。嘉靖七年重刊。)

《三国志》六十五卷(存者一千三百九十二面，缺者六面。集庆路儒学梓，计一千二百九十六面。见《金陵新志》，与今不同。)

《晋书》一百三十卷(集庆路儒学梓，见《金陵新志》。今存者三千一百五十二面，失者十三面。)

《宋书》一百卷(存者二千七百一十四面，缺二面。)

《梁书》五十六卷(存者九百六十七面，缺三面。)

《南齐书》五十九卷(存者一千零五十八面，缺三面。)

《陈书》三十六卷(存者五百四十八面，缺八面。)

《魏书》一百二十四卷（存者三千三百八十二面，失者三面。）

《北齐书》五十卷（存者七百十四面，缺二面。）

《后周书》五十卷（存者八百七十二面，缺者五面。）

《隋书》八十五卷（存者一千六百九十四面，缺三十七面。本集庆路儒学梓，见《金陵新志》。）

《南史》八十卷（存者一千六百四十三面，缺一百三十四面。本集庆路儒学梓。）

《北史》一百卷（存者二千六百七十六面，缺四十五面。本集庆路儒学梓，见《金陵新志》。）

《唐书》二百十五卷、《释音》二十五卷（存者四千七百九十六面，失者八十五面。本集庆路儒学梓，见《金陵新志》。）

《五代史》七十五卷（完。计七百六十三面。本集庆路儒学梓，见《金陵新志》。）

《宋史》四百九十一卷（好版七千七百零四面，裂破模糊版二千零四十三面，失者一百二十七面。成化中巡抚两广都御史朱英刻于广州，嘉靖八年，以版送监。）

《辽史》一百一十五卷（完。计一千零三十五面，失者三面。嘉靖七年刊。）

《金史》一百三十五卷（完。计二千三百九十八面。嘉靖七年刊。）

《元史》二百二卷（完。计四千四百七十五面。洪武二年八月十一日李善长表上。）

黄书于宋、齐、梁、陈诸书，不言所自。据万历二十二年冯梦祯新雕《宋书》引称:《宋书》海内惟有南监旧版,而刓脱模糊者十之七。万历庚寅,张一桂重刻《南齐书》题辞,称"陈、周、北齐书,相继就梓,《南齐书》漫漶舛讹尤甚。"此刓脱、模糊、漫漶、舛讹之版,何自来欤?万历丙子,余有丁重刻《梁书》引称:"南雍故藏《二十一史》,版多漫漶,《梁书》尤甚。"万历戊子,赵用贤重刻《陈书》序称:"《陈书》刻遗自国初,再修于嘉靖十年。"万历甲午,季道统重刻《宋书》引称:"监本刻于弘治之初,岁久散轶。"曰故藏、曰遗自国初、曰刻于弘治之初、曰修于嘉靖,皆断自明代,不溯其初。按梅鷟《南雍梓刻本末》,谓:"本监所藏诸梓,多自旧国子学而来也明矣。自后四方多以书版送入,洪武、永乐时,两经钦依修补。"仅云修补,未云创刻,则所谓四方多以书版送入者,当有此七史之版在内。《书林清话》引晁公武《郡斋读书志》,述写刻七史缘起,并云:"宋以来藏家称为蜀大字本,元时版印模糊,遂称之九行邋遢本,盖其书半页九行,每行十八字也,元以来,递有修版。明洪武时,取天下书版,实之南京,此版送入国子监,世称为南监本。洪武至嘉靖、万历、崇祯,又叠经补修,原版所存无几矣。有清顺、康、雍、乾四朝,尚存江宁藩库,间亦出以印行;嘉庆藩库火,与吴《天发神谶碑》,同付祝融一炬。计自绍兴刻版至嘉庆火,几七百年,木版之存于世者,未有久于此者也。"此文述七史始末至详,大致万历以前,所印监本《廿一史》中之宋、齐、梁、陈、魏、齐、周七史,皆用眉山《七史》版;万历以后之监本《廿一史》,则以新刊七史补充,第其行格,仍沿蜀本之式耳。

黄书称集庆路儒学梓者凡十史,以《金陵新志》证之盖信。

志称："《十七史》书版，总二万三千张。《史记》一千八百一十九，《前汉》二千七百七十五，《后汉》二千二百六十六，《三国志》一千二百九十六，《晋书》二千九百六十五，《南史》一千七百七十三，《北史》二千七百二十一，《隋书》一千七百三十一，《唐书》四千九百八十一，《五代史》七百七十三。"与黄书大致相合，且其书总称《十七史》，而所谓二万三千张者，实即此十史之都数，若加以宋、齐、梁等七史，固不止二万三千张也。丁氏《善本书室藏书志》引孔文声《西汉书跋》云："江东建康道肃政廉访司，以十七史书艰得善本，从太平路学官之请，遍牒九路，令本路以西汉书率先，俾诸路咸取而式之。置局于尊经阁，致工于武林。对读者，耆儒姚和中辈十五；重校修补者，学正蔡泰亨。始大德乙巳仲夏，是岁十二月，太平路儒学教授曲阜孔文声书。"又云："考《元史·地理志》，载江东建康道所隶者，为宁国、徽州、饶州、集庆、太平、池州、信州、广德八路，铅山一州。铅山无路之名，岂统称之为路耶？余所见者，《汉书》之外，则有宁国路刊《后汉书》，池州路刊《三国志》，信州路刊《北史》，瑞州路刊《隋书》，即饶州路。建康路刊《新唐书》，即集庆路。而《南史》《五代史》，未能定为何路。黄佐《南雍志》所载，均称集庆路，无从考证矣。"按黄书有《史记》中字本，丁氏遗之，亦未详何路所刻。据万历三年余有丁重刻《史记》跋云："国学故藏《史记》，久乃漫漶不可读。"当即指此本，决非谓嘉靖八年张邦奇刻本也。元本之漫漶，自当愈于眉山七史，然以余序所云，及万历二十四年冯梦祯重刻《三国志》序，称"南雍书库，具《二十一史》，而《三国志》版最为刓缺。嘉靖十年以后，续补几十之七，鲁鱼帝虎，又不胜其讹也"之语证之,知诸史印刷既久,亦不能全部重雕。近世藏书家所得大德本,间以成化、弘治配叶者,亦皆万历以前监本矣。嘉靖以前,监本仅有《十七史》,其《元史》则刊于南都,当亦早归国学。成、弘、正德间,虽迭有修补,未刊全部史籍也。其大规模之雕版,则以嘉靖七至十年为第一期。所刊者为《史记》《两汉》《辽》《金》五史,余皆略事修补。万历二至念四年为第二期。所刊者,为《史记》《三国志》《晋书》《宋书》《南齐书》《梁书》《陈书》《魏书》《北齐书》《北周书》《隋书》《南史》《北史》《新五代史》十四史,其余随时补刊,迄启、祯不替,主管官师,嘉靖中为祭酒张邦奇、林文俊,司业江汝璧、张星等。万历中为祭酒余有丁、高启愚、陆可教、冯梦祯、赵用贤、邓以广,司业周子义、刘瑊、余梦麟、张一桂、季道统、刘应秋等。其启、祯间补版,则祭酒黄儒炳、侯恪、胡尚英、王锡衮,司业叶灿、谢德溥、周凤翔等。而嘉靖刊本与万历刊本之异点,则嘉靖只载祭酒、司业衔名,余官不附书;万历刊本,则遍载寮宷也。余有丁《史记》序称:"诸学官参对者,得具列左方,序后备载监丞、博士、助教、学正、学录、典簿、典籍诸人姓名。"冯梦祯《三国志》序称:"学录石可大、典簿刘坚荣、署典簿事学正陈一道、典籍马迁,则与有监督经营之劳者,得附书云。"目录后又列可大等衔名,而序所不载之监丞李之皞,博士黄金初、刘大纶,助教张骥、朱星曜、舒应凤、郑梦祯,学正曾士科、胡淑、谭师孔,学录王之机等,亦具列焉。监官之外,与校刊有关系者,亦可考见。如《三国志》冯序称:"借本资校者,余同年进士四川参议张君后甲、监生吴养泽。"《宋书》冯跋称:"休文《宋书》,毕工三年矣。余初阅数篇,犹有错误。会友人布衣姚叔详，自槜李见访。叔详故博雅，即以委之。乃手对旧本，参以《南北史》《通典》《通志》诸书，搰搰二三月，始得竣事。”姚君名士粦，叔详其字，海盐人。姚亦有一跋，称冯公重为表章，而士粦幸叨参检。当时布衣与校监史者，士粦之外，又有陆景成。见《三国志》序。

监书例载祭酒、司业校刊，而冯梦祯、季道统之刻史，多记载其校订某卷之时日，是亦万历监本，异于嘉靖监本者也。

顾亭林摘举南北监本疏舛处，谓：“适以彰太学之无人，而贻后来之姗笑。”又谓：“惟冯梦祯为南祭酒，手校《三国志》，犹不免误，终胜他本。”知冯之校刊，亭林亦称许之矣。胄监之在陪都，曹署之至闲冷者也。司成养望，阶地清峻；校书遣日，无间晨夜。即此一端，已足征其风裁，无忝师表；视后之胸无点墨，惟事夺攘矫虔者，固不可同日语矣。

刻史经费，据《南雍志》：“嘉靖中，沈麟奏请以变卖庵寺银七百两，为刊补之费。后张邦奇等奏称，共该用工价银一千一百七十五两四钱七分，刷印等费，不在数内。其余十五史，费用尚多，合于本监师生折干鱼银，寄贮南京户部羡余银内。动支一千八百两，以给费用。是嘉靖五史及修补各史版片经费之来源也。”万历刻《三国志》，冯序称：“始春迄夏，五月毕工。费凡三百缗。”不言其动支何款。《史记》全序称：“校成，部使者刘君捐所部赎锾若干为梓直。刘君名维，通览记书，尤嗜竹素。”《梁书》余序称：“许侍御三省督鹾淮扬，捐所部赎锾来付梓人。”《陈书》赵序称：“侍御陈君邦科、营缮郎崔君斗瞻，榷税龙江，首捐少府稍入金来助，因为筹计用工，独《陈书》差易举。始付缮写，而大京兆石君应岳、许君孚远，台使彭君而珩、孙君鸣治，各举所部锾金相属，遂得授工锓刻。"《北周书》赵序称："大中丞王公用汲、御史孙公鸣治、黄公仁荣，各举赎锾来助，通得四千余金，遂复以付梓。"《北周书》赵序称："大中丞王公用汲，督学使者詹君事讲，台使者陈君邦科各举所部赎锾来助，遂复刻此。"则当时刻书之款，专恃募集各官署罚款。初未奏请公帑，亦不妨国学经用也。叶德辉《书林清话》，有"明南监罚款修版之缪"一则，谓："南监诸史版，年久漫漶，则罚诸生补修，以至草率不堪。""或谓当时监款支绌，不得不借此项收入，略事补苴。且于节用之中，见课士之严肃，其立法未为不善。"

按：各史序文所罚锾，自是鹾使、税使、学使、台使各方罚款，非监生罚款也。叶所云"罚诸生补修"，不知何据，惟《宋书》版心下方，有"监生黄家祯助刊"等字，所谓助刊者，或即罚款之证欤？

监生列名于诸史者，不可胜纪，而其别有六。一则列名于序文，如《三国志》冯序称"佐校者监生袁之熊"是。一则专题于书末。如《三国志》卷二十四、二十五，均题"丙申三月监生刘世教校"，卷二十八、二十九均题"监生刘世教校"，卷三十末题"万历丙申四月监生刘世教校"是。一则附载官师衔名之后。如《宋书》载校对监生邓希稷以次二十六人，《北史》载校对监生陈廷策以次四十八人是。此三者，皆大字正文。又有三类，则刊小字于版心下方之左，与刻工字数相厕。其一曰监生某某写、某某对。如《唐书》成化十八年补版，有刊"监生汪鉴写、监生郑琦对"者，有写"监生郑琦对"者，有刊"监生汪鉴写、监生田方对”者。其一曰监生某某刊，或监生某某助刊。如《新唐书》嘉靖戊午补版，载“监生陶钥刊”“监生胡崇贵刊”；万历十六年补版，载“监生吴养和刊”；及《晋书》载“监生陈所蕴、夏昭、汪克勤等刊”，前举《宋书》“黄家桢[①]助刊”是。其一仅书监生某地、某人，不言其为写、为对、为刊。如《新唐书》成化十八年补版，有“监生高安廖缙”“监生金溪何清”“监生莱县曹广”“监生广信俞廷桔”等是。使其实行刊写校对，则是南监诸史悉出师生之手，不独写样、校样、循行数墨，且躬亲剞劂之役，有近世工读之精神。或且可谓当时一种职业教育，使其初未实行，第以罚锾之故，示其与有力焉。则诸书举自众擎，成于集腋，亦视后世学生，但责学校优加待遇，而不肯一解私囊，助成公益者霄壤矣。

《同治上江两县志》引《蓝志》云：“尊经阁，旧寄贮明国学经史书楼所藏《十三经》《二十一史》《通鉴纲目》《通典》《会典》《通考》《通志》诸书版，后渐残缺，以至于尽。惟《二十一史》版以屡修尚存。”又引《陈志》云：“顺治十七年，布政使冯如京修《二十一史》版。”今按《元史》凡例后，刊“顺治戊戌年八月十二日江宁府儒学教授朱谟阅”；志十七末，刊“顺治戊戌年十月八日江宁府儒学教授朱谟校”；传八十一末，刊“顺治戊戌年十一月十五日江宁府儒学教授朱谟校”；志四十四末，刊“顺治己亥年二月初六日江宁府儒学教授朱谟校”；志七末，刊“顺治己亥年五月初二日朱谟校”；志三十四末，刊“顺治己亥年五月念八日校阅朱谟”；志十七末，刊“顺治己亥秋八月二十日江宁府儒学教授

① 黄家桢：原书误作“黄家”。

朱谟校阅”；卷一进籍表后，刊“顺治己亥十一月初二日江宁府儒学教授朱谟校阅”，是亦有冯梦祯校书之风，而在冯如京修刊之前矣。《新唐书》有康熙二十年补刊版，并载江宁知府陈龙岩捐俸；《梁书》及《新唐书》，均有康熙庚辰三十九年。江宁府儒学教授荆子迈校刊题记；《隋书》末，有康熙庚辰年江宁府儒学训导王弈章校记；他史亦多有顺治十五六年及康熙三十九年补版，是皆可以考监本始末。嘉庆版毁之后，同治中，官局复刊《十四史》，聚珍书局复排印《三国志》，则刻史之久且多，其亦白门之一特色欤？

金陵志乘之回溯

金陵志录之书，《建康实录》尚矣，已佚。继之者宋之《六朝事迹编类》，其后作者十余，或传或不传，亦有幸有不幸也。其以志名者，自史正志之《乾道》，吴琚之《庆元》，惜皆不存。惟周应合为马光祖所修之《景定建康》，张用鼎所修之《至正金陵》，二志仅存，其张志前戚光所续。及明正德十三年，管景为白思齐所修《上元志》、刘雨为王诰所修《江宁志》；万历十六年，李登次第为程三省、周诗分修两县志，山川属之盛敏耕，人物属之顾起元，可谓得人，而亦不传；其后汪宗伊有《应天府志》，陈沂有《金陵世纪》《南畿志》《金陵图》，陈镐有《人物志》，今亦佚。有清知府林天擎改《汪志》为《江宁府志》；康熙七年，张怡为陈开虞修府志；二十二年，戴本孝为佟世燕修《江宁志》；六十年，唐开陶有《上元志》；乾隆十六年，何梦篆为蓝应袭修《上元志》，王孟亭为袁枚修《江宁志》；嘉庆十七年，姚鼐为吕燕昭修《府志》；道光四年，陈栻为武念祖修《上元志》；同治十三年，汪士铎、甘元焕等，为莫祥芝、甘绍盘合修《上江两县志》；光绪六年，汪士铎为赵佑宸修《江宁府续志》，今藏书家无多，惟吕赵二《府志》《同治上江县志》仅存，余均佚矣。民国纪元，废府并县，大府筹修省志，下事例于各县，采访志稿；并饬各县筹修县志。迄今省志久未告蒇，县志亦迄少成书。金陵昔为省会，今建首都，上、江并治已久，市县划区方兴。征文考献，邦人有责，不及早图，无征是惧矣。迺勋自光绪辛卯由沈来宁，已四十年矣。奉檄大江南北，足迹殆遍。自维失学，雅好征访。每至一处，必向书肆搜寻方志以为快，故苏省方志，已获十之八九，惜仍未能收齐为憾。

《江苏通志》之编纂

江苏为近代文化最盛之地，然在今日，尚无独立之《江苏通志》。清代《江南通志》有二：一修于康熙二十二年，凡七十六卷；一修于雍正九年，凡二百卷（此书成于乾隆元年，亦称《乾隆江南通志》），皆与安徽合为一书。安徽于嘉靖间，已独立有志，而江苏则自乾隆至今，迄无成书。清末设局纂修，主其事者，缪艺风、陈庆年，皆史学名宿，缪尤邃于目录掌故。值辛亥革命，缪、陈去而事遂停顿。今坊肆印行之《江苏通志金石志》二十六册，即当时所修志稿之一部也。民国七年，志局重开，金坛冯煦主持纂修，至十四年，成书二百三十余册，而志局以费绌裁撤。数年来，屡传《江苏通志》刊行消息，然全书尚未告成。余尝见其略例，既无独创之见解以融贯新事实，即旧日志书之优点，亦未能完具。十七年冬，江苏省政府聘请编纂省志委员庄蕴宽、张相文、柳诒徵、陈汉章、金钺、朱文鑫、陶维坻、刘三、孟森、陈佩忍，及吴敬恒、柳亚子、钮永建、叶楚伧、戴志骞、丁福保等十六人，组织编纂省志委员会。十八年一月，开会数次，议决设志局于焦山，推朱文鑫为总务主任，负责筹备一切；另举常务委员张相文、金钺等四人，主持进行事宜。闻先从审查旧志稿入手，一面由各委员互提意见，议定凡例，并广搜史科，聘任分纂，以期早日成书云。世运日新，旧志体例，多宜改弦更张（如交通、舆论、刑法等门，多旧志所无，似宜增立，而天章、诏谕必当删除）。此次修志，如能创立新例，一脱旧志窠臼，则志成之日，不惟永雪江苏无省志之耻，亦为方志学开一新纪元也。

《江苏通志》目录

《江苏通志》之编纂，前已略纪梗概。五月中旬，编纂委员开全体大会，讨论编纂事宜，并公拟全书目录如左。

卷首　总叙　凡例　目录　图（另列）　大事记上（三代至明）　大事记中（清太平）　大事记下（民国以来二十年）　党务记

第一　天文　星象一（附各县北极出地表）　日出入表二　节气三（附各县表）　日食四　流陨五

第二　地理　经度一（附表）　温度表二（附说）　雨量表三（附说）　地质四　山脉五　水系六　沿革表七（附说）　疆域八（附里址）　城池九（图别见）　古迹十（图别见）　祠墓十一（图别见）

第三　内政　土地一（如土地统计及行政）　户口二　行政区域三（图别见）　官制四（附官署职官表、职官传、姓氏表）　警务五　卫生六　自治七　选举八（附科目表）　议会九（附议员表）　救恤十　仓储十一

第四　外交　条约一　租界二　领事馆三

第五　财政　田赋一　税役二　关榷三　盐法四　钱币五　公债六　榷岁计七

第六　司法　法官一　监狱二　刑案三

第七　教育　学校一（附表）　书院二　游学三（附表）　社会教育四

第八　军备　兵制一　驻防二　要塞三　兵事四

第九　水工　海一（附海塘）　黄河二　淮水三　江水四　运河五　湖泽六　诸水七　港务八　闸坝九　沟洫十（以上图均别见）

第十　交通　国道一（附驿站）　省道二（图别见）　县道三（图别见）　铁道四（图别见）　航政五（附灯塔）　邮政六（图别见）　电政七　航空八　桥梁九　津渡十

第十一　物产　植物一　动物二　矿产三（附采矿）　盐产四

第十二　农业　农作一（附农具表）　土襄二　蚕桑三　垦殖四　森林五　畜牧六　畋渔七　昆虫八

第十三　工业　丝织一　棉织二（附毛织）　陶器三　冶业四　酿造五　杂作六（如漆器之类）

第十四　商业　商埠一　市集二　公司三　银行四（附钱庄）　度量衡五

第十五　社会　氏族一（附宗祠）　礼俗二　方言三　谣谚四　公园五　报馆六

第十六　宗教　佛教一（附寺院）　道教二（附宫观）　耶教三（附教堂）　回教四（附礼拜堂）　方外传五（分上下）

第十七　人物　列传一（补史传之遗及近代重要人物，列女在内）　表二（甲）史传目（乙）府厅州县志各传目（丙）列女（丁）采访　寓贤三（附表）

第十八　艺文　书目上一（苏人著述之书）　书目下二（记述苏事之书）

第十九　金石　钟鼎一　石刻二（附帖类）　杂识三

第二十　艺术　书画一　音乐二（附戏剧）　雕刻三　刺绣四　埴[illegible]五　建筑六　弈棋七

卷末　轶闻一　订讹二　补遗三　编纂始末四（附题名）

各县修志体例，大致应依据此目著手，其有不需要之门类或各地情形有特殊关系者，得随宜损益之。惟各项记载，务须详备，用供通志采择。人物一门，尤宜多撰列传，勿稍简略。（附记）

刘智介濂译回回文字

江宁刘智介濂，本西域默伽人。取回回文字七十种，译为《天方礼经》，又撮其要为《天方典礼择要解》二十卷。首为原教、真宰、识认、谛言四卷；次列念真、礼真、斋戒、捐课、朝觐，为五功四卷；次为禋祀一卷；次为五典四卷，言五伦；次为民常四卷，次为娶礼、婚礼、丧礼，而附以归正仪，详为解释。杂采儒书经义，以文其说。入《四库存目》。其《勃泥国王墓》诗："万里朝宗觐帝京，祠官葬祭备哀荣。至今华表梅冈上，直看江流入海清。"《同治上元江宁县志》：墓在雨花山，俗呼为回回墓。

《哀江南曲》

清咸丰癸丑之乱，金陵瓦解，杨柳门明经得春有《哀江南曲》

一套。其《新水令》云："石头城上拥兵多，不提防贼兵飞过。万家门下锁，一路血成河。击鼓吹螺，又早报皇域破。"《驻马听》云："四下巡逻，白昼杀人还放火。千般搜索，黄昏入室尚操戈。有的是鱼波三尺去投河，有的是鸩酒一瓶来仰药，也有的是麻绳绞钢刀割。"《沉醉东风》云："卧佛寺佛沉秘阁，洞神宫神葬清波。三殿飞作灰，长干塔烧成壳。黑心肠劈开圣座，红眼睛骂到阎罗。仙佛无如浩劫何，一任他刀刮斧剁。"《丹桂令》云："甚强徒，官职巍峨。丞相恩加检点亲多，侍卫如何？买卖衙一般掏摸，巡查衙儿队喽啰。圣粮衙米粟丰，圣库衙金银掠。娃崽生捉，童女强拖。恨不得众兄弟齐当圣兵，新姊妹共杀妖魔。"《沽美酒》云："最苦是姊妹营，受折磨。终日价鬓云拖，挑土盘仓推砻磨。把罗裙儿扯却，浑不许袜凌波。"《太平令》云："我只道老人馆，安稳无他，谁知道拆屋挑河，一个个把草儿来割，一家家把稻儿来嗑。这几日飞差特多，更兼着尸骸要拖，仍不如向机房暂躲。"《离亭宴带拍煞》云："那江西儿见城池破，这江南妄想君王作，癞虾蟆怎啖天鹅？跟见他占金陵，眼见他僭国号，眼见他来就缚。他生当五鼎烹，便死也要千刀剁，有一伙人助他为虐，把城头鼓，夜夜敲，腰下刀，时时带，屋中人，家家捉。愁来万事休，痛恨狗官错，弄得人飘蓬无著。且编一套《哀江南》，待觅个同调人儿和一和。"

《新乐府》

清同治甲子六月之师，作诗颂功德者，何可胜数？惟陈季珂孝廉鸣玉有《新乐府》四首刺之。其一《东风便》云："艨艟不载万担粟，满载美人共金玉。美人掩泣金玉愁，三军饱获如春蒐。

茕茕良家女，一齐驱作从军侣；累累南州金，尽取以餍三军心。军心既餍归思作，万艘如云江上泊。万艘载重难挽行，舵楼红烛通宵明。宝光四溢江神骇，酣歌达旦鱼龙惊。我闻归乞爱姬古所嗤，乃罗尤物大犒师；又闻薏苡明珠招谤訾，今之享士乃以此。吁嗟乎！驱鱼则有獭，驱雀则有鹯。造物颠倒岂偶然？君不见兵船列阵临江渚，三日东风送归楚。”其二《新鬼啾》云："新鬼啾，如泣如诉不肯休；不为遭杀戮，但恨误闻军令肃。堂堂仁义师，巨寇悔罪且官之。煌煌圣人谕，灾黎被胁予生路。胡为诸军入郭如暴秦，不捕逃贼专虐民。驱尔妻孥索尔银，系缧炮烙加尔身。当者无生闻者死，争投水火枉莫伸。魂魄犹闻督师语，若辈自蹈非不仁。不思民命不保陷贼地，职其咎者为何人？杀贼数万民十九，沉沉鬼域冤魂新。新鬼啾，新军笑，督师新拜封侯诏。”其三《荒城戍》云："官兵杀贼兵之殃，民贼两尽城荒荒。余贼远逸道阻长，荒城之戍兵徜徉。暮毁遗民屋，朝修郁金堂。城头赤帜虚飘扬，帐下红颜罗酒浆。走卒都作富家郎，居为大贾行为商。刁斗无声戈盾藏，但见羽檄四出催军粮。军粮不继，督师大詈。传语持筹吏，斯城戍守，直等边疆寄。可怜邻郡比乐输，荒城日演酬神戏。”其四《鸿嗷哀》云："鸿嗷哀，流民灾。流民胡为灾？思归不得肝肠摧，忆昔贼至争出走，忍抛家业不回首。妇女挈孩提，男儿扶父母，戚邻族党随其后，痴心犹望早回乡。转徙流离十年久，十年之久谋生难，况复老死疾病与饥寒。饥寒疾病吾民孽，但祝吾乡贼剪灭。贼剪灭，流民悦。忘却还家事业空，梦魂只觉归思切。昨遇南人向北行，闻言堕泪泪有声。破屋妻孥相抱泣，绳床稚子哀哀鸣。四乡归不得，莽莽榛与荆。城中归不得，攘攘官与兵。官兵聚处一角城，朝朝暮暮庆升平。升平有象言非侈，吾侪所遇乃若此。鸿雁哀鸣终北还，遗民竟听流亡死。”读此可想见当日情景矣。

《续乐府》

民国癸丑之变，怀宁姜继襄侨寓金陵，备罹兵劫。深夜见火光四起，闻邻人哭声甚哀，因赋《续乐府》四章。一曰《都督逃》：“菩萨三十六化身，庐山面目难窥真。时穷忍死恋禄位，五朝冯道羞颜颦。前日负君今误国，血花江左红如茵。垂垂羸弱老不死，师干窃乘掩朝绅。萑苻列座尽谐媚，应刘儇薄诸侯宾。一从渔父起大狱，鲸鲵狂怒江湖宾。热潮贯巨万怪动，党人鼓吹军人嗔。封蛇虎豹入夹袋，先生睡死高牙阵。一朝按剑大盗集，异学突起军符新。垂头出走丧家狗，江南江北同沉沦。国军再捷望君至，姗姗莲步来逡巡。何郎生小爱金粉，烟花独领江南春。红羊浩劫今再见，北山芳杜缠青磷。下车冯妇耻通国，哭师蹇叔羞西秦。可怜董逃有先例，偷生狗窦戕吾民。君不见程都督，坐镇江海真重臣，枢机默运如有神。时来得位势败走，属车何日望清尘。”二曰《学生军》：“学生神圣不可侵，拳拳爱国横丹忱。胡为投书跃戈马，高悬白囊书窗阴。呼群引类竞急难，同仇敌忾情何深。煌煌革命推巨子，峨峨庠序美榛苓。灭伦灭教灭种族，民权唤起同胞心。何韩翩翩好身手，车马煊赫都人钦。游魂釜底已残喘，渴教拜印来黄金。请缨系颈心何壮，膏血锋镝徒冤沉。吁嗟乎！学生性命真同蝼蚁贱，但见化为碧血漫空腾妖祲。三曰《捉商会》。四曰《招新兵》。（从略）

翼王石达开诗

翼王石达开，世第知其为太平谋勇兼资之将，然不知其尤擅文学。近友人传诵其诗五章，盖曾文正曾招降彼，而彼赋此以答也。诗云："曾摘芹香入泮宫，更探桂蕊趁秋风。少年落拓云中鹤，陈迹飘零雪里鸿。声价敢云空冀北，文章今已遍江东。儒林异代应知我，只合名山一卷终。""不策天人在庙堂，生惭名位掩文章。清时将相无传例，末造乾坤有主张。况复仕途多幻境，几多苦海少欢场。何如著作千秋业，宇宙长留一瓣香。""扬鞭慷慨莅中原，不为仇雠不为恩。只觉苍天方愦愦，莫凭赤手拯元元。三年揽辔悲羸马，万众梯山似病猿。我志未酬人已苦，东南到处有啼痕。""若个将才同卫霍，几人佐命等萧曹。男儿欲画麒麟阁，早夜当娴虎豹韬。满眼河山增历数，到头功业属英豪。每看一代风云会，济济从龙毕竟高。""大帝勋华多颂美，皇王家世尽鸿蒙。贾人居货移神鼎，亭长还乡唱大风。起自匹夫方见异，遇非天子不为隆。醴泉芝草无根脉，刘裕当年田舍翁。"此诗自叙履历，兼述志气，所云"名山一卷""著作千秋"，盖亦有所自负矣。前后四章，皆不免下里巴人之诮，独第三章，即以诗论，不愧作者之林，且仁人之言霭如矣。又于太平天国诗文中，见有檄文，全篇骈俪。中四语云："忍令上国衣冠，沦于夷狄；相率中原豪杰，还我河山。"虽王琳、骆宾王，亦无此佳语，岂得徒以武夫目之耶！又《入川题壁》云："大盗亦有道，诗书所不屑。黄金若粪土，肝胆硬如铁。策马渡悬崖，弯弓射胡月。人头作酒杯，饮尽仇雠血。"案太平史志，均称石幼读书，有大志，尝举孝廉，喜言兵。才兼文武，为太平诸将冠。东王变后，鉴于内讧相煎，遂自树一帜，驰驱险阻，竟蹶于蜀，亦命矣夫！

忠王李秀成感事诗

“举觞对客且挥毫，逐鹿中原亦自豪。湖上月明青箬笠，帐中霜冷赫连刀。英雄自古披肝胆，志士何尝惜羽毛？我欲乘风归去也，卿云横亘斗牛高。”“鼙鼓轩轩动未休，关心楚尾与吴头。岂知剑气升腾后，犹是胡尘扰攘秋。万里江山多筑垒，百年身世独登楼。匹夫自有兴亡责，肯把功名付水流？”又句云：“自分豹皮同死节，敢将瓶乳望生还。”和侍王句云：“报道哥哥行不得，前山现有鹧鸪啼。”秀成堂弟李世贤，《自慨》有句云：“一片雄心终不死，百年杀气未全消。仰天喷出腔中血，化作长虹亘碧霄。”

太平天国时寓意诗

太平军得金陵后，文人才子，被掳在军中者最多。目击心伤，不敢议论，往往托诸吟咏，甚至以香奁诗为寓意。兹择其可诵者，录之以觇当时情景，可为佚史之助云。“朝晖隐约逗檐端，绛帻鸡人促晓餐。惊起睡魔呼去去，归来仙步惜姗姗。虾蟆座上闻新法，蟋蟀灯前忆旧欢。来日鸿沟还有约，暂谋将息到更阑。”此指清晨役使妇女挑砖瓦，听讲道理，及来日挑濠沟也。其断句云：“恼煞一湾衣带水，清藤隔断小虹腰。”此指禁女人过桥，以藤条拍打也。“三千怨女如花貌，百八佳人堕溷愁。手执筠篮循曲径，眼看桃叶渡迷津。”此指文秀人借卖菜之便以逃也。“燕子红襟矜宠贵，鹅儿黄帕助娇羞。”此刺名教中人，降太平军授官也。“居然小婢称如愿，有甚佳人号莫愁。”此指贱者为军中倚任，贵者备受折磨也。“晓看陌上春如织，背负花枝尽米囊。”此指役使妇女负米也。“绝少君苗焚砚志，翻同臣朔上书时。文章岂为科名设，气节都因衣食移。”此文人自伤不得已而赴天试也。他如“霜妒菊花寒更艳，风吹尸气腐犹香”，又“死纵拔心犹是草，生非薄命不为花”等句，似有所指云。见《太平天国野史》。

祁文端公寯藻哭弟文节公宿藻诗

咸丰三年，金陵失守。中外舆论，咸归咎制府陆建瀛之偾事，盖万口一词矣。时祁文端公弟文节公幼章方伯宿藻，以守城悲愤，呕血殒命。文端《哭弟诗》云：“岩岩制府公，抵掌运才智。提兵扼九江，库藏悉罗致。神炮五百余，尽数充武备。原注：上海购炮六百尊，仅以四十尊留备守城。京帑六十万，并取毋遗置。原注：部议三十万给军，三十万守城，督师悉檄取之。遗之以危城，置之于死地。”又：“疆师控上游，初议岂不壮？舳舻五千里，江皖赖保障。前茅甫遇贼，一战总戎丧。翩然乃退飞，踉跄弃兵仗。匿迹归白门，吾民复奚望。城中十万户，湍决各奔放。大府方闭阁，猜疑仍未忘。”又：“追思偾事繇，后懦而前亢。若使谋乃进，据险审所当。纵退事犹纡，援军势可仰。原注：时向军门自湖北统兵追贼，已及九江。岩城民气固，内外力足抗。原注：弟借帑各关，储粮练勇，布置周密，民不惊徙。若前军徐退，小孤、东西梁山重险不撤，则向军援至，胜负未可量也。此错竟谁铸？此灾实无妄！”读公此诗，可见制府之贻误大局，实军兴第一罪魁。嗣以薢茩[①]黄巾，身膏乱刃，显庙悯其一死，不复追咎，并谕照总督例赐恤。旋经监察御史上

① 薢茩：应为“邂逅”。

元方俊奏请撤销恤典，报可。

附：方俊请撤销陆建瀛恤典疏

伏查已革两江总督陆建瀛，奉命为钦差大臣，赴九江上游迎剿贼匪，闻总兵恩长失利，既不奋往应援，又不严行防御，单身连夜逃回金陵。自此一逃，而小孤山、安庆及沿江防守之兵，无不溃散。贼由楚破皖，旬日间而金陵、镇江、扬州，相继被陷。向使该督在九江不走，但力能拒一二日，则向荣即已赴援，必能使贼不得东窜；向使该督不能御于九江，而退守小孤山，率将弁协力拒守，向荣赴援，贼亦不得过安庆；向使该督一回金陵，即与祥厚等协力同心，筹固防守，贼亦不能遽行破城。乃始则闭门三日不出，继则挟祥厚等纠参之恨，守城事宜，在在与为掣肘，致祁宿藻发愤呕血殒命，祥厚等徒抱忠忱，仅能激励驻防，尽节以死。是恩长、祥厚、霍隆武之死，死于陆建瀛也！江、安无数士民之死，死于陆建瀛也！昨者，该省督抚查明死事诸臣，祥厚、霍隆武、祁宿藻等，渥荷恩赏。并奉谕旨："陆建瀛于十庙地方遇贼被害，该革督虽经失律于前，尚不失城亡与亡之义。陆建瀛著赏还总督衔，即照总督例赐恤。所有查抄家产，均著赏还等因。钦此。"臣愚以为该革督如无前此九江之逃，而登陴誓守，城破自裁，则为城亡与亡；该革督如与贼决战，临阵捐躯，亦可为城亡与亡。今于十庙遇贼，为贼所杀，是欲逃而无可逃，不得附于"城亡与亡"之义也。该革督九江一逃，关系天下大局，误国殃民，莫此为甚！生无可贷，死有余辜。皇上宽其已往，悯其一死，赏还总督衔，并前查抄之家产，已属至优。若复与死事诸臣，同邀恩恤，恐无以服天下之人心，励行间之士气，而慰恩长、祥厚、霍隆武等忠魂。伏愿皇上将陆建瀛恤典撤销，以为天下后世误国殃民者戒。

谒向、张两忠武公祠诗

清咸丰初，太平军据金陵，向忠武公荣督军自安庆至，迫通济门，夺钟山，环城筑十八垒，号江南大营。部将张忠武公国梁，骁勇敢战，资为干城，总统诸军，然以分道赴援各路，大功未集。向殁后，和春继绾钦符，骄淫克饷，军心携贰，遂有十年三月大营之溃，公力战殉于丹阳。然二公力挫凶锋，尽瘁死国，隆祠报享。江南人姚友梅《谒二公祠》二首云："谋勇相资巨寇摧，推心置腹两无猜。能邀国士轻身报，竟叩军门杖策来。持重自饶充国识，谈兵久信武襄才。大星相继营前陨，底事妖氛扫未开。""长围瞬息灭潢池，唾手功名竹帛垂。谁使符离违节制，终教周处殉雄师。朝廷不识真卿状，子弟犹张吕氏旗。江左十年资保障，遗民涕泣拜丛祠。"

题津逮楼哭书图

甘氏津逮楼，藏书极富，太平之役，荡为灰烬。竹生太守炳有《哭书图》，汪悔翁题其上云："传说书楼护碧纱，芝泥玉检整还斜。劫灰红后胡僧在，试认丹青十二家。我亦丹黄万卷余，城南老屋键门居。眼昏头白方归案，仍惜当年已读书。"

白下新春词

白下新春词，亦竹枝也。王寿芸孝廉光第诗云："东郊新迓土牛回，晓日曈曈曙色开。夹道儿童齐拍手，府衙前看打春来。纸鸢风信几番催，引得游人出郭来。梅豆殷红新茗绿，品泉同上雨花台。"自改革之后，迎春之礼废；统一成，阴历之禁行，土牛迎春之典，后此无复有知之者矣。亟录此诗，以存汉官威仪之旧也。

南京宫词

陈可园封翁葆常先生，南京宫词之二："御女星明夺月辉，休嫌龙种出身微。报恩造塔琐前殿，秘祀人传奉硕妃。"成祖母，高丽女。事见《朱竹垞集》。"青镫燕子小排当，南渡君王作色荒。不向后庭求故剑，翟车雉扇聘徐娘。"中山王裔女，事见《吴梅村集》。一咏永乐时，一咏弘光时，语皆未经人道。

顾石公以诗名

清光绪中，栖霞寺有老僧，为左文襄西征部曲，功成来此，剃度为僧，是能降龙伏虎而有大觉悟者。上元顾石公明经云，赠以诗云："发毛刊尽骨崚嶒，跃马龙沙信汝能。百战余生归健卒，六时梵课坐枯僧。山中粥饭充肠未？塞上戈矛饮血曾。故帅云台图像久，生平听话佛前灯。"明经为上元名宿，以古文鸣，著有《盋山诗录》《盋山志》行世。曾聘充吉林通志局纂修，南归，彼都人相与祖饯，赋有《天东骊唱赠酬》，论者谓其诗格高浑，尤胜于文也。

金　石

天玺碑

金陵石刻之古者，以吴《天玺纪功碑》为最。俗云《天发神谶碑》。因石裂为三，又云《三段碑》。旧在县学尊经阁下，清嘉庆乙丑，阁毁于火，拓本遂不可多得。丙子，余太守据邑人甘熙所藏明拓旧本，重勒于府学明伦堂。光绪末季，端匋斋复翻刻于旧督署，去庐山真面愈远矣。

梁萧秀石阙顶盘天禄兽

金陵多齐梁贵人埋骨之墟。出尧化门，则齐梁墓有五六处，夹道石狮，存者共十有九座。江浦田北湖曾为文以纪之。萧憺、萧景、萧秀三墓，上下不出三里，而萧憺墓居其中。尚存垂垂欲仆之丰碑一，夹道石兽，两两相望者里许，东则萧景墓，仅存左石阙一，石兽二。西则萧秀墓，如昔所云，当时两碑并立者无恙，而左右两石阙，则仅存其右，两两石兽亦无恙；此石顶盘上踞一天禄，即左石阙之顶，早年被雷震落而损者；石盘建初尺圆径三尺八寸，兽高二尺七寸，体制雄伟，重约五百斤。民国纪元甲子，省长韩止叟令古物保存所，将欲仆萧憺碑牮正，造亭以覆之，因将萧秀石阙震落之天禄，载归所保存，以见古代雕刻之工。天禄昂首张唇，作蹲立状。各处夹道石狮，状略相同，高者几不可仰视。丹阳齐明帝与梁武帝陵，尚有雕作石麟者，拳毛曲鬣，尤生动绝伦。

附录：清田其田《石狮子记》

上元北郊，自蒋子文庙至栖霞山，古冢相望，无封无树。周遭数十里间，齐梁贵人埋骨之墟也。予主北湖，出购鱼子，来去经过，见赑屃之所负，华表之所题，丰碑短碣，犹有存者。残蚀倾侧，散见于草莽间。予尝剔苔藓，刷泥沙，辨文字，而识为某某之邱陇；证诸志乘，与夫金石家言，颇相符合。斯固不足异，何为独称石狮子哉？一日憩姚坊门，驴惊狂奔，登高四瞩，冀得踪迹之。下有田塍，巨石突兀，不能审其形状。及往抚视，则一石狮子头也。周身没土中，由唇以上，暴露于外。举手摩挲，仅接其眉，躯干庞大，想当称是。予以未见狮为憾，询之土人，云：某村某落，似此亦多矣。因导予行纵横十里许，先后得十九狮，大小皆相若。或立或蹲，或牝或牡。青石细理，神彩奕奕。雕琢之工，近世罕有。其长几五丈焉，高二丈，胫周三尺强。盖墓门之镇，与丰碑左右石阙之属，夹道比例者也。齐梁时已如斯。勋戚之家，竞置冢上，庞大坚绝。不为风雨所剥泐，樵牧所摧毁，千载而独存。金石家病其无文字款识，未足资以考古，而遗弃焉。于是齐梁法物，长此草莽矣。吾国不产猛大之兽，天竺东通，始称狮子神异。此物既不数觏，而饰于器物者，与今印度来者，殊不相似。此石乃酷肖之。非徒体制雄伟、斧凿精巧已也。意者齐梁时代，当有真狮。贵家取其壮观，表诸墓，复得良工互为传摹，无毫发爽，是为刻狮之祖，足正后来之讹。亟撮其影，以饷博物学者。

建康古井栏歌 汤贻汾为井天翁十一丬床题

句容井创天监时，商旅渴乏帝愍之。茅山道士奉诏为，井十有五独此遗。题曰："梁天监十五年太岁丙申，皇帝愍商旅之渴乏，乃诏茅山道士□□永若作亭及井十五口。"此井床已为清端陶斋徙往北京，今归天津王氏。溧阳旧已隶建康，有井传自元和唐。沙门作赞供法王，九十一字念一行，储卿郭通姓名彰。题曰："惟唐元和六年岁次辛卯，五月甲午朔十五日戊申，沙门澄观为零陵寺造常住石井栏并石盆，永充供养。大匠储卿郭通。"偈赞曰："此是南山石，将来造井栏。留传千万代，各结佛家缘。尽意修功德，应无朽坏年。同沾膝福者，超于弥勒前。"《宝刻类编》：澄观尝书《栖霞律大师碑》。泰和井题蒋诠舍，三山门前古兰若，唐欤晋欤识者寡。三山门外普惠寺，于嘉庆二十四年灾。寺僧掘地得此井，题“蒋天喜舍”四大字，右题一行“泰和元年”，左题一行“三月吉日。”按魏曹叡、晋废帝、魏高祖、后赵石勒、汉李势皆号太和，唐文宗、吴杨溥皆号大和，大、太、泰通用，此不知何代物也。此井床已为清端陶斋徙往北京，今未知所在。北门义井字深刻，纪元下元时代匿，纷纷篡窃悲南北。北门桥道旁，题“义井”两大字，左一行题“下元壬午年十一月”，以下不可辨。按钱氏《潜研堂金石跋尾》，载崇化寺西塔基记，为唐下元戊午七月，此岂同其例耶？然此并不书国号，时无定君故耶？宋玉兔泉玉筋工，字迹半泐县学宫。“玉兔”二字，篆文不完。相传为秦桧书，《景定志》言井在学宫左庑内，今在江宁县学大门内之庑墙外，县学乃宋建康府学也。此井床今存古物保存所。淳熙丙午邵永坚，建普生泉今瞻园。井在藩署瞻园，题“普生泉”三大学，又题两行：“淳熙丙午邵永坚建”，皆分书。乾隆间，某方伯因井溺一婢，作石狮子压其上，题名八字遂为所掩。螺丝湾头两义泉，嘉泰宝庆同清涟。诸军都壕嘉泰官，三年五月监造完，铭辞娓娓雅可观。栏六面，字刻三方。一题“义泉”两大字，“义”字蚀。一铭辞：“凿窍山足，其泉如玉。匪江斯流，泄窦幽谷。神物护藏，天机感触。泥滓之肠，以浣以沃。”一题年号官名：“大宋嘉泰三年五月十六日，诸军都壕□官□蒋□□监造。”此井床今存古物保存所。宝庆丁亥夏庚申，曰荀氏舍义乡泉，一十五字半不全。栏破裂，字犹可辨。六大字，曰“荀氏舍义乡泉”，九小字，曰“宝庆岁丁亥夏庚申日”。宝字赖存末笔，丁亥盖三年也。此与嘉泰井东西并峙，嘉泰见于著录，此则鲜有知者。华严楼畔咸淳井，比邱题福基字整。在华岩寺门旁，字二行，曰：“咸淳二年，因□建，石桥置此□监庄比邱福基立。”胭脂巷近凤凰台，来凤泉疑李监题。栏五方，一面刻三篆字，存上下“来”、“泉”二字，中凿穿，尚存末数笔，类“凤”字，篆法似李阳冰。德恩最迟至正凿，雷山大书秉义作。栏六方，环刻“雷山义泉”四大篆，一方题篆二行云“至正戊子雷秉义建”。雷山，志乘失载，惟刘纯之《存徵录》云：“宋丞相李迪题江南义井三，雷山其一。”则雷山当别有宋井，或此井自宋属雷氏，至元而其裔重建石栏耶？秉义为元翰林待制杨刚中门人，尝为刚中刊《霜月斋集》。见《金陵志》。此井床今存古物保存所。此十一井同乡土，谁访得之陈仲虎。井丹一刺不投入，茧足胡为辘轳苦。有井水处君皆知，世上无人耽汲古。古井千秋上下天，天虽一规输快睹。此卷当胜五色云，江乡岂但图经补？君不闻昆仑九井神仙都，玉栏金干溅明珠。更挽天河洗眸子，看取仙人上古书。

案：此篇由南京古物保存所《古物说明书》附录摘出，其每段末所识井栏所在地，乃说明者所注，已强半转徙他处矣。此诗旧注，颇称详严，录之足资金石之考证。

元代石敢当

石上刻“石赶当”三字，即今之街巷或人家门外，俗所立石敢当是也。此石误以“赶”为“敢”，而书法奔放，似经石峪金刚经字。褚石农《坚瓠集》云：石敢当，五代时人。刘知远为晋祖押衙，遣力士石敢当袖铁椎，侍晋祖与愍王议事，敢当杀愍王左右而斗死。后人用以镇煞。然宋真宗崇尚符瑞，即有封石碱事，则不始于元代矣。此皆诞妄不经，无足深考。石为明宫城堑出土，置古物保存所。

牛首山白岳山人诗碣

牛首山，为金陵名胜之一。自唐法融禅师开教于此，所谓牛首宗是也。明盛仲夏有《牛首山志》，今志已佚。山中有摩崖，刻《白岳山人登牛首山诗》古篆七律一首。其诗云：“山名天阙首如牛，石骨崚嶒血脉柔。万里江光来滚滚，四时云气出油油。香分翠岭禅关回，步引青松古径幽。海上神仙如可到，六鳌吾欲借阳侯。”摩崖剥落，山僧曾拓送古物保存所。考万历间，朱完号白岳山人，字季美，南海人。任侠好义，家多宾客。工诗，著有《虹岗漫录》及《白岳山人集》。

钟山告天文石刻

钟山告天文石刻，乃前明朝天宫道士刘渊然，于钟山朱湖洞天告行，为追荐设醮祈茀之文，埋石山顶。凡二通，一书洪武三十五年，一书永乐四年。清乾隆四十二年，为樵者掘得报官，饬送朝天宫收藏。其词云：“奉大明皇帝圣旨，伏为皇考太祖高皇帝妣孝慈皇后，登遐日远，痛怀丧葬之未亲，崩失年深，益感劬劳之未报。手足且伤于前后，情怀有恸于死生。骨肉相残，几致屏翰之倾替；腹心构讼，幸兹国家之安全。”云云。其洪武三十五年，即建文四年壬午之岁，此革除年月之证。道光癸巳，重修朝天宫，陶文毅公有跋，刻诸石上，付道士藏之。观其文词，知文皇当日，亦深有负疚于心矣。

观音大士像石刻

孝陵卫观音寺，本灵谷院（见《梵刹志》）。殿上有石高三丈，广如之。背刻水晶屏大字，孝感熊赐履书。正面凿大士像，光泽可鉴，如坐琉璃中。追琢之工，妙绝千古。

报恩寺碑

报恩寺大殿左廊有碑云《云栖大师东铭》：“一瓦一椽，一粥一饭。檀越脂膏，行人血汗。尔戒不持，尔事不办。可怕可怜，可嗟可叹！长干学人大时凌世韶敬书。”语句警策，可为缁流当头棒喝。

明教坊司题名碑记

明旧院有《教坊司题名碑记》，嘉靖壬戌张鏊书，后碑徙于门东回光寺。见《白下琐言》。此则万历年间重立记，历朝奉銮韶舞司乐之职名，而以张鏊碑记刻于上，乃徐君卓夫在东花园寻得者。石高四尺八寸，宽三尺六寸。上刻篆书碑额并记，下题名，仅存其眉。考教坊司，初在西华门外，明都北迁，至嘉靖间，始移于东花园，旧演乐厅。旧院在东花园之右，旧院乐户，明初即统于教坊司，但乐户至万历间，已颓败不堪。周漫士《金陵琐事》云："教坊司每于岁首五日内，或四人或五六人，往富贵人家送春，奏乐一套，主人皆有以赏之。"则已不啻沿门乞食矣。

附录：南京古物所古物说明书附言

《白下琐言》云："明初设教坊司，立富乐院于乾道桥，复移于武定桥等处，至今犹呼其地为院门口。"又有十四楼以处官妓，如南市、北市、轻烟、淡粉之类是也，按院门口即旧院。余尝见旧院教坊规条碑拓本，略云：入教坊准为官妓，另报丁口赋税，凡报明脱籍，过三代准其捐考。官妓戴皂冠，身穿皂褙子，不准穿华丽衣服。官妓之夫，缘巾绿带，足穿带毛猪皮靴，平时作业，只准为穿甲之匠人。出行路侧，至路心，被挞勿论。老病不准乘舆马，跨一木，令二人肩之行。凡文武官不许入旧院，只许商贾人等出入。此种规条，即寓禁娼之意。乃太祖每以元代罪人子女没入教坊，而文皇又以靖难诸臣妻女为官妓，此明初之凉德，亦秕政也。

明冶山八卦石

朝天宫在冶城山后，宋为天庆观，元为玄妙观，又升为永寿宫。明洪武十七年赐今额，百僚朝贺，习仪于此。冶山自晋以后即为宫观，此八卦石，旧覆于东北角地中，早年养正学堂治操场得之，当为羽流之物。或云，此石有四，为刘青田造。世传冶山三清殿为太祖真葬处，清同治间，改建大成殿于其上，石八方，对径长四尺一寸五分，石之平面作太极及先天八卦。现移古物保存所。

曾国藩修治金陵城垣缺口碑记

道光三十年□首洪秀全做□，咸丰三年二月十日，陷我金陵，据为伪都。官军围攻八年，不克。十年闰三月，师溃，□势益张，有众三百万，攘乱十有六省。同治元年五月，浙江巡抚臣曾国荃率师攻克金陵，三年六月十六日，于钟山之麓，用地道克之，是岁十月，修治缺口工竣，镵石以识其处，铭曰："穷天下力，复此金汤。苦哉将士，来者勿忘。"

案：黎庶昌书朱军门克金陵城事，称记名提督朱洪章为中兴一时名将，其克金陵城，尤推首功，世罕知之者。（侯官沈瑜庆有《怀朱军门洪章》七古并序，述其二次开龙脖子地道，复城首功未赏，抑郁侘傺，慨乎言之。见《石遗室诗话》及《雪樵诗话》）

附录：曾国荃长胜焕字营攻入龙膊子地道缺口死事弁勇合瘗碑志

同治三年闰六月十有六日，龙膊子地道告成，火发，轰开城垣二十余丈，砖石雨下，长胜焕字等营朱洪章所部，以朱字焕文。首先登城，前队奋勇，死者四百余名，同瘗于此。呜呼惨矣！亟志之以表忠荩云尔。

案：甲午中日之役，张文襄公之洞督两江，檄朱洪章为章字营统领，备防川沙，迺勋以父执晋谒，承招游天堡城。道经缺口，示以当时冲锋肉搏，更仆迭进情形，历历如作壁上观，据鞍叹息，犹忆当年。万骨皆枯，徒增凭吊而已。

幕府山摩岩

幕府山在上元门外，滨临大江，最扼形胜。长江水师参将署近山麓，迺勋先君桂舲公任参将时，整军以暇，每于夕阳荒草，登临览胜，感时伤事，抗怀往古，励志千秋。因就山麓摩“峙辅石城”四字以寄慨，字大约径二尺许，过客登临，争抚拓焉。

《重修金陵营参将衙署厅壁记》

长江水师金陵营之有参署，创于同治十年辛未，当其初，巡江使者彭刚直公，意美法良，虽筹发各营岁修银一千一百金，给令生息，以子金为每年修署之用，然缀残弥缺，亦止小补而已。岁辛丑，夏，江南大水，为数十年仅见之灾，衙署被水淹至二三尺深，舟楫直抵大堂以内。逾月水退，墙垣坍裂，四壁动摇，木则朽蠹而砖瓦则碎腐。栋折榱崩，几几乎有不可终日之势。麟书目击情形，不获已，一再禀吁上游，分别筹款借俸修理。或曰：“公任此，署缺耳，一旦迁晋以去，诚有如昔人所记竹楼所云，未知明年又在何处者，况官廨今人皆视同传舍，何不惮捋荼之劳耶？”则应之曰：“既食天家禄饩，则在此官一日，当尽此一日之职。今见衙署如此狼狈，设于不佞内坍塌，则后之莅斯任者，又何以资栖息，而系观瞻？”爰请领司局筹款千金，领道署预借廉俸八百金，鸠工庀材，大兴土木，始于辛丑十月十七日，越三月诸工告竣，计修围墙四十丈，仪门大堂屋脊，皆拆而重造。上房五楹，东西边房各三楹，花厅三楹，以及二堂头门，举凡木之朽蠹者补之,砖瓦之碎腐者易之。始而栋折榱崩者,忽焕然一新,工料坚实,俾后之莅斯任者,更可无烦补苴罅漏之劳,尤愿相继而来者,体麟书愚衷,保全而增葺之,勿视同传舍,庶斯廨可垂久远也夫?襄同是役者,署左哨都司王诗访,右哨都司吴大元。例得附书于石,是为记。光绪二十有八年壬寅正月,署金陵营参将长沙陈麟书撰。

按:此记为道州何维朴隶书。辛亥政变,衙属驻兵,到处分炊,墙壁为裂,此碑已失所在,不胜惋惜。

明故宫发掘古物

南京古物保存所主任卫聚贤与《民生报》记者谈话。录《史学杂志》。

明故宫前进侯家荡水池,民国十五年间,该地农民因天旱掘塘,未数尺即得水,且得砖数方,以为自上落下者,并未注意,嗣由官家证为古迹,乃由古物保存所鸠工开掘。未数尺,见砖台四方,每台相聚约五尺,砖运出后,水乃涌至,以吸水机吸水尽,砖下有长木板百数十块,板为金照楠木所制,质极坚固,故虽久没水中而未腐,板揭去,即系木桩,露土约二尺许,但撼之不动。按《洪武京城图志》“官署图”,左之最后端为工部,发掘处在左方之前端,可证为明朝之工部。以木桩言之,当时或系池塘,池上造屋,故须栽以木桩,不过地板铺于砖石之下,甚不可解;且掘出之物,多系工人所用,意此地为工人栖宿,或工人抛所用物品于池内者。除龙瓦外,又得普通瓦甚多,疑为宋时建筑,明时加以修葺者;或为明初所建,后重修时,龙瓦不敷,以灰瓦代者,俟考。所得砖瓦外,又有完好之饭碗十余只,大半作浅绿色,磁质甚粗,碗底时有墨笔款识,墨迹犹新。中有一碗底书“绣匠胡森用”,又一碗只书“胡森”二字,另一则为“沈□丑生正”，盖均为工匠所用者，“绣匠”即绣花匠也。此外龙瓦数片，瓦当上作龙形，当系宫室所用，瓦釉有作黑色者，灿然发光，瓶瓮之属亦甚夥，意均为工人进饮之用者。尚有木牌二，上横书“工部”，左为“上工营缮所”，右为“五墨匠一百十五号面领”，盖工人之腰牌也，所谓“五墨匠”者，即系画匠。“上工”为皇室之工程，“营缮所”即营造所，考《洪武京城图志》，营缮所在柏川桥之北，即今监察院也。又有大瓦十余枚，长尺五，横一尺，为今世所罕见者。其余若皮匠用之刀，庖厨用之刀，以及铁锁炼瓦瓮盎之属，亦复不尠。所发掘之物，除上述者外，尚有古钱四十一枚。兹列表如左。

钱面文字	书法	数目	某代国号	西元年数
太平通宝	楷	二	宋太宗	九七六
至道通宝	楷	一	宋太宗	九九五
咸平元宝	楷	三	宋真宗	九九八
景德元宝	楷	一	宋真宗	一零零四
祥符元宝	楷	二	宋真宗	一零零八
祥符通宝	楷	一	宋真宗	
景祐元宝	楷	一	宋仁宗	一零三四
皇宋通宝	楷	四	宋仁宗	
皇宋通宝	篆	三	宋仁宗	
熙宁元宝	楷	一	宋神宗	一零六八
熙宁元宝	篆	二	宋神宗	
元丰通宝	草	七	宋神宗	一零七八
元丰通宝	篆	三	宋神宗	
元祐通宝	篆	五	宋哲宗	一零八六

元祐通宝	楷	一	宋哲宗	
绍圣元宝	草	二	宋哲宗	一零九四
致和通宝	楷	一	宋徽宗	一一一一
圣宋元宝	楷	一	宋徽宗	

所掘出之碗瓮，经鉴定确系宋时物，且钱上年号，均为北宋帝号。想当明初之际，朱元璋建国肇始，尚未铸造新币，故沿用宋时泉币，亦未可知，又所有刀类，均系锈钝者，并非入土后所损坏，当为工匠用敝，弃置地中者。现虽掘至二丈余深，除砖木碗盏瓦瓮外，尚无其他奇异之物，且木桩尚撼之不动，必须俟木桩完全出水后，当告一结束也。

按：遗址为明工部云云，系推测之辞，其根据甚为薄弱。《洪武京城图志》“官署图”，工部邻正阳门，此遗址距正阳门颇远，一也；发现木牌有“工部”字，仅能证明在此地工作，或遗弃木牌者为工部工人，不能谓遗址即系工部，二也；木桩之插置，宛如亭阁，非官署模样，三也。至木桩之时代，亦当在明代以前。顾亭林《肇域志·江南一》言，皇城在宋元时东城之外燕雀湖地。是明故宫附近，宋元时为燕雀湖。此遗址即当时湖中之亭阁，故下置木桩木板。以发现古钱皆北宋遗物与磁器为宋磁观之，其建筑当在南宋之世。明初湖平为地，有于其上建筑，故发现之砖石，在木板上也。若谓木桩为明代物，宋磁宋钱亦系明初沿用，微论明人用钱，必杂南渡后物，断无全为北宋品之理，而工人用宋磁，砖石置木板上，亦皆难索解。且遗址左近皆无木桩，此木桩之安置，究何用乎？

名人轶事

倪文毅公

明倪毅公岳，上元人，文僖公谦子，家居铁作坊。任南大司马，每日往部，必步出街口始登车。或问之，曰：“乡党父兄，宗族故旧，生长于此，岂敢妄自尊大？”

王襄敏公

明王襄敏以旂，江宁人，家于聚宝门小市口之西，去驯象门里许。屋宇朴陋，居之晏如。为都宪时，每过家必引避小市口路，曰：“此皆吾邻居父老为贸易者，吾不忍以车前八驺妨其务也。”邻有老人与封翁善，公幼以伯父呼之，既贵犹不改。

刘清惠公

麟字南坦，广洋卫千户苍子也。官至大司空，请老家居。遇直指使者某，颇以饮食苛求属吏，稍不精腆，辄被诮让，郡县患之。刘公曰：“此人吾门生，会当开谕之。”俟其来谒，因款之，曰：“欲设席相邀，恐有公务废阁，不如今日留此一饭。但老妻他往，无人治具，能从家常饭对食乎？”直指以师命，不敢辞，唯唯就坐。则又故延缓之，自朝过日午，饥甚。比就案设食，惟脱粟一盂，豆腐一器而已。少顷，则佳肴美酝，罗列盈前，直指不复能下箸。公强之，对曰：“适已饱甚，兹不能也。”公笑曰：“此可见饮馔无精粗，饥时易为食，饱时难为味，时使然耳。”直指喻其言，遂绝不敢以盘餐责人。

于清端公轶事三则　于青天　鱼壳为寿　于青菜

于清端公成龙好骑驴，初任粤西罗城令，行数千里，惟一仆从。公谓长途策蹇，可以眺赏山水，若乘舆与帷车，反令人生闷。后督两江，仍携一仆，骑驴出国门，一夫担行李，无人知为贵官者。会上元某令贪酷，且爱作狎邪游，公廉知之。一日薄暮，公携仆出署，抵利涉桥，适令往曲中夜宴，驺从极多。公故使仆触其舆，令叱役拘仆，将笞之。仆曰："小人信有罪，乞看主人面恕之。"令问："汝主何人？"曰："小人之主，乃两江总督于青天也。"令大骇，问："汝主人何在？"曰："近在咫尺。"益骇。亟下舆走谒。公笑问曰："无意相逢，未知汝出何为？"令以巡夜对。公笑曰："漏甫下，巡何早也！无已，姑从我茶话可乎？"令唯唯。公命易便衣同至一酒家，遣驺从。既至酒家，见其生涯冷落，公问之。店主人曰："客不知，小店不幸在上元境内，无奈上官日日科派抽厘，本小利微，折阅殆尽，那不冷落？"公笑曰："汝言未免太过，县官何敢乃尔？"主人复长叹，缕述某平素贪酷情状。公正色曰："汝以小民妄论地方官，便是罪过，慎勿多言！"主人太息而去。公谓令曰："小民无知，汝勿介意，老夫亦不汝瑕疵也。"令踧踖不安，汗下沾衣。公既出店，令从行，至分路处。公笑曰："此时天气不早，汝可巡夜矣。"令唯唯辞公去。公瞷去远，悄命仆赴酒家，如令遣人与店主作难，汝可善为调停，万不得已，汝可听其拘至县中；如令行贿开说，汝尽受之，多多益善。仆至酒家，令果差役拘店主人。仆前劝解，役怒，遂与店主人并拘至县，令见店主人叱之曰："汝小民，焉敢道吾短？"命痛鞭之，仆代为乞免，令问："汝何人？"仆笑曰："公忘之耶？小人固于青天之仆也。”令骇曰：“汝来为何？”仆笑曰：“家主恐公与店主人作难，故使小人留后，为之排解。”令亟下座，笑携仆手曰：“当从遵命，释店主人归。望汝掩饰，毋多言。谨以三千金为寿。”仆故不答，令知其嫌少，复增至五千金，仆始佯喜诺之。既归，复命。公翌晨召布政司至，示令贪酷状，命即详参，时方筹设养济院，苦无经费，即命以某令行贿之五千金捐入，挹贪囊而济善举。布政唯唯，远近颂于青天。

《先正事略》称公状如乡里学究，而用兵如神，尤善治盗。所用游徼及降盗，恒抚以恩威，辄为尽力。当公由直隶巡抚调两江总督，抵江宁，官吏皆望风改操。知公好微行，遇白须伟貌者，群相指自摄。檄郡县条上便宜，皆为兴举。江宁盗号“鱼壳”者，拳捷，倚驻防都统为解，有司莫能擒。公抵任，官吏远迎，日旰不至，方惊疑，而公已单车入府矣。群吏饰厨传馈饩牢，皆不受。按察使某，年家子也，请具一餐为雅寿。公笑曰：“以他物寿我，不如以鱼壳寿我。”按察使喻意，出，乃以千金购名捕缚置狱。是夕，公秉烛坐，一男子持匕首自屋梁下。公叱何人，曰鱼壳也。公解冠几上，指其头曰：“取！”壳长跪笑曰：“取公头，不待公命也。方下梁时，如有物击我手，不得举，乃知公神人。某恶贯盈矣，自反接衔匕首以献。”公曰：“国法有市曹在。”迟明，狱吏报失盗，人情汹汹，而公已命中军将鱼壳斩决西市。

清朝贤臣，必以于清端为清廉第一。罗城非人所居，即王恺[1]、石崇到此，岂复能豪举，公之得力，在动心忍性，不必以俭

---

① 王恺：原书误作“王凯”。

德称也。自江防迁闽臬，舟将发，趣人买萝卜至数石。人笑曰："贱物耳，何多为？"公曰："我沿途供馔赖此矣。"其自北直赴江宁也，与幼子赁驴车一辆，各袖钱数十文，投旅舍，未尝烦驿递公馆也。在制府署，日惟啖青菜，江南人或呼为"于青菜"。仆从无从得茗，则日采衙后槐叶啖之，树为之秃。诸子冬衣褐，或木棉袍，未尝制一裘。官楚时，长公子将归，署中偶有腌鸭，刳半与之，民间有"于公豆腐量太狭，长公临行割半鸭"之谣。公卒之日，僚吏见，床头敝笥中，惟绨袍一袭，靴带二事，瓦瓮中粗米数斛，盐豉数器而已。公之贤，不仅以廉俭见，特公之清操苦节，夷险一致，尤为人所难能。

陈恪勤公之镇定

陈恪勤公鹏年守江宁，为总督阿山所龁，将入狱，神色逌然。自忆未了事曰："杜茶村未葬，某僧求书未与，布衣王安节缺为面别。"从容料量，承鑠而行，其镇定如此。公宦迹所致，尝表东海孝妇庙，建狄梁公祠，立陆绩廉石，复刘蕡后人租徭。在苏舁郁林石于郡学；游焦山，遣人泅水出《瘗鹤铭》，为亭覆之。世但知公荩臣直节，理学儒臣，而不知其风雅复如此。

尹文端公爱士

尹文端公继善总督江南，年才三十，人呼为小尹。海宁诗人杨守知，字次也，康熙庚辰进士，深于诗。以高堰河工考最，擢守平凉。壬辰九月，罣误落职，河督以善治河荐，候补南河。尹知为老名士，所以奖慰之者甚厚。次也自指其鬈叹曰："蒙公盛意，惜守知老矣。夕阳无限好，只是近黄昏。"文端应曰："君独不闻'天意怜幽草，人间重晚晴'乎？"次也出，语人曰："不谓小尹少年科甲，竟能吐属清新若此。”

顾秋碧风趣

江宁顾秋碧先生，为钱竹汀高弟子，学问渊博，著作甚多，其所著《补后汉书艺文志》，卷帙甚富，赵㧑叔刻入丛书中，乃节本也。性迂癖，居手帕巷，为妓女麇集之所，恐为冶游者误入，尝自题其门曰：“得过且过日子，半通不通秀才。”其风趣可想。生有异禀，体气过人，每夕必御妇人。指爪甚有力，可以排墙，怀奇不遇，卒死于清河之海神庙中。

袁子才断狱三则

沈起风《杂记》云：钱塘袁公简斋为先大父同谱，由翰苑改授上元县令，风骨铮然，不阿权势，引经折狱，有儒吏风。时民间取妇，甫五月诞一子，乡党姗笑之。某不能堪，以先孕后嫁讼其妇翁。越日集讯于庭，两造具备，观者若堵。公盛服而出，向某举手贺，某色愧，俯伏座下。公曰：“汝乡愚，可谓得福而不知者矣。”继问其妇翁曾识字否，对曰：“未也。”公笑曰：“今日之讼，正坐两家不读书耳。自古白鹿投胎，鬼方穿胁，神仙荒诞，固不必言；而梁嬴之孕逾期，孝穆之胎早降，有速有迟，载于史册。总之逾期者，感气之厚，生而主寿；早降者，感气之清，生而主贵。主寿者，若尧年舜祚，尔等谅亦习闻；主贵者不必远征，即如仆亦五月而产，虽甚不才，犹得入掌词垣，出司民牧。谓予不信，令汝妇入问太夫人可也。”某唯唯，即命妇抱儿入署。少选，儿系铃悬锁，花红绣褓而出。妇伏拜地下曰：“蒙太夫人优赏，许螟蛉作孙儿矣。”公正色谓某曰：“若儿即我儿，幸善视之。他日功名，勿使出我下可耳。”继又顾众笑曰：“尔众中有明理之士，幸谅予心，勿以前言为河汉也。"众齐声附和，于是两家之疑尽释，后儿读书食饩于庠，奉公长生禄位，朝夕供养不衰。

乾隆乙丑，钱塘袁枚宰江宁。五月十日，大风，白日晦。城中韩姓女，年十八，被风吹至铜井村，离城九十里，村民询明姓氏送返家。女婚东城李秀才子，李疑风无吹至九十里者，明系奸约，借词控官退婚。袁曰："古有风吹女子至六十里外者，汝知之乎？"李不信。袁取元《郝文忠集》示之。诗云："黑风当筵灭红烛，一朵仙桃落天外。梁家有子是新郎，辛氏负从钟建背。"又云："自说吴门六十里，仿佛不知来此地。甘心肯作梁家妇，诏起高门榜天赐。几年夫婿作相公，满眼儿孙尽朝贵。"李无以应。袁又晓之曰："文忠一代名臣，岂作诳语？但当时女竟嫁宰相，此女恐无福耳。"李大喜，婚配如初。制府尹继善闻之，曰："可谓宰官须用读书人矣。"

《随园诗话》：袁枚宰江宁时，有南乡钱贡甫之子某，买张某妻陈氏为妾。得价后，屡诈不遂，遂来控官，即召讯之。钱烧窑，张为其采煤者也，貌如石炭，妻嫣然窈窕，钱美少年能诗，余袁自称意天然佳偶，欲配合之而格于例，乃发官媒，免其笞。有役某素黠，探知官意，密授钱计，仍买归焉。钱故乡居，事过后，余不便再问消息。后十余年，余游牛首山，路见鬑鬑者，率三婴儿捧香伏地，问何人，曰钱某也，年来妻亡，扶陈氏为正室，此三儿，皆其所生，某亦入上元学矣。妻闻公游山，命我来谢，献诗云："酬恩两个山村雀，含着金环没处寻。绿叶成荫满枝子，费公多少种花心。"

张忠武公之骁勇

张忠武公国樑，少读书未成而习武。身长甫及中人，而气雄万夫，在贼中时，群推胡、张、蔡、戴，谓之“四虎。”胡忘其名，绰号“铁公鸡”者是也；蔡名应龙，戴亦忘其名。四人者，意气相投，誓同生死。公既归正，密招三人同降。蔡与戴接踵至，后屡佐公建殊勋，俱先公阵亡殉节。惟胡顽梗，自矜技出公右，每欲得而甘心，履与公期挑战。主帅向公恐公非其敌，时尼止之。他日胡又来期约，公大怒曰：“胡某猖狂已甚！小子誓不与两立矣。”力请向公与战，再三阻止不可，既交绥，相持良久，胡忽大声言曰：“尔我昔为兄弟，今为仇敌。今日之战，请各下马，释兵器，徒手较以决雌雄。如谁胜者，即为之输服，愿供驱使，未知汝敢否？”公笑颔之。胡身体魁梧，富膂力，公短小精悍，矫捷过之。二人乃下马，各着短衣，徒手对搏十余合，未决。胡欲骤取胜，蓦作云鹞翻身势，握左拳横扑公右颊；公急应以猛虎出穴势，低首向腰际，出胡左腋下，正欲反肱以探其胁，不意胡忽弯身下蹲，公遽为所擒，猝不得脱，胡既得公，喜甚，竟挟之上马驰去。我兵归报向公，公大哭失声曰：“小子不听吾言，致为贼所算，是天丧予也。”语甫毕，忽见公急驰归，手携人头，屈一膝大声呼曰：“小子仗朝廷声威，我公福庇，谨献铁公鸡馘麾下，请验。”向公惊喜交集，验之良是。续诘其故，盖公夙蓄匕首，长六寸许，淬以千金药，刺人濡缕血立死，每战，辄藏靴际，适为胡所擒，伪示以不得脱，俟彼挟之上马，即乘不意，拔匕首揕其腹，坠马立殒，因拔其所佩刀，决首而归。具述毕，合营闻之，无不咋咋叹服，今剧本《铁公鸡》，即演此也。自胡伏诛后，丑类均非公敌。贼中至为之语曰："不怕千只狼，只怕一只獐。"名獐而实张，即公也。后贼每闻公至，辄不战自溃，官兵亦时有假公旗帜以败贼者。

张忠武公泽及枯骨

张忠武公国樑为江南大营名将，以武勇称，然尤存心仁政。咸丰年间，城外附近诸山，弥望邱垄，中以卜地未就，累甓为椁，浮厝者累累也。癸丑之难，人皆仓皇逃走，不及谋葬。太平军以造火药需燃料，始犹伐树拆屋，继则渐及棺木。公不忍枯骨暴露，特遣武弁率乡民，悉就所厝之处，起其棺而掘地下之。以代椁之甓及土，合筑为坟，坟卑而长，朝向皆如旧。闻土人云，凡经掩埋者不啻四五万具，是则公之血食千秋于旧土者宜矣。

曾文正公之逸趣二则

某弁署孝陵卫把总，接印后，照例呈报层台，讵某弁目不识丁，呈总督文误用咨文，文正阅后即于牍尾批云："总督与把总，两总同一总。字同官不同，问汝懂不懂？"又某邑团总李姓，职把总，因事牒总督，用移文，公吟《十七诗》调之曰："团总把总李，行个平等礼。如何用移文？敌体。"见公笔记。

文正迭荷褒恩，历晋崇秩，书吏即更换公牍衔戳。文正以其署衔字多，遂悉删去，仅留封爵及实职若干字，即题牍尾云："官儿尽大有何荣？字数太多看不清。删去数条重刻过，留将他日写铭旌。"公正躬丛脞，犹复闲情逸致，涉笔成趣，亦足见公之雅度雍容矣。闻江都任馨山君言，前墨迹两纸，均为常州某君所得，装潢手卷，广征题咏，亦艺林中一段佳话也。

刘忠诚公五至江南

新宁刘忠诚公坤一，以一介书生，初从戍桂岭，洊跻封疆，持躬必正，接物以诚。于国家大政，尤能力维大体，主持正论。清光绪纪元，由江西巡抚署两江总督。八年请终养。十六年召起，再补江督。甲午中日之役，调赴山海关督师，二十二年回任。二十六年应召入京陛见，旋回任。盖已先后五至江南矣，因题其堂曰“五至堂。”士民感公之德惠，于下关江滨竖石坊，镌“恩隆五至”四字，何诗荪所书也。光复后，毁于炮火，华表不复存矣。

樊樊山方伯批牍

清末筹备立宪，制军端午桥，开办法政学堂，令候补正杂官，各选百人，入校肄业，育才官人。有候补巡检赵廷珍，久滞仕途，具禀樊山方伯，请送校肄业。樊山以其志可嘉，援笔批曰：“此禀文理通畅，求入法政学堂肄业，尤见有志上进。查该员到省八九年，仅委通州厘局司员一次。兹有铜山县巡检一缺，即委该员往署，以资历练。仰即遵照。”云云。赵君有志向学，方伯随地爱才，一时传为佳话。同时又有某佐贰，忘其姓名，盖年逾六十矣。闻通令在省候补人员无差者，一律入法政学堂肄业，因具禀方伯，请予以名誉差委，藉得邀免。方伯即于牍尾批一绝云：“六十衰翁进学堂，此生堪笑亦堪伤。禁烟局内须差遣，挂个名儿也不妨。”此绍周宗长为我言者。

汪梅村高风

江宁汪梅村先生士铎为人狷介，乡试受知胡文忠公。晚闭门居，署联语云：“拙甘抱瓮，老倦捶钩。”平生惟胡文忠及曾文正周以财，不肯峻却，他人虽固与之不受。自文正总督两江时，命江宁守日送雨花台水两石，自是沿以为例。受于江南大吏者，惟此而已。文正尝赠联语云："芳洁欲师陶靖节，湛冥略似蜀君平。"

二友图

司马秀谷钟，旧与蔡友石世松、张雪鸿敔为三友。秀谷画梅，雪鸿画竹，而友石画松，合为一图以自喻。及蔡仕至安徽臬司，司马与张往访，阍人不为通。乃画梅竹一幅，题诗其上寄之云："三友翻成二友图，梅花冷淡竹萧疏。空山自有真君子，何必重寻五大夫。"蔡见之，遣人往延，已买舟而去矣。

杨镜岩统领护圩

清光绪辛丑，大水为灾，滨江圩田，多半冲决。沙洲圩为江宁附郭大圩，垦田三十余万亩，潮水泛滥，岌岌可危。乡民乞救于杨镜岩统领金龙，杨请于刘忠诚，准其督部卒驰救；当属乡民分投购储材料，并留人向导。杨亲驰骑出水西门，水及马腹，弃马步行，水深处须为之濡。士卒见统领奋不顾身，咸异常踊跃，赴工刨土戗桩，圩赖以安，无数生灵，同庆奠安。迄今父老谈杨统领救圩事者，犹讴歌不置也。

马牧师

金陵基督教堂牧师、美国人马林，来华日久，通中国文字。每有论说，辄引孟子语以为断，且能背诵《孟子注》，连篇不辍。盛称孔孟之道，中外合一。吾国士人，多有所不及。癸丑之乱，马君设救济会，拔出危城男女数万，是能合仙、佛、孔、耶为一心者。尝以英文译《四书》暨《列国》《三国志演义》。

风　俗　游观附

民　情

江宁县明初填实，率苏杭右族，习尚豪侈，犹有六朝遗风。初，明太祖下金陵，患反侧，尽迁其民于云南。见《天下郡国利病书》。而徙浙江、直隶二万户于京师，充仓脚夫。命户部籍天下富民万四千三百户，徙其家实京师，曰富户。见《明史·食货志》。而上元近东北者，敦厚朴实，鲜以华靡相竞。然居乡者特犷悍，不若江宁畏法易治，此其不同者也。

金陵之俗，长于持论，短于有为；勇于发端，怯于临事；赴义之君子少定力，从乱之小人乏后劲。故士林或引为笑谈，而长官恒乐其易治。《松窗偶笔》。

俗语“必无其事”

昔日南京地面极大者为小教场，形势最高者莫如琉璃塔。故土人举必无之事以难人，则曰：“小教场铺地板，琉璃塔上绸套。”此语大有可味。

赛　会

吴俗信鬼，故赛会最盛于江南。金陵城中，春则有东岳、通济门外双桥门东岳庙。都天门东大英府豆腐巷，有都天庙；门西骁骑营上有善司庙。诸会，秋则有金龙四大王、龙神也。古城隍诸会。皆遨游四城，早出夜归，旗伞鲜明，萧鼓杂沓。有两人层累而上者，为之台阁；有四人盘旋升降者，谓之秋千，会中之最大观也。至二月中，钟山茅草洼（俗名小茅山）有茅山会。六月十九日，门东石观音庵，城北观音楼，皆有观音会。七月晦日，清凉山有地藏会，则舁诸小庵之神像集于大庵，标其名曰朝山进香。沿途茶寮密布，高悬灯彩，供应香客，结欢喜缘。老稚妇女，络绎于途，且有烧拜香、烧肉香各种怪状，大约为亲属祈病还愿者居多。其事固属迷信，其志不无可嘉云。

茅山会

《列仙传》：茅盈，字叔升；弟固，字季伟；次弟衷，字思和。生于汉景帝中元五年，弃家修道，教二弟延年不死之法。汉元寿二年，五帝君传大帝之命，拜盈为东岳上卿司命真君太元真人，王母命上元夫人授茅固、茅衷《太霄隐书》《丹景道经》。《云笈七签》载茅盈二弟固、衷在官，闻盈白日飞升，并弃官。以永光五年三月六日渡江，求兄于东山中，后遂称为茅山。山在句容县，凡三峰，各有宫殿。其乡每届是日，赛茅山会。乡人肩负神龛，鼓乐前导。茅山庙中道士，为人祈福，燃灯多盏，如其人之齿数。中以某盏为本命灯，灭之则凶，往往有验。岁旱往祷辄应，苏诗曰“待向三茅乞灵雨”是也。若钟山之茅草凹，俗曰小茅山。山有香草，编为香篮。游者售归，俗称离香草。

端午竞渡

端午之日，水嬉方张，秦淮河一带，龙舟竞渡于中流。两岸水榭，争燃爆竹，各掷鹅鸭，观棹人泅水以攫取，谓之夺标。轰动满城，观者如堵，尤以文德桥、利涉桥上，观者尤多。自光绪甲辰，文德桥倾，溺死者众，自后迭次官厅严禁，不复有此举矣。

老郎会

六月十一日。为妓寮祀老郎神之期。或云神为管仲，盖女间三百之所由昉也。是日灯烛辉煌，香花缭绕，入夜竞放灯火。妓者自招游客，置酒谯饮，丝竹杂进，极一时之盛。

盂兰会

七月间通城商民作盂兰会，自初一起迄十五，次第延僧拜忏，间以杂戏灯彩，辉煌灿烂，虽元宵节不是过也。又有舟次诵经，溯洄青溪、秦淮之间，剪五彩纸为荷花灯，沿流放之，谓之斋河孤。又有糊纸为舟，中供地藏王像，旁列十殿阎罗，舷外立冥官鬼卒，狰狞可怖，名曰法船，无非以“目莲救母遍游十八地狱”之说为背景云。

摸　秋

江南妇女，艰于子嗣者，每于中秋夜潜赴菜园，摘一瓜回，以为宜男之兆，谓之摸秋。又铁厂桥有大铁矛，二叉陷于土，一叉在上，相传马三宝下西洋故物，不知何时移此。当中秋夜，妇女无子者，亦多往抚摩，为宜男兆。不知其起于何时，故谚称中秋节为女儿节。

送灶日

明时军家，皆功臣之裔，声势烜赫，与庶民异，故有“只许军家放火，不许民家点灯”之谣，至今犹啧啧人口。岁暮祀灶，军三民四。《客座赘语》载：“秣陵人家，以十二月二十四日夜祀灶。”此其证也。今则无分阶级，皆二十三日矣。独龟鸨犹为二十五日，岂明时有教坊司，著为令甲，若辈遂相沿勿替与？

祷　雨

岁旱祈雨，初祷于龙王庙，不应，更祷于龙池，辄应。池在华山拜经台下，中有蜥蜴，群游于石隙，四足五爪，黑背丹腹，龙头鳅尾，任人掬观。但不可携以出，出则中途风雷迅发，复遁去。东池较西池尤验。

婚　礼

古婚礼以不亲迎为讥，今则亲迎者绝少，惟姑自往迎之，女家款以茶果。妇登舆，则女之母随送至婿家，舅姑设宴款之。母至天明始归，婿随往谢妇之父母。今则姑不来迎，女母亦不往送。惟纳采时备大红柬，请女之父母（柬面写谨詹某月某日恭备喜筵祗候光临），谓之礼书，徒存具文而已。又旧俗嫁娶，男家必邀戚友四人，先吉服诣女家，俟彩舆将发而后返，谓之迎亲。次日婿造女家，谒妻父母，谓之谢亲。近则娶之日，女之兄弟例向男家索钱币，名为开门钱。往往有较量锱珠、龃龉相争者。两姓之好以利始，婚姻之道苦矣。

新妇入门

新妇始至门，传席以入，弗令履地，唐时已然，今仍其风。有不以席而先藉以米袋三者，取传代之义。而后以红氈接之，引至堂，与夫同拜天地毕，即行交拜礼，乃入洞房以合卺焉。又甫下舆时，先跨马鞍。按：《归田录》刘岳《书仪》：“婚礼有女坐婿之马鞍，父母为合髻之礼。”是则行于女家，而非在男家。近年趋尚文明结婚，旧俗鲜有存者。

过街面

妇女将产子，母家必备小儿服饰及鸡肉、面、馓相馈，谓之催生。送礼后，逾月犹不生，则遣女仆备熟面数碗，送往女家，置诸地，急趋而出。女家人取食之，谓之过街面，是亦催生之余趣也。

丧家僭礼

金陵遭丧之家，门前以席为棚，东西作辕门式，又设鼓亭于左右。及迁柩在路，有马上鼓吹作军中乐，又有方相、四目、魁头武士、今谓之文武大人。门神今谓之黄门官及天禄、辟邪诸兽今谓之青象、白象前导。此皆明功臣举葬体制也，凡民何得僭而用之？若铭旌、功布、柳车、黼翣今谓之字亚牌及执绋，皆齐民所通用，是均无悖于礼，所望当道详为制定而裁抑之。

食　饵

金陵民日三食。以麦粉和糖或盐，巧制汤饼、馄饨、糍团、油炸诸品，晨食之，曰早点心。贫者则取釜底焦饭以代，俗呼锅粑（明遗老黄九烟酷嗜之，人称为锅粑老爷以此）。早餐例不食粥，粥惟有疾者食之。夏昼长，下午增一小餐，谓之中点心，果饵有煮菱、熟藕、糖芋之类。午食稻饭，晡时亦然。馔用羊豕鸡鹜，佐以瓜菰蔬菜。又盐制竹笋、莴苣、莱菔、生姜、豆萩各种，曰小菜。

教　门

南京三山街有净觉寺，建于明洪武二十一年（一三八八），为南京有回教寺之始，盖太祖所敕赐以住西域归附人者也。正统元年（一三四六），徙甘凉寄居回回于江南，凡五百户。五百年来，守其本教，不肯稍变。江宁回教有改、团、买、索、哈、达诸姓，散居于石城三山二门之间，七家湾、浮桥二处尤多（七家湾者，指七家回教宰牛者所居，以所出牛皮制皮箱、皮靴，于皮市街列肆卖，后讹为评事街）。所建清真寺（俗谓礼拜寺），亦分地段，皆以阿浑[①]（俗称为老师父）主之。教门人于四民中最善贾，

① 阿浑：今作“阿訇”。

凡售玉器氈皮诸货，下至糕饼茗荈，率为其人。性最刚劲，喜拳勇，结交群少年，动以豪侠自矜，谓之教门中人。盖居齐民中十之一二云。婚姻之礼，丧葬之制，皆依教规而行。每日向西礼拜（吾国在天堂之东，故必西向），勿啖豕（吾国医家亦有戒豕之说），戒饮酒。牛肉为回民重要食品，操刀之役，犹假老师父。南京老师父之数，约一百余。

游　观

秦淮佳节

清道咸之间，秦淮佳节，犹有足记者。端午水嬉，中元盂兰会，已见于前。中秋月上，画帘高卷，设瓜果之筵，椽烛斗香，诸姬艳服以拜，如仙子之出广寒也。遇乡举之年，豪贵子弟，多寓其家，人定月明，相率出场，所欢者开筵预贺，每为长夜之饮。至重阳以后，则箫鼓寂然矣。

秦淮灯船

前明灯船往来之盛，向以东、西水关为十里秦淮，曾载诸《板桥杂记》矣。清中叶以后，以月牙池看塔影为最著，称月牙池，即县学前之泮水。城南报恩寺琉璃塔，九级，高二十四丈六尺，环塔篝灯一百二十有八，遥直泮池，碧流倒映，与灯船争辉，为城中第一胜景。太平军之役，以塔在城外，恐为官军所据，纵火焚之。昔年胜景，尽附销沉。迨光绪间，楼子船兴，有头号、二号之目，有门舱、中舱、后舱之别，广容数筵，长及五丈，窗界玻璃，灯设保险，裙屐联翩，花围翠绕，以仇家湾、大中桥一带为集中之地，亦有常泊夫子庙前，招女伶清唱，以佐茶余酒后之兴者。六朝风月，百年须臾，不胜今昔之感。

笪桥灯市

桥南旧有旷地一区，灯市之所萃也。上元月夜，鱼龙曼衍，火树银花，城开不夜。灯以料丝灯为最，亦有以绫绸制为各种人物，争奇炫异，入市者如身入广寒宫。今地变市廛，而业灯者亦徙而南，已无复昔日之盛矣。

鼓　书

鼓书之类甚繁，有苏沪之弹簧，京都之八角鼓，京津之梅花大鼓，河南之坠子书。今日所最驰誉者，惟山东梨花鼓书。唱时无论男女，以一人弹三弦，唱者一手持铁片，一手击鼓。所说皆小说遗事，激昂顿挫，可泣可歌，大有柳敬亭之遗风。书场以夫子庙各茶社为荟萃之区云。

灾　劫

文德桥再度惨劫

桥旧为木造，明万历中圮，邑人钱宏业易以石。清道光中栏圮，溺人数十。咸丰兵燹，桥毁；同治五年重建，仍易以木。光绪甲辰端午，秦淮中龙舟竞渡，利涉、文德两桥，游人观者如蚁。桥栏忽推圮，桥身陷溺，死者不啻百余人，亦云惨矣。

马鞍山火药局爆炸

定淮门内马鞍山火药局，清光绪二十六年九月初八日午刻，大雨倾盆，白昼如晦。忽霹雳一声，山崩地裂。旋悉为火药库爆炸，轰毙员司兵役近三十人，房屋夷为平地。毗连之古林寺，砖飞石裂，尽遭轰毁。僧众伤亡，佛像露坐。江督刘忠诚公悯之，拨款建寮，暂栖僧众。附近民居殃及者，亦均分别抚恤焉。

太古码头岸陷

清光绪壬寅冬间，有太古商轮至下关，甫傍趸船，江岸忽陷地数十丈，巨声訇訇，江水怒立。时行人上下如织，遽罹于厄者，约二百余人。有谓此岸脚有鼍龙窟，十年前曾有人见是处江面常吐黑血沫，值天阴亦常幻怪形。此亦足觇当时民智之程度也。

“开济”兵舰炸沉

南洋“开济”兵舰，向停泊仪凤门外宝塔桥附近，以壮江防而巩省会。辛丑秋某月日，不知因何起火，霹雳一声，天惊地破。时烟焰冲天，船身前半冲至浦口江滨，后半碎为木柹，随江流分散，有如野鹜齐飞。适是日星期放假，查点官兵与难者百余人，尸身俱付东流。舰长李云龙田，广东人，事先入城，幸免于难。江督刘忠诚以其责无可逭，奏明褫职遣戍。事后察知致火之由，为某勇口衔纸烟于入药库，取药时插纸烟于耳际，误落药上，遂兆此惨祸云。

癸丑之役

辛亥革新，金陵未遭兵燹，仅停留数日，而元气未伤也。市面攘往熙来，无异平日。癸丑夏初，闻宁军不得饷者数月。自南北和议有成，袁世凯正位大总统后，南人以力不及，非心诚服也。值兹饷餫告匮，怨匮繁兴，宋案适起于上海，如火导线，于是湘、皖、粤、赣四省，有脱离中央之说，而皖赣尤甚。江苏都督程德全以骑墙之见应之。一日，忽讨袁军起，宁军与皖赣合，称之曰二次革命。程督与民政长应德闳及以下官吏均逃，而讨袁之帜，乃飘扬龙蟠虎踞间。宁人携家避沪者，不可胜计。北军由徐州分途进攻，冯国璋遵津浦路至滁州，张勋循运河出瓜洲渡江，挈徐宝山军队越沪宁路，又有雷震春军自皖北开拔，会师攻宁。宁军第八师长陈之骥者，冯氏婿也，拔合城外与北军合，轮船火车皆停驶。北军渡江驻孝陵冈，日攻朝阳、太平两门，浦口亦飞炮击下关，宁军之健者皆去，其所存者，或失职军人，或无知识学子。日执旗招兵，每名予小洋二角，即赴火线，惨已。北军围攻甚急，张军攻天堡城炮台，四得四失，每夜战达天明。自旧历七月十二日起，竭二十昼夜之力，太平门外积尸成阜，城内飞弹如雨，至此势不能支。八月初一日，张勋部分道夺太平门、朝阳门入，徐宝山军队接踵而入；冯国璋部入仪凤门，雷震春部入南门。张勋部以红布包臂为号，其卫兵则蓝服草帽，如旧式。张部入城后，旋即驱土匪出南门，次午始返城。先是，张部虽首先克复，张勋以未被任为都督，仍驻尧化门为进退，已三日矣。时城中以主帅无人，且各路军先后至，不相隶属，带兵官亦不约束兵士，尽除军帽、肩领章，以白巾为帽，结队入市，比户肆劫，闻以徐宝山部为尤强暴。张军返城后，愤精华多为各军先取，搜刮愈厉，恣睢尤甚，遂更为众怨之府。自入城起讫初三日，闻一家竟有劫至二十余次者，且复惹起外国人交涉。迨初四日，张入城后，方申儆军纪，秩序渐复。然已全城荡然，扫地以尽，诚洪杨后一巨劫也。

物　产

矿　产

大凡石山必有矿石者，矿之精也。明万历间，矿使四出，而金陵独免者，以孝陵山脉所系，无敢创此举也。清乾隆中，山民倡议开采，为江宁知府沈盂坚所沮。同治初，商人先后重申前请，始则江宁府杨钟琛止之，继则江督李宗羲斥之，皆怵于破坏风水，聚众滋事之说耳。今兹厉禁大开，龙潭摄山一带，均已试办。其察看有矿苗者，则铜夹山之铜，十二洞之朱砂，宝华、幕府、青龙等山及新安排头之柴煤、煤油、烟煤，皆上元境也。地不爱宝，于兹益信。

缎　品

旧时金陵手工业，以织为大宗，而织品又以缎为大宗。然丝非土产也，皆买于吴越，秦淮之水则宜染。入贡之品，出自汉府；民间所产，皆在城南东西偏。业此者不下千数百家，民国后锐减，近益式微。清代冠服靴履，非此不荣，故畅行全国。其缎有头号、二号、三号、帽头诸名，莫美于靴素，其经有万七千头者，玄色为上，天青次之，其织各色摹本者，谓之花机。织工多秣陵关人。又有绒机，则孝陵卫人所织，曰卫绒。其浅文深理者，曰天鹅绒。余如绸机织宁绸、纱机织西纱、芝地直纱各品，皆缎机之附庸也。近年各乡蚕桑发达，业此者多鬻土丝，获利颇厚。惟摇经之丝，非海宁不可；头号之丝，非湖州不可，殆天之资生有一定耶！

折纸扇

折纸扇为金陵制作之一，其面用杭连纸者谓之本面，用京元纸者谓之苏面，苏面较优于本面。三山街绸缎廊一带，不下数十家，以张氏庆云馆为最，纸料厚而色光洁。扇骨则有竹、檀香、桃丝等类，水磨模雕，极妍斗巧，以北乡石埠桥人为擅长。他省佥趋购之，其价虽较贵，而行销不亚于杭州油纸扇。

雨花石

聚宝门外石子冈上雨花台，为梁云光法师讲经、天女散花处。所产石多五色，雨后寻拾，多得佳者，图画天成，传神惟妙，浸于水中，可为几席之清供。次者可以壅培水仙花，再次者以敷园亭夹道，亦别饶野趣焉。若六合之灵岩石，与雨花石绝类，说者谓惟雨花石，历久不腐为可宝，然市上售者，则多为灵岩赝鼎[①]云。又葬家结圹项时，以雨花石粒数斗，杂入三合土加铺一层于上，筑为项盖，藉以防发掘，是或葬法一道也。

黑纱包头

旧俗妇人以黑纱包头为习惯，绸缎廊谈见所、奇望街汪天然两家，最著名。相传汪天然，自明至清，世守其业。其庭中有大石盆贮水，凡来购者，必令以盆水浸之，以示无欺。古道犹存，非若近世之作伪牟利者。近年妇女，竞尚时妆，炫华斗丽，无人顾问，此业亦天然淘汰矣。

太子参

钟山旧产人参，南朝阮孝绪尝因母疾求得之。今所出参，

① 赝鼎：疑为“赝品”。

色红似党参，亦为补品。性稍热，价亦不昂。因近在孝陵卫，又谓之太子参，药方中尝用之。

私荷私藕

南京荷藕，亦出产一大宗也。太平门外后湖及沙洲、七里洲等处皆种之。惟值夏秋之际，各处争市垄断，几酿械斗之案。清嘉道间，官为定制，湖民止准[①]卖荷叶，不准卖藕；其沙洲圩等处，止准[②]卖藕，不准卖荷叶。自修复后湖，光绪四年，重申禁例，勒碑太平门，届期檄各城门委员稽查入城荷叶，凡无后湖委员执照者为私荷，不准入市。

果 实

元武湖一巨浸也，其湖滩宜樱桃林檎，而湖中菱藕为出产大宗。钟山之阳曰孝陵卫，土宜西瓜，小而甘，谓之卫瓜。此外尧化门枣，灵谷寺樱桃，皆为珍品。尧化门枣，长可二寸许，肤赤如红，瓤白如雪，味甘于蜜，实脆而松，坠地辄碎。灵谷寺所产樱桃独大，色烂红，味甘美，小核。园客曰："此真樱桃也。"果木移植，以北就南则生，以南就北则死。如橄榄、杨梅，皆南果也，橄榄移此活矣，具有枝叶而竟不育；杨梅自光福去金陵仅五百里，移植多不活。石榴、葡萄，北果也，移此地鲜不活矣。

米

金陵之田宜芒种，无粟黍稷。秋季种麦，仲夏种粳糯稻，其常也。稻以南乡产者为佳；观音门外观音籼，粒长而白，最适煨

---

① ② 止准：应为"只准"。

粥；金牛洞之“到地南乡”，色红而味香，作饭尤难[①]咀嚼，皆其冠也。城内户口殷阗，本境所产，不敷民食，更赖安徽之米输入，俗称江米是也。近年米价较前数年增至三倍以上，非尽由荒歉使然，其大因由于出口之禁，不能实行云。

膳　品

垂杨醮水，掩映鸭栏，此金陵之风味也。鸭非金陵所产，率于邵伯、高邮取之。么凫稚鹜，千百成群，渡江而南，拦池塘以畜之。约以十旬，肥美可食。杀而去毛，生鬻诸市，谓之水晶鸭；举火炙皮，红而不焦，谓之烧鸭；涂酱于肤，煮使味透，谓之酱鸭。盐水鸭淡而旨，肥而不浓，尤为上品。至冬则盐渍日久，呼为板鸭，远方购之以为馈献。南京之猪，皆贩自江北。屠牛向有厉禁，唯回民多乐此。鱼品以鲥鱼为俊，鳞如银，纤明可爱，然四月方出，他时则无。后湖鲫鱼，昔称腴美，其脊黑而厚，大可二三斤，顾近世已无孑遗。朝阳门外，河产鲢子鱼，烹子有松子香。旧谓钟山多松，大雨后子流河内，鱼唼食之，然不可多得。肉类以香肚驰名。

江南蔬菜

蔬菜之美，春初早韭，秋末晚菘，昔贤称之。今之瓢儿菜，为青菜之别种，上海名獭库菜。叶短而大，其心簇黄，味甘而腴，于北地白菜外，别饶风味，或谓即菘菜。然必经霜雪始佳，秋末尚早，未可入馔，当决其非是。所谓箭杆白菜，亦名青菜。以盐腌之为御冬计，则菘之属矣。旧称“板桥萝卜善桥葱”，然人多不贵

① 难：应为“耐”。

之。惟早春之水芹，半夏蕹菜[①]，中秋之茭白，初冬之白菜，为时蔬之尤美者。又红萝卜、俗名南京红，通济门外东岳庙附近产者最佳，以其地沙土也。大者重约一斤，色鲜红，叶绿，食之清脆而嫩，作荔枝香，且不辣。白芹菜、雪里蕻[②]，均为他处所无。他如诸葛菜、枸杞头、菊花苗、豌豆藤、马兰头、苜蓿头等，等于野蔬杂卉，本无独标之风格。昔清周幔亭先生尝集此十种蔬菜，烹调以代盛馔，馈当道名人，至今播为韵事。

杂 摭

沈万山荟记 九则

案：万山应作万三，具见《史学杂志》第一卷第二期解释。

明孔迩《云蕉馆记谈》云：沈万山，苏州吴县人也。家贫无产，以渔为生。一日饭毕，就水洗碗，忽坠水中。因捞之，不知碗所在，但觉左右前后，累累如石弹，乃尽取之。有识者曰："此乌鸦石也，一枚得钱数万。"万山因以富。或曰：夏日仰卧渔船上，见北斗翻身，遂以布襕盛之，得一勺。及天明，有一老者，引七人挑罗担七条而至，谓山曰："汝为我守之。"言讫不见，启视者马蹄金也，以此致富。二说不同。太祖既定金陵，欲为建都之地。广其外城，府库虚乏，难以成事。万山愿与分半而筑，同时举工，先完三日。太祖酌酒慰之，心实不悦也。适万山苏州街，以茅山石为心，上谓其有谋反之心，收杀之，血出尽白，家财

① 蕹菜：即空心菜。原书误作"瓮菜"。

② 雪里蕻：原书误作"雪里荭"。

入官。新妇先卒，其床施周普寺为观音床。又金留殿十三只，床乃万山妻所御者，皆极精巧。苏州九里石塘，万山所筑；铜桥，万山所造。

明郎瑛《七修类稿》云：国初，南都沈万山秀者甚富。今会同馆，是其故宅；后湖中地，是其花园。京城自洪武门至水西门，乃其所筑。太祖欲杀之，太后苦谏，乃得流云南，其婿余十舍亦流潮州。今闻二家子孙尚富。

明蒋一葵《长安客话》云：工部有铜匮四，一在节慎库，高可过人。云是国初籍没沈万山家物。又光禄寺有铁梨木酒榨，如用米二十石，榨之可得汁百瓮。亦云是沈万山家没入者。

明刘昌《悬笥琐谈》云：沈万山家在周庄，破屋犹存，亦不甚宏壮，殆中人家制耳，惟大松犹存焉。被没者非万三家，乃万四家不在黄墩者耳。

清赵吉士《寄园寄所寄》云：女学士沈琼莲，乌程人，世传富，明沈万山之后。有廷礼父子皆仕于朝，沈以父兄之素，得通籍掖。弟溥，官通判。

清高士奇《天禄识余》云：沈富，字仲荣，行三，因以万三秀呼之，元末富甲江南。其弟贵以诗讽云："锦衣玉食非为福，檀板金尊可罢休。何事子孙长久计？瓦盆盛酒木棉裘。"万三不听，贵遂隐于终南山，不知所终。

又注云：洪武初，分每县民为哥、畸、郎、官、秀五等，家给户田一纸。秀最上，五等中又各有等，巨富者谓之万户三秀。如沈万山乃秀之三者。本条并见《待徵录》。

《待徵录》按：古言藏富，又言保富。乡村里巷，有一富民，贫家资以衣食者不少，乡里公益，亦多赖以维持。而明之则籍且戌焉。开创规模，不能无间言矣。况官倚绅以肆其取求，绅倚官以快其嫉妒，又或借而中饱与？

愚按：近年政府新建，各地新进用事者，辄富素丰之家，赐以土豪劣绅之名，攘夺成风，查封专擅。即幸而昭雪发还，索报诛求，智穷力绌，其不扫地以尽者几希。于古称藏富保富之谓何？民穷财尽之余，复日鼓其波而扬其焰，周余黎民，靡有孑遗，耗矣哀哉！

清宋长白《柳亭诗话》云：金陵水西门，有猪龙为患。相传明祖以沈仲荣聚宝盆镇之，乃止。注云：仲荣名富，行三，人因呼为沈万三。张三丰授以炉火术，有“百八火神耕夜月”之句。其富敌国，盆即鼎器也。

清褚人获《坚瓠集》云：明初沈万三，贫时，夜梦青衣百余人乞命。及旦，见渔翁持青蛙百余，将事刲刳。万山感悟，以镪买之，纵于池中。嗣后喧鸣达旦，聒耳不能寐。晨往驱之，见俱环踞一瓦盆，异之，持归以为盥手具。万山妻遗一银记于其中，而见盆中银记盈满，不可数计。以金试之亦如是，由是财雄天下。

原按：沈万三之名，妇竖皆知，而事迹不见于记载，兹不过鳞爪耳。能与国家分半筑金陵城，其富可知。惜其致富之由不传，断非取石弹、见北斗、翻身获聚宝盆之种种谬说也。明太祖既以酒慰之，复杀之，专制时代帝王之淫威如是哉！

阮大铖

大铖既降清后，避居牛首山之祖堂寺。每夕与狎客饮，以三鼓为节，客倦罢去。阮挑灯作传奇，达旦不寝以为常。《燕子笺》《双金榜》《狮子赚》诸传奇，皆成于此。《所知录》有云：在营诸公，闻其有《春灯谜》诸剧，问能自度否？大铖即起执板顿足而唱以侑酒。阮本居城南库司坊，俗称裤子当，盖以其人不足齿也。

脱十娘

金陵旧院有顿、脱诸姓，皆元后人，没入教坊者。顺治末，予在江宁，闻脱十娘者，八十余尚在，万历中北里之尤也。予感而赋诗云："旧院风流数顿杨，梨园往事泪沾裳。樽前白发谈天宝，零落人间脱十娘。"见《池北偶谈》。

明初俗谚

金陵俗语："猪婆龙为殃，癞头鼋顶缸。"见褚石农《坚瓠续集》。相传当明之初，上新河一带猪婆龙作祟，泛滥成灾。惟因太祖夙多猜忌，所司者恐干抵触（以朱、猪同音），不敢据实上闻，第假言大鼋为患耳。太祖又以鼋与胜国之元同音，遂谕令渔人尽杀鼋毋遗。故渔人得鼋，相率用穿底缸覆鼋首，使不得脱以待毙。以是凡事云李代桃僵者，遂以"猪婆龙为殃，癞头鼋顶缸"为习用语云。

嫁女趣事二则

嫁女而盛妆奁，亦习俗所不免。朱草衣卉贫而鳏，只一女，因以中秋踏月，邀婿至家，为女合卺。此等事是诗人放旷，是鳏夫苦衷，卸却了一肩重担耳。朱后以诗名日噪，家遂不贫。

海门柳陈父，名应芳，侨居金陵之杏花村。衡门两板，非力不食，往还惟曹能始、林茂之三四人。无子，一女适陈慎先，于归日，以所刻诗板为奁具，时谓愈于昔日系羊牵犬也。

近世嫁女，崇尚奢侈。富者倾家，贫者举债，皆不明事理者之所为。如朱、陈两君之风趣，可规薄俗矣。

李夫人信佛厉俗

丹徒李耆卿先生德配蒋夫人为同邑开沙望族，徽音淑德，勤俭好施；晚年尤皈依佛法，长斋诵经。李君长苏财政厅时，民国十五年。寓慧圆街。一日有猪突入其寓庐，跽于夫人之前。或告屠者在门，夫人命叩以值，如其数酬之，舍猪于香林寺放生。越十日，夫人示疾怛化。南中以猪入家为不祥，故俗有“猪来穷，狗来富”之谚，且必令豢之者负荆焉，李夫人好行其德而遽以示寂，遂不免为俗论者所张目。华亭沈惟贤为著《放生记》辟之，所以祛世惑而阐佛法。无明众生，于死生往来之际，或有所觉乎？

附录：沈惟贤撰《放生记》

吾友李君耆卿之室曰蒋夫人，积德累行，乡党称善，以丙寅六月二十五日示疾而化。其先十日，有猪突入其寓庐，匍匐跪叩于夫人之前。或告屠者在门，夫人遽命之入，酬以数十金，使送猪香林寺放生。猪则蹶然而兴，绕行数匝，戢尾登车而之香林寺。惟贤闻而叹曰：“善哉善哉！”昔杜顺大师法身颂曰：“天下觅医人，炙猪左膊上。”此语微妙，义学所莫能窥。然以要言之，六道互为轮回，众生具有觉性，断可知也。此猪不叩他门，而突入李氏之寓以遘善缘，得免于死，殆其夙世生中，尝有救生善念，虽以因缘堕畜生身，卒能自救其屠杀之厄。又此猪不求他人，而匍匐跪叩于李夫人之前，此固机感相应，善德之所招。然尝窃观古德往生事略，凡善男子、善女人，勤修万行，获臻乐邦者，临终之顷，示疾之先，往往有净妙光明，栴香云气，种种瑞应，或可得而见，或不可得而闻。今以李夫人之善行，其往生也宜矣。临命以前，朕兆先现，光气所盖，肉眼不能见。而此猪以宿孽稍轻，神天驱之，使游于光气之中，而识其救主。微乎微乎，一以示佛天之好生，一以证夫人之善果。苟有以此猪为不祥之物，此事为放唐之言者，试与驱车香林寺，就刚鬣而讯之。

盋麓祭诗

《金陵诗徵》者，朱述之先生绪曾之所辑也。上自周秦，下逮并世，入选者千有余人。合肥张楚瑶、江宁翁铁梅为募赀而刊之。蒇事之日，设祭筵于城西之薛庐，合当时名流三十余人，举行祀事。祭毕会饮，觥筹交错。铁梅复召画工为《盋麓祭诗图》，题咏殆满。亦光绪年间，江南一韵事也。

飞来剪

朝天宫附近宫后山，荒冢累累。有古迹二，一石一剪，皆以飞来为名。石绝巨，以为时久远，附土不易动；惟剪在高处，首露于外，亦不知为何时物。相传刘伯温以金陵王气所钟，将继有真主出世，特置此剪以镇之。荒诞殊无信。闻市教育局，以斯剪长瘗荒山，古物就湮，欲移置公园保存，藉供考览。乃鸠工发掘多日，而形毕露。其埋于下首，乃非剪柄，亦如剪首。全形如义，故可云两头剪也。长约五尺，广、厚各约一尺，两头作新月弯弓形，重逾千斤。现移置于第一公园历史博物馆。

报恩寺宣德铁磬[1]

明报恩寺塔毁于清咸丰癸丑之乱，惟余一铁顶及铁磬，磬

① 铁磬：原书误作“铁罄”。

为古物保存所所得。按此塔成于明宣德八年，而是磬即于是年铸成。高营造尺二尺二寸六分，圆径二尺七寸四分，款识十一行，每行字数，多寡不等。末四语为铭文，剥蚀殊甚。想当日香火因缘，善男信女，顶礼膜拜者，不知凡几？今则与钟鱼法鼓，同叹销沉已。

铁和尚

铁和尚背镌梁武帝年造，当时置诸同泰寺（今为鸡鸣寺）东台城谯楼上。挺胸站立，面对玄武湖，云以镇风水。传为刘青田所设。前清光绪初年，巍然尚存，嘻嘻作皆大欢喜状，为风雨剥蚀，光泽黯然黝黑。时民间负债者，值岁暮为债主所迫，多于除夕参铁和尚以求解脱，即结带于其下体自缢，故城下白骨累累。制府刘忠诚公，饬上元县移置城北武庙后石闸闸口，并封闭之，惨死之风始息。

铜　人

朝天宫西山三皇阁，有铜人长六尺余，裸体赤足，腰著短裤，周身有孔，皆穴道也，有字识之。炷香以验脉络交通，医者明脉络，依穴道而施针，病可立祛。曾见《缄庵忆说》。相传为元代所铸，惜无年日款识可考。闻明时医官常居阁中，故有是物。三皇中有神农氏，固医官所奉也。嘉庆间，阁毁于火，铜人亦付烈焰，幸施救未至销镕。今弃置阁旁败屋中，所刻各穴道，蝇头细字，多就漫漶。若得精医者，按照方书，刮磨爬剔，奉为模型，亦学针灸者之津梁也。

恶　丐

清嘉庆间，金陵某妇于门首遇乞丐攘邻人鸡，尝呼告邻人执丐挞之。丐觇某妇之母家住清凉山，侦知妇某日归宁，邀丐群俟于山麓，迨妇至，短笛一声，拥妇上山。先攫衣饰，嗣以竹筒实蛇贯于阴户，火竹筒之尾端，蛇蜿蜒腹中，痛绝倒地，须臾张目，群丐各散去。痛楚万状，求死不得。适儒医周某道经其处，妇以受强暴告，并嘱寄语家中，周诺之，妇即触石死。周归语其夫，夫驰往视，又报知其岳家，诉官请验。众谓丐即有仇，不至施此毒手，是必周探妇出，尾随至山，固强奸未遂，凌逼致死。否则初遇丐，继遇周，何相值之巧耶？两家同意，遂以周生图奸逼死鸣诸官。县令传周讯诘，立褫衣衿，迫令具供。周极口呼冤，令施以极刑，竟诬服，将定谳，幕友张君谓令曰："是案情尚有可疑，须待复讯。"令笑曰："两家坚执不移，若再舍周，更从何处觅真凶耶？即有冤，咎在两家，我何与焉？"张力争不听，因辞去，狱遂定。时周妻先归宁吴门，闻信遄归，入狱探视，周曰："我躬不德，忽遘此奇冤，夫复何言，卿善事我母，抚汝子，我死亦瞑目矣。"妻曰："道路传言，固不足凭。君试陈颠末，或尚有挽回之望乎？"周为详述其事，妻曰："果尔，蛇固在死者腹中，足为确证，我当拼一死为君申冤。但此中真伪，君自知之，若虚坐同罹罚，则老母孤儿，谁将恃耶？"周誓以天日，妻遂赴院击登闻鼓。时百菊溪尚书龄督两江，事必亲裁，闻鼓声，出坐堂皇，提妇研问。周妻备陈冤状，泣请开棺裂尸以验。公曰："覆验无难，但事如不实，裂尸罪重，尔能承之耶？"妇曰："如其无蛇，甘死无怨！"公即令具状，立即命舁棺来庭，并召某令传集两造人证毕至。开棺尸犹未腐，破其腹，赫然巨蛇在焉。某令在旁，觳觫变色。公曰："汝为县令，不能详慎庶狱，陷良于非辜，何以为民父母耶?"立命巡捕某摘印,即权知邑事,以县令舆从导周生夫妇归。旋命城内大索丐者,三日获之,一鞫而服,置诸重典,并镌某令职。

妙耳山庵僧绍宗及曲学如之冤狱

清光绪三年丁丑十二月初十日,南京三牌楼发现一受伤无名男尸。经上元县验伤痕多处,发辫砍落无存,尸旁遗有表芯纸、石灰包、篾刀、草鞋各件,地上无血痕及脚迹。时制军沈文肃公令营务处洪汝奎查辑是案,旋由缉捕胡金传绰号胡拉觅得眼线方小庚。据称初九夜,路过该处,于雪夜微明中,见有死尸陈地。旁立三人,一长,一短,一似僧状。正惊疑间,即有一人斥以不必多管闲事,当即奔避。随访获妙耳山僧绍宗及张克友、曲学如三人,分别研讯。张克友供认图财害命;曲学如供认因贫,商允僧绍宗、张克友,谋毙贩猪客薛春芳,得财分用;并称移尸后,卸去尸身外血衣,赍回山下烧毁。所遗表芯纸,为曲学如带来拭手者,石灰为僧绍宗以塞死者之口,篾刀乃张克友所用凶器,草鞋则尸遗之物。证以方小庚是夜路见被斥情形不讳。惟所称死者薛春芳,和州人,赴该处查访,实无其人。沈文肃以案情重大,认为会匪自相残杀无疑。批饬将曲学如、僧绍宗正法枭示,张克友首先输供,贷其一死,割去右耳,刺字递籍,完案。事隔多年,讵光绪七年,刘忠诚督江时,据保甲局获窃贼李大凤,供称往年三牌楼命案,死者为朱彪,系伊表兄,被周五、沈鲍洪谋害,三人者同业纤夫。随获周五、沈鲍洪两犯,讯供周五因忿朱彪诱拐同伙刘某之妻刘王氏,又畏朱彪凶横,遂邀沈鲍洪预携篾刀一柄,自带石灰包,为临时迷目之用,由里下河同来南京，寻得朱彪。朱彪适因乏钱用，起意行窃三牌楼香烛店，邀允周五、沈鲍洪入伙，遂买草鞋、火钵、表芯纸等物，是夜潜行至三牌楼竹园旁。时已三更，积雪在地，冻月微明，三人踞地烘火。俄朱彪起溲便，周五潜与沈鲍洪谋乘间致之死。沈鲍洪旋即潜扭朱彪发辫，朱惊跌，周五即用篾刀横砍，并砍落发辫，沈鲍洪亦拔出朱身带之小尖刀助凶，朱立毙命。周五等随逃逸，篾刀、灰包、表芯纸、草鞋，均遗置尸旁。所供时日、地名、凶刀、证物、伤格与前案一一相符，则死者为朱彪，正凶为周五、沈鲍洪，毫无疑义。而从前所获正法之曲学如、僧绍宗及割耳之张克友，何以甘心诬服？自非传方小庚、张克友两人研讯，不足以明真相。及提讯方小庚，则称此案前俱系诬供。缘当收尸后，听人传说三牌楼路旁有人被戕，归以告其母，其母因伊耳聋性呆，戒勿在外乱说。后因在街卖葵花子，适遇营勇一人，伪向买食，遂领伊至观音庵，闭诸室内。缉捕胡某旋来向问三牌楼命案，伊答不知。胡某则言询据某乞丐，言此案尔尽知底蕴，随导伊至妙耳山庵内。令潜见僧人绍宗指认。因教令自认当夜路经该处见尸，并尸旁立有三人，僧绍宗即其一，余两人俟获后再告知姓名，备极威胁利诱，伊始拒终允。后又觅到张克友、曲学如二人，令指认如前，是以到案照供。张克友既为方小庚扳认，又由胡某刑逼，且语以僧绍宗业已承认，故亦诬服。僧绍宗、曲学如亦隔别服如前。斯时案情尽白，张克友亦极口呼冤，惜曲学如、僧绍宗，已俱为枉死城中之鬼矣。胡金传购线教攀，诬良为盗，酿成冤狱，业经审实，立予正法。当时承审各员，并分别律以处分。语曰："天网恢恢，疏而不漏。"以人命要功者，可以知所鉴矣。

江宁、上元两县署楹联

会稽陈公大文，总制两江时，作楹帖以颁守令。曰："堂上一官称父母，莫道一官好做，当尽些父母恩情；阶前百姓即儿孙，休言百姓可欺，须留下儿孙地步。"言极痛切。王朗川《言行汇纂》。多谓为王玉池令金乡时所作，恐未必然。上元署大门联云："政先六十一县，非曰能之；风行二百三里，固所愿也。"邑侯许维枚书。二门云："愿皆为良善民，无干刑法；誓不作贪酷吏，有负生平。"陈邑侯澧书。江宁署二门联云："未免应酬，常恐亲民时刻少；果然悦服，何妨观我国人多。"袁邑侯枚书。县丞署联云："有一日闲，且耕尔地；无十分屈，莫入我门。"县丞冯光熙书。皆亲切可诵。

旧藩署瞻园对联

金陵藩属，本明中山王故邸。西偏瞻园极树石之胜，闻当时多从艮岳移来。园中一长联云："大江东去，浪淘尽千古英雄，问楼外青山，山外白云，何处是唐宫汉阙？一作唐陵汉寝。小苑春回，一作西回。莺唤起一庭佳丽，看池边绿树，树边红雨，此间有舜日尧天。"相传上联为中山王自作，属对未成，悬金于门征之。越数月，有诸生某，拟对联以献，王大喜，遂榜而镌之。是此联在明时已有，今人以为黄仲则景仁所作，误也。彭春农云："或又传此联为钱牧斋句，上联怀胜朝，下联颂清朝也。"未知是否。

下关救生局对联

金陵救生局，始于清嘉庆初叶，邑绅捐建，咸丰兵乱后渐废。同治四年后，邑绅次第规设城内总局及沿江分局共六处，下关分局其一也。楼上旧悬一联云："中流沉溺始施援，何如走顺风时，帆休扯足；近水楼台同仰望，切莫立高岸上，膜不关心。"正喻夹写，讽劝兼施，用意深远。

挽曾文正《三字经》成语

曾文正公薨于位，朝廷震悼，士民哀恸，竞献挽词，以志哀感。有乞丐某，亦感文正之德惠也，央某塾师作挽联。某塾师以文正位极将相，门生故吏善颂善祷，鲰生何能为辞，逊谢不敏。时一学生正读《三字经》"幼而学，壮而行，上致君，下泽民"句，请诸师曰："何不书此付之？"师顿悟，即以"上致君，下泽民，幼而学，壮而行"为出联，而以"扬名声，显父母，光于前，裕于后"为对联应之。运古如己出，洵文章本天成也。

左文襄公自挽

左文襄公挽罗忠节公一联，悲歌慷慨，正气浩然，脍炙人口。公自挽一联，奇倔豪迈，尤能露出本色。词曰："慨此日骑鲸西去，七尺躯委残芳草，满腔血洒向空林，问谁来歌骚歌曲，鼓铜琶井畔，挂宝剑枝头，凭吊松楸魂魄，奋激千秋，纵教黄土埋予，应呼雄鬼；傥他年化鹤东还，一瓣香祝成本性，十个月现出全身，愿从兹为樵为渔，访鹿友山中，订鸥盟水上，拓开磊落心胸，徜徉半世，惟恐苍天厄我，再作劳人。"

一材一技

清初叶间，金陵市上具一材一技自负者，或修琴，或补炉，或作竹扇，或鬻古书，或装字画，或刻木石墨迹，甘与文人为知己，不肯向富贵家乞怜，亦艺之近乎道者也。如侍其瑛之笔，李昭、王孟仁之折扇，陆诗之宋体字，周纪、周鸣岐之修琴，徐守素、蒋彻、李信之修补铜器，邹英学于蒋彻而次之；李昭、李赞、蒋诚之制扇骨，刘敬之之小木，又如濮仲谦之竹器，皆一时绝艺。但仲谦高雅之士，此其余事耳。

刻书匠

金陵，图书之府也。明时有南监板，较北监为精工。厥后豆巷即焦状元巷焦殿撰竑家五车楼，马路街黄检讨虞稷家千顷堂刊书，与毛氏汲古阁等。即近时金陵书局所刊之经史，亦在他省上。盖陶吴镇人，善于剞劂也。故京师刻木之匠，江宁南乡人居其大半。

门　神

新岁人家更易春联，自明初始，亦有写“郁垒”“神荼”字以代门神者。而衙署则绘顶盔衣甲二神，生面独开，相传为尉迟恭、秦叔宝。清同光间有狄某者，颇擅此绘术，传神阿堵，凛凛有生气。每于岁阑，各官厅招令彩绘门神、暖阁及照壁等处，俗称九件头，分件系以定价，求者仍相踵焉。其徒继承此业者，亦不乏人。光复后政局一变，而此技无所施矣。

黑　市

黑市不知创自何时，自头道高井至鼎新桥一带，多托此为交易。每日黎明，即有人携衣物及粗细荒货至其处脱售，骨董商及物色廉货者，亦竞于此中求之。惟货之来源，不乏赃物。迩来当局为严查诘，申禁令，特许朝市云。

问　柳

秦淮酒家，以问柳为最古。相传为丁继之水榭，上悬“流水声中访六朝”横匾，因以“访六”二字名其居。后以门有老柳，易“问柳”，经乱犹存，允为酒家之鲁灵光矣。清同治三年，曾文正克复南京后，修理贡院，尝于斯小憩。其“问柳”榜额传为文正所书，余犹及见。民国后，改名问柳园，久之园失所在，无从问津矣。

窖　金

民国二年，有湖南人某，年七十余岁，号亖众曰：东花园某处，有洪秀全窖藏黄金十缸，白金无数。昔年渠为贼掳，亲与其役。窖成，悉杀土工人以灭口，渠乘间脱逃。所言形式甚详，并云窑上有板有石为记。有凯觎者，醵金开之。某处适在地方法院后，掘地数日，果见有石板石缸等物，与所言吻合。惟黄白物则已不翼而飞，仅黑泥累累而已。

谚　谶

旧时江宁人，每值请客而不至者，则云“圣僧请不到。”相传里谚，不知何所取意。及清咸丰癸丑城陷，太平军分兵北上，胜克斋宫保督兵进剿，僧邸时为参赞，一歼之于连镇，再歼至于高唐州，威名震东南。江宁人日盼其移师南下，谓可扫荡凶氛。卒之二师未至金陵一步，乃悟“圣”，胜也；“僧”，即僧也，望而不至，所谓“请不到也。”岂事由前定，遂谚亦成谶耶？

跋[1]

《新京备乘》一书，余友陈述庐积四十年之闻见，随时辑述成帙者，于旧江宁、上元两县境之地理、政教、人文、风俗，以及名公巨卿之政令，下逮里巷之歌谣，靡不灿然美备。前经杜霭篴先生编定为三卷，甫脱稿，为书贾索去排印，其中有未加详审者，述庐引以为憾。近年继续搜罗，增田赋、军政两门，并将不在上、江两县范围以内之掌故，悉数删去，另加新京若干条。商承陈含光先生校正，洵足以供史学家之参考，兼为游览者之指南矣。甲戌初夏，在琴川付印，寅旸承嘱与校对之役，自愧空疏未能胜任，兹已葳事，爰志数语于篇末。

甲戌八月阳羡周寅旸识于琴川客次。

① 跋：原文无标题，但切口处有“新京备乘　卷下　跋”字样，故以“跋”名之。

《南京稀见文献丛刊》

已出书目

《南唐书》(两种) (宋)马令 (宋)陆游 定价：50.00元

《六朝事迹编类·六朝通鉴博议》 (宋)张敦颐 (宋)李焘 定价：32.00元

《景定建康志》 (宋)周应合 定价：201.00元

《金陵百咏·金陵杂兴·金陵杂咏·金陵百咏(外一种)》 (宋)曾极 (宋)苏泂 (清)王友亮 (清)汤濂 定价：38.00元

《洪武京城图志·金陵古今图考》 (明)礼部 (明)陈沂 定价：15.00元

《南京·南京》 (明)解缙 (民国)李邵青 定价：12.00元

《金陵梵刹志》 (明)葛寅亮 定价：138.00元

《金陵玄观志》 (明)葛寅亮 定价：22.00元

《金陵琐事·续金陵琐事·二续金陵琐事》 (明)周晖 定价：47.00元

《客座赘语》 (明)顾起元 定价：42.00元

《后湖志》 (明)赵官 等 定价：60.00元

《金陵世纪·金陵选胜·金陵览古》 (明)孙应岳 (清)余宾硕 定价:44.00元

《献花岩志·牛首山志·栖霞小志·覆舟山小志》 (明)陈沂 (明)盛时泰 (民国)汪訚 定价:30.00元

《留都见闻录·金陵待征录》 (明)吴应箕 (清)金鳌 定价：24.00元

《板桥杂记·续板桥杂记·板桥杂记补》 (明末清初)余怀 (清)珠泉居士 (清末民初)金嗣芬 定价：25.00元

《建康古今记》 (清)顾炎武 定价：16.00元

《白下琐言》 (清)甘熙 定价：26.00元

《盋山志》 (清)顾云 定价：19.00元

《秣陵集》 (清)陈文述 定价：39.00元

《钟山书院志》 (清)汤椿年　定价：30.00元

《随园食单·白门食谱·冶城蔬谱·续冶城蔬谱》 (清)袁枚　(民国)张通之　(清末民初)龚乃保　(民国)王孝煃　定价：24.00元

《承恩寺缘起碑板录·律门祖庭汇志·扫叶楼集·金陵乌龙谭放生池古迹考》 (清)释鹰巢　(清末民初)释辅仁　(民国)潘宗鼎　(民国)检斋居士　定价：36.00元

《金陵杂志·金陵杂志续集》 (清末民初)徐寿卿　定价：38.00元

《金陵琐志九种》 (清末民初)陈作霖　(民国)陈诒绂　定价：90.00元

《运渎桥道小志》 (清末民初)陈作霖

《凤麓小志》 (清末民初)陈作霖

《东城志略》 (清末民初)陈作霖

《金陵物产风土志》 (清末民初)陈作霖

《南朝佛志寺》 (清末民初)孙文川　陈作霖

《炳烛里谈》 (清末民初)陈作霖

《钟南淮北区域志》 (民国)陈诒绂

《石城山志》 (民国)陈诒绂

《金陵园墅志》 (民国)陈诒绂

《梁代陵墓考·六朝陵墓调查报告》 (清末民初)张璜　(民国)中央古物保管委员会编辑委员会　定价：60.00元

《金陵关十年报告》 (清末民国)金陵关税务司　定价：28.00元

《金陵胜迹志》 (民国)胡祥翰　定价：20.00元

《金陵岁时记·岁华忆语》 (民国)潘宗鼎　(民国)夏仁虎　定价：13.00元

《秦淮志》 (民国)夏仁虎　定价：15.00元

《明孝陵志》 (民国)王焕镳　定价：27.00元

《金陵大报恩寺塔志》 （民国）张惠衣　定价：23.00 元

《首都计划》 （民国）国都设计技术专员办事处　定价：40.00 元

《总理陵园管理委员会报告》 （民国）总理陵园管理委员会　定价：138.00 元

《总理奉安实录》 （民国）总理奉安专刊编纂委员会　定价：50.00 元

《总理陵园小志》 （民国）傅焕光　定价：16.00 元

《新都胜迹考》 （民国）周念行　徐芳田　定价：13.00 元

《新京备乘》 （民国）陈迺勋　杜福堃　定价：48.00 元

《新南京》 （民国）南京市市政府秘书处　定价：26.00 元

《陷京三月记》 （民国）蒋公榖　定价：13.00 元

《南京概况》(秘密) （民国）书报简讯社　定价：60.00 元